BLUTSPUR
DURCH THÜRINGEN

BERICHTE / BILDER / DOKUMENTE
1884–2020

BLUTSPUR
DURCH THÜRINGEN

BERICHTE / BILDER / DOKUMENTE
1884–2020

Herausgegeben von
Michael Kirchschlager und Hans Thiers

Mit Beiträgen von
Hans Thiers | Wolfgang Krüger | Frank Esche
Wolfgang Tanner | Lutz Harder | Sieglinde Schwarzer
Udo Brill | Kerstin Kämmerer
Frank Richter | Stephan Werner | Lothar Schirmer

KIRCHSCHLAGER

INHALTSVERZEICHNIS

KRIMINALISTEN ERMITTELN

Wolfgang Tanner

AUS DER KRIMINALTECHNIK

Lutz Harder

AUS DEM GERICHTSSAAL

Sieglinde Schwarzer

TATORT ERFURT

Udo Brill

Kerstin Kämmerer

TATORT GERA

Der Kriminalbericht

Frank Richter, Hans Thiers und Michael Kirchschlager

EIN AUGENZEUGENBERICHT

Stephan Werner und Michael Kirchschlager

EIN GASTBEITRAG AUS SACHSEN-ANHALT

Lothar Schirmer

VORWORT

Im 25. Jahr seines Bestehens wurde auch der Verlag Kirchschlager bedingt durch das Coronavirus auf eine harte Probe gestellt. Lesungen wurden abgesagt genau wie die Leipziger Buchmesse, Buchhandlungen mußten zeitweilig schließen. Dennoch konnten Verlag, Herausgeber und Beiträger diesen Sammelband als kleine Festgabe zum Verlagsjubiläum realisieren.

Im Mittelpunkt dieses Bandes stehen, wie in den meisten Büchern aus dem Verlag Kirchschlager, die Schilderungen wahrhaftiger krimineller Handlungen und Ereignisse. Und wir zitieren in diesem Zusammenhang Harald Korall (1932–2017), der sich durch die Autorenschaft und Herausgabe hervorragender kriminalistischer Bücher einen Namen gemacht hat: »Tatsächliche Verbrechensvorgänge machen betroffener als erfundene, wirkliche Täter bestürzen mehr als erdachte, und die Beschreibungen ihrer Handlungen und Motive sind wohl alles andere als kunstvoll erklügelte Denkspiele. Kriminalfälle, so gesehen, so dargestellt, sind gewiß nicht Teil der Unterhaltungsbranche, sondern haben ihre Chance auf Realismus. Indem sie Grenzfälle unserer Wirklichkeit ins Bild bringen, können sie präzise von sozialen Gegebenheiten und Prozessen erzählen, von Erreichtem und Zurückgebliebenem.«[1] Kriminalfälle aus mehreren Jahrhunderten und Gesellschaftsformationen dokumentieren zugleich die Entwicklung bzw. den Wandel einzelner Verbrechensarten und deren Tatmotive sowie die Entwicklung in den Rechtsauffassungen und Rechtspraktiken.

Letztere können nicht unterschiedlicher sein, vergleicht man die historischen Kriminalfälle des frühen 20. Jahrhunderts mit denen der Gegenwart. Das Spektrum der beschriebenen Fälle reicht vom Sexual-, Kindes- und Raubmord über Mordversuch bis zu Banküberfällen und anderen Gewaltstraftaten. Der Zeitraum erstreckt sich von 1884 bis in die Gegenwart 2020.

---

1   Harald Korall: Die Tote an der Waisenhausmauer, Leipzig 1984, S. 3.

Erneut gehen unsere Autoren mit der interessierten Leserschaft an grauenvolle Tatorte, begeben sich auf Spurensuche, haben teil an schier unglaublichen Mordtaten und Mordversuchen, gewähren uns Einblicke in die Arbeit der Kriminalpolizei und der Gerichtsorgane verschiedenster Gesellschaftsformationen, analysieren Tatmotive und weisen auf die jeweiligen Strafmaße hin. Bei einigen Fällen, besonders denen im ersten Kapitel des Buches »Unter dem Fallbeil«, kannte man mit den Mördern keine Gnade. Das Urteil lautete zumeist: Todesstrafe.

Im Sinne des Datenschutzes und der Persönlichkeitsrechte Dritter wurden die Namen der Opfer, Zeugen und Täter – sofern noch nicht veröffentlicht – verfremdet. Wie der Großteil der Veröffentlichungen im Verlag Kirchschlager erscheint auch diese Ausgabe in alter Rechtschreibung. Wir verzichten bewußt auf Anglizismen, die Genderisierung der deutschen Sprache oder unsägliches Denglisch. Abschließend möchten wir, die Herausgeber, uns herzlichst bei allen bedanken, die am Entstehen dieses Werkes maßgeblich Anteil haben: zuvorderst die Beiträger Kriminalhistoriker Wolfgang Krüger, Archivar Frank Esche, KHK a. D. Wolfgang Tanner, KHK Lutz Harder, Gerichtsreporterin Sieglinde Schwarzer, KHK a. D. Udo Brill, KHK a. D. Kerstin Kämmerer, KHK Frank Richter, dem »Helden von Gera« Stephan Werner und unserem Gastbeiträger KHK a. D. Lothar Schirmer. Des weiteren unserer Lektorin Janine Kaitzl, unserer Gestalterin Ute Schmidt und zahlreichen Kollegen und Kolleginnen in Polizeidienststellen, Archiven, Bibliotheken, Staatsanwaltschaften, Gerichten und den Medien.

Hans Thiers und Michael Kirchschlager,
Gera/Arnstadt, Oktober 2020

UNTER DEM FALLBEIL

Wolfgang Krüger

EIN RAUBMORD BEI STEDTEN

(1884)

Am Sonnabend, dem 25. Oktober 1884, ganz in der Früh, machte sich der Gutsarbeiter Heinrich Hücke von Wandersleben[2] im Kreis Erfurt (preußische Provinz Sachsen) auf den Weg zu den etwa 800 Meter vom Dorf entfernten Strohschobern, die links vom nach Mühlberg führenden Weg standen, ganz in der Nähe der Gastwirtschaft »Freudenthal«. Hücke arbeitete auf der Domäne[3] Wandersleben, die dem Herzog von Sachsen-Coburg und Gotha gehörte, er war also ein herzoglicher Bedienter. Der Morgen begann zu grauen, als er in der Ferne schemenhaft die Mühlberger Gleiche[4] erblickte. Und dann fiel sein Blick auf einen ganz gewöhnlichen Leiterwagen. Er stand zwischen den beiden Heuschobern, aber ohne vorgespanntes Pferd.

Neugierig trat Hücke näher, die Angelegenheit kam ihm merkwürdig vor. Der Wagen war leer, bis auf die Gestalt eines Mannes, über die größtenteils eine Decke gezogen war. Sicherlich schlief der Unbekannte noch, dachte sich der Arbeiter. Dennoch sprach er ihn mehrmals an, erst leise, dann immer lauter. Der Mann regte sich nicht! Er schüttelte ihn, zog dann vorsichtig die Decke zur Seite und erschrak ... Vor ihm lag eine blutüberströmte, am Kopf und im Gesicht gräßlich verstümmelte Leiche! Um ihren Hals war eine Schlinge geknüpft, deren Ende an einem Leiterbaum[5] befestigt war. Auf dem

---

2   Seit 2009 ein Ortsteil der Landgemeinde Drei Gleichen im Landkreis Gotha.

3   Kammergut eines Fürsten.

4   Auch Mühlburg genannt, die urkundlich älteste der Drei Gleichen, einem mittelalterlichen Burgenensemble.

5   Der untere und obere Rahmen der Wände eines Bauernwagens.

Wagen lag auch ein blutiges Bündel Stroh, überhaupt waren der hintere Teil der Fläche und der Schleifbaum mit Blut bespritzt. Hücke sah sich das Gesicht an, aber die Augenpartie war kaum noch zu erkennen, das linke Auge und die Nase glichen einem einzigen blutigen Klumpen und die Kinnlade wies schwere Verletzungen auf. Am Hinterkopf waren ebenfalls tiefe, blutige Wunden zu erkennen.

Aufgeregt verständigte er das Personal des Gasthofs, dann eilte er nach Wandersleben zurück und informierte den Gendarmen von seiner Entdeckung. Innerhalb kürzester Zeit war von Wandersleben bis Mühlberg alles auf den Beinen. Telegraphisch wurden die Staatsanwaltschaften in Gotha und in Erfurt verständigt, die innerhalb kurzer Zeit am Ort des Leichenfundes eintrafen und erste Ermittlungen aufnahmen. Auch der Kreisphysikus aus Erfurt war bald zur Stelle und führte bei anbrechender Helligkeit die erste Besichtigung des toten Mannes durch. In seiner Westentasche fanden sich zwölf Pfennig. Der Tote wurde darauf in die Leichenhalle des Wandersleben er Friedhofs verbracht.

Wandersleben, Blick in die Hauptstraße, Ansichtskarte um 1939,
Sammlung Verlag Kirchschlager.

Anhand des Wagenschildes, das die Aufschrift »Brömel aus Geschwenda« trug, konnte man den Ermordeten rasch identifizieren. Es handelte sich um den Holzfuhrmann Ferdinand Brömel aus dem nordwestlich von Ilmenau gelegenen Dorf Geschwenda.[6] Brömel war 51 Jahre alt geworden. Der sofort telegraphisch verständigte Ortsschulze schilderte Brömel als einen geachteten, allgemein bekannten Mann, der in gutsituierten Verhältnissen lebte. Am Donnerstag erst hatte er Geschwenda mit einer Fuhre Langholz im Wert von rund 900 Mark verlassen. Dies wollte er in Elxleben, das zum preußischen Landkreis Erfurt gehörte und nordwestlich der Stadt lag, an einen Zimmermann verkaufen. Danach sollte die Fahrt über Erfurt nach Ingersleben gehen, wo er ein weiteres Pferd zu kaufen gedachte. Doch der Ertrag vom Holzverkauf wurde nicht mehr vorgefunden, auch seine Uhr und vor allem sein Pferd waren ebenfalls verschwunden.

Zeugen hatten Brömel, dessen Fuhrtätigkeit ihn häufig in das Dreieck Gotha – Erfurt – Arnstadt führte, am frühen Freitagabend das Brühler Tor in Erfurt hinausfahren sehen. Da saßen drei weitere Personen auf dem mit einem Pferd bespannten Leiterwagen, ein Mann und zwei Frauen. Unterwegs mußte die eine Frau wieder ausgestiegen sein, denn als Brömel sein Gespann gegen sieben Uhr vor dem Gasthof »Schumann« in Bischleben[7] anhielt, saßen auf dem Wagen nur noch ein Mann und eine Frau auf einem Strohballen hinter ihm. Die Gastwirtin ermahnte Brömel, doch auszuspannen und die Nacht im Gasthof zu verbringen, denn es war bereits dunkel geworden. Brömel aber winkte ab, er wolle zumindest bis zur Ausspannwirtschaft »Marienthal«, am Einfluß der Apfelstädt in die Gera gelegen, weiterfahren und dort übernachten, weil er am nächsten Morgen in Ingersleben ein Pferd kaufen wolle. Da hörte die verwunderte Wirtin auch schon eine Männerstimme aus dem Wagen rufen: »Mach hin, daß wir fortkommen.«

---

6   Heute ein Ortsteil der Landgemeinde Geratal im Ilm-Kreis.

7   Bischleben lag damals bereits auf gothaischem Gebiet.

Später hielt das Gefährt vor der Gemeindeschenke in Apfelstädt. Ein Mann und eine Frau seien ihm entstiegen, sagte der Wirt aus, von dem Fuhrmann aber war nichts zu sehen ... Das Paar suchte mit der Wagenlaterne in der Hand die Gaststube auf, wo dann die Frau still in der Ecke saß und jeden Kontakt scheute, während ihr Gefährte recht dreist auftrat und Wurst, Brot und Bier bestellte. Die anderen Besucher machten das Paar darauf aufmerksam, daß die Laterne am Gefährt hängenbleiben müsse, da es laut den Vorschriften nicht unbeleuchtet stehen dürfe, denn es war recht dunkel. Ihr Hinweis wurde ignoriert. Und jedes Mal, wenn die Frau nach den Pferden sah, die draußen an der Futterkrippe fraßen, vermied sie es, die Laterne mitzunehmen. Der Mondschein sei hell genug, meinte sie ...

Nach einer Stunde fuhr das merkwürdige Paar wieder ab in Richtung Wandersleben. Dort wurde es unweit der Domäne von zwei Männern gesehen, wie es mit dem Wagen in die nach Mühlberg führende Chaussee abbog. Wenig später sah ein weiterer Zeuge im Dorf das Paar. Der Mann führte ein Pferd, die Frau ging mit der Wagenlaterne voraus. Wo es denn nach Gotha ginge, fragte sie den Dorfbewohner. Der Zeuge führte beide das Dorf hinaus auf den richtigen Weg. Dann verschwanden die beiden Unbekannten in der Dunkelheit.

Am nächsten Morgen wurden die beiden in Gotha gesichtet, wo der Mann den Gasthof »Zur Themse« aufsuchte und dort das Pferd für 270 Mark verkaufte. Im Gothaer Bahnhof kaufte sich das Paar eine Fahrkarte und fuhr mit dem Mittagszug nach Erfurt.

Um dieselbe Zeit entdeckten Bauersleute abseits der Chaussee zwischen dem Dorf Stedten[8] und der Ausspannwirtschaft »Marienthal« einen schweren Hammer im Gras. Er wog zwölf Pfund und war mit einer größeren Menge Blut befleckt. Dieser Fund führte zu der Vermutung, daß der Mord unweit von Stedten begangen sein mußte, und zwar mit diesem Werkzeug. Und noch mehr kam zutage: Zwischen Apfelstädt und Wandersleben wurde ein blutbespritztes Pfer-

---

8   Es ist als Ortsteil Bischleben-Stedten nach Erfurt eingemeindet.

defuttersieb gefunden, hinter Wandersleben eine ebenfalls blutgetränkte Pferdedecke.

Die in der Leichenhalle des Friedhofs von Wandersleben durchgeführte Obduktion des Ermordeten ergab, daß ihn acht bis zehn Schläge des zwölf Pfund schweren Hammers ums Leben gebracht hatten. Bereits der erste Schlag war derart heftig, daß der Schädel durchschlagen wurde. Außerdem war eine große Menge Blut in den Kehlkopf gedrungen. Die weiteren Schläge ließen seinen Schädel in viele kleine Stücke zersplittern, der vordere Teil des Schädels war durch einen Sprung vom hinteren Teil abgetrennt. Auch der linke Nasenflügel war abgetrennt. Der Tod war also nicht durch Erdrosseln eingetreten. Die Täter mußten mit außerordentlicher Brutalität vorgegangen sein: Wunden an der unteren Kinnlade ließen vermuten, einer der Täter habe sich beim Zuziehen der Schlinge mit aller Kraft gegen den Kopf Brömels gestemmt!

Ein jeder Zeuge gab eine fast gleichlautende Beschreibung der beiden ab. Die Frau sei etwa 35 Jahre alt, an ihr fielen die entzündeten Augenlider auf. Sie führte eine Reisetasche mit blauen Bändern mit sich. Der Mann habe ebenfalls ein Alter von etwa 35 Jahren und trage einen dunkelblonden Schnurrbart und Vollbart. Beide hätten den Erfurter Dialekt gesprochen.

Am Tag darauf war die Fahndung nach dem Mörderpaar beendet. Der in Dietendorf stationierte Gendarm Weißenborn setzte sich auf seinen Wagen und suchte die Gegend nach den Gesuchten ab. Am Nachmittag des 26. Oktober erfuhr er, daß ein gewisser Gustav Freitag, auf den die Beschreibung zutraf, bei seiner Mutter in Molsdorf[9] eingetroffen sei. Der Beamte begab sich umgehend nach Molsdorf und traf das gesuchte Paar zufällig auf der Straße an. Er sprach es an, doch schon rannten beide weg und versteckten sich in einer Scheune unter einem großen Strohhaufen. Weißenborn eilte ihnen nach, gefolgt von einigen Bauersleuten. Die stachen eifrig mit Heugabeln in das Stroh ... ein kurzer Aufschrei und schon krochen die beiden her-

---

9   Ebenfalls nach der Landeshauptstadt Erfurt eingemeindet.

aus und ergaben sich. Das Paar wurde gefesselt und auf dem Wagen des Gendarmen umgehend nach Apfelstädt gefahren, wo man sie den Wirtsleuten gegenüberstellte. Sie erkannten die beiden auf Anhieb wieder.

Da man anfänglich glaubte, die Bluttat sei noch auf preußischem Gebiet erfolgt, wurden die beiden Gefangenen nach Erfurt transportiert. Schnell wurde aber klar: Der Raubmord hatte sich schon auf dem Territorium des Herzogtums Sachsen-Coburg und Gotha ereignet. Daher wurde das Mörderpaar abends in eine Droschke gesetzt und die 25 Kilometer nach Gotha gefahren. Weil aber die Öffentlichkeit die Ankunft per Eisenbahn erwartete, hatte sich am Bahnhof eine wütende Menschenmenge eingefunden. Sie wurde enttäuscht, derweil erreichte der Transport unbehelligt das Gerichtsgefängnis.

Bei den Mördern handelte es sich um den Streichholzhändler Gustav Hugo Emil Ernst Freitag, geboren am 1. Januar 1854 in Molsdorf, also 30 Jahre alt, bei dessen Begleiterin um die am 18. April 1855 in Langewiesen bei Ilmenau geborene Gelegenheitsarbeiterin Johanne Dorothea Schmidt. Beide hatten wegen Diebstahls schon mehrmals im Zuchthaus gesessen, der Mann war erst im März des Jahres entlassen worden. Vor dem Gothaer Untersuchungsrichter stritten sie jede Beteiligung an dem Raubmord ab. Weil sie sich aber immer wieder in eklatante Widersprüche verwickelten, waren die Ermittler schnell von ihrer Schuld überzeugt.

Am 28. Oktober konnten Freitag und Schmidt dem Druck nicht mehr standhalten: Sie legten ein Geständnis ab. Und die Schilderung des Verbrechens ließ die Ermittler erschaudern.

Gustav Freitag zog nach seiner im März 1884 erfolgten Entlassung aus dem Zuchthaus Untermaßfeld mittellos umher, bis er bei einem Bauern Anstellung als Knecht fand. Dort lernte er auch die Magd Schmidt kennen und wurde bald mit ihr intim. Beide hatten die Arbeit bald satt und streiften als Vagabunden durch die Provinz Sachsen bis nach Magdeburg. Dabei gaben sie sich als Ehepaar aus. Doch in der Provinzhauptstadt wurden sie auch von Polizeibeamten argwöhnisch beäugt. Sie wanderten weiter, zogen bettelnd von Ort zu

Ort. Unterwegs setzten sie es sich in den Kopf, ein Pferd zu stehlen, denn ein Pferd könne viel Geld erzielen. Aber die Gelegenheit dazu bot sich lange Zeit nicht. Dann kam man auf den Gedanken, nicht nur ein Pferd zu stehlen, sondern auch jemanden zu überfallen und ihm das Geld wegzunehmen. Es war die Frau, die erstmalig vorschlug, notfalls das Opfer auch zu erschlagen, »ihm einen auf den Kopf zu geben«.

Während sie über Leipzig und Kösen zurück nach Erfurt zu wanderten, nahmen ihre Vorstellungen konkrete Formen an. Und immer war es die Schmidt, die Freitag dazu anstachelte, endlich etwas zu unternehmen ... In der Nähe von Kösen hatte Freitag einen vor der Tür einer Brauerei liegenden schweren Hammer mitgehen lassen, weil der noch von Nutzen sein konnte.

Während sie auf Erfurt zuwanderten, spähten sie entgegenkommende wie auch sie überholende Fuhrwerke aus, um sie auszurauben. Doch jedes Mal saßen zwei Personen auf dem Geschirr, und das war ihnen zu riskant. In der Domstadt angekommen, näherten sie sich dem Fuhrmann Geier aus Großbreitenbach, der angab, auf sei-

Erfurt, Gesamtansicht, Ansichtskarte um 1935,
Sammlung Verlag Kirchschlager.

nem mit drei Pferden angespannten Wagen nach Arnstadt fahren zu wollen. Das geeignete Opfer! Und es besaß gleich drei Pferde! Der Mann ließ sich schnell überreden, Mann und Frau eine Strecke lang mitzunehmen.

Unterwegs wartete man auf eine günstige Gelegenheit. Der Steigerwald, ein dichtes Waldstück südlich von Erfurt, war für die Tat ausersehen. Während sich Freitag mit dem vor ihm sitzenden Mann unterhielt, hielt er in der rechten Hand den Hammer bereit, seine neben ihm im Stroh hockende Geliebte aber drehte »gelangweilt« an einem Strick. Plötzlich erhob Freitag den Hammer und wollte ihn gerade auf den Fuhrmann niedersausen lassen, da verließ ihn der Mut. Die Schmidt zischte ihm wütend zu, er sei ein Feigling.

Wieder hob Freitag den Hammer, um ihn sogleich wieder in die Tasche zu stecken, er konnte einfach nicht zuschlagen. So vertröstete er die Frau auf ein anderes Mal. Beide verabschiedeten sich in Ichtershausen von dem knapp dem Tode entronnenen Fuhrmann und gingen nach Erfurt zurück. In den folgenden Tagen trieben sie sich arbeitsuchend, aber ohne Erfolg, in weiten Teilen Thüringens herum. In Ohrdruf verkaufte Freitag den Hammer.

Am Vormittag des 24. Oktober gingen sie zufällig den nach Gispersleben, einem kleinen Dorf nördlich von Erfurt[10], führenden Weg entlang, als sie ein mit Nutzholz beladenes Geschirr einholte. Sofort erfaßte die Schmidt die günstige Situation und fragte den Fuhrmann, wohin er fahre. Nach Elxleben, um dort einem Zimmermann das Holz zu verkaufen, antwortete er. Welch ein Zufall, erwiderte sie, denn sie und ihr Mann beabsichtigten, in Elxleben einen Handwagen zu kaufen. Ob er die beiden nicht mitnehmen könne ...

Da Freitag und der Fuhrmann, es war kein anderer als Brömel, einander flüchtig bekannt waren, erklärte er sich dazu bereit.

Unterwegs erzählte er ihnen, dies sei seine letzte Handelsreise, er wolle das Fuhrgeschäft nun aufgeben und es seinem Sohn übertragen. Das Holz wolle er im einige Kilometer weiter nördlich gelegenen

---

10 Seit 1950 ein Ortsteil von Erfurt.

Elxleben verkaufen und erhoffe sich dafür einen ansehnlichen Geldbetrag. Die beiden spitzten die Ohren, hörten ihm aufmerksam zu
und teilten ihm mit, auch sie wollten dorthin.

In Elxleben gaben Freitag und Schmidt ihr letztes Geld in einer
Kneipe aus, während Brömel seinen Holzverkauf tätigte. Der hungrig gewordene Freitag suchte einen Gasthof auf und bettelte um etwas zu essen. Dabei stach ihm ein auf einem Tisch liegender schwerer Hammer ins Auge. Unbemerkt steckte er ihn in seine Tasche und
zeigte der Geliebten triumphierend die neue Tatwaffe.

Nachmittag brachen die drei von Elxleben auf und fuhren nach Erfurt zurück. Brömel hatte sich extra ein Bündel Stroh geben lassen,
damit seine Fahrgäste es auch bequem auf der harten Ladenfläche
hatten. Ob er denn sein Geld erhalten habe, fragte Freitag den Fuhrmann und freute sich sogleich über die bejahende Antwort. In Kühn-
hausen stieß noch ein anderer Mann zu ihnen, der um eine Mitfahr-
gelegenheit bis nach Erfurt bat. Die Ausführung des mörderischen
Vorhabens mußte daher zunächst aufgeschoben werden.

In Erfurt stieß eine Frau zu ihnen, der Brömel ebenfalls gefällig
sein wollte. Und wieder schien sich keine Mordgelegenheit zu bieten.
Es war nämlich verabredet worden, Brömel zwischen Hochheim und
Bischleben zu erschlagen und die Leiche in die Gera zu werfen. Die
Frau stieg aber zur Erleichterung der beiden kurz vor Bischleben
aus. Nun war man allein mit dem auserkorenen Opfer und trieb den
gefälligen Fuhrmann, als die Gastwirtin Schumann ihm in Bischleben ein Nachtquartier anbot, zur Eile an. Brömel hatte ihnen mitgeteilt, daß er in Marienthal ausspannen wolle, und bis dahin waren es
nur noch wenige Kilometer. Die Zeit drängte!

Der Wagen würde in Kürze das Dorf Stedten erreichen. Brömel saß
vorn und lenkte das Pferd durch die Dunkelheit, während Freitag
und die Schmidt hinter ihm nervlich angespannt auf einem Strohhaufen saßen. Jegliche Unterhaltung zwischen Fuhrmann und
»Fahrgästen« war verstummt. Die Frau reichte ihrem Lebenspartner einen Schnaps, damit er sich Mut antrinke, dann gab sie ihm zu
verstehen: jetzt oder nie!

Schloß und Gasthaus Stedten, Ansichtskarte um 1900,
Sammlung Verlag Kirchschlager.

Freitag holte den Hammer aus der Tasche, richtete sich halbwegs auf und hob ihn. Er war nun zum Zuschlagen fest entschlossen. In diesem Augenblick mußte der Fuhrmann etwas geahnt haben, denn er drehte den Kopf leicht nach hinten. Doch schon sauste der erste Schlag auf seinen Hinterkopf. Brömel schrie laut auf, fiel auf die rechte Seite, drohte vom Sitz zu stürzen. Freitag griff in die Zügel und brachte das Pferd zum Stehen. Dann zogen die beiden ihn nach hinten auf das Stroh. Freitag griff ihm in die Taschen und nahm den Geldbeutel und die Uhr an sich. Das Opfer stöhnte laut. Die Schmidt reichte ihrem Komplizen nun den Strick, Freitag schlang diesen dem Fuhrmann um den Hals, zog zu und befestigte das Ende am Leiterbaum. Dann hob Freitag erneut den Hammer und schlug dem Fuhrmann mit aller Kraft auf den Kopf und das Gesicht, wieder und wieder, bis letzteres eine blutige Masse war. Brömel verstummte. Sie deckten ihn mit einer Decke zu, die sie auf dem Sitz fanden.

Freitag lenkte das Gefährt weiter. Gleich hinter Stedten warf die Schmidt den blutgetränkten Hammer vom Wagen an den Wegesrand. Anderer blutiger Gegenstände entledigte man sich später ebenfalls. Bald gelangten sie nach Ingersleben, wo sich Freitag von der Schmidt aus einer Gaststätte Schnaps auf Brömels Kosten besorgen ließ: Er fühlte sich nämlich ein wenig geschwächt ...

Die Mörder und die Leiche fuhren bei Mondschein nach Apfelstädt weiter. Dort stärkte sich nach den Strapazen des Verbrechens das unheimliche Paar im Gasthof, immer argwöhnisch darauf achtend, daß niemand dem draußen auf der Ladefläche liegenden Toten zu nahe kam. Die erhellende Wagenlaterne hatte man ja vorsorglich in die Gaststube mitgenommen.

Eine Viertelstunde später erreichten die beiden Wandersleben. Da ihnen zwei Männer entgegenkamen, bogen sie rechtzeitig in den nach Mühlberg führenden Weg ab und sahen bald darauf die zwei neben dem Weg stehenden Heuschober. Freitag schirrte das Pferd ab und lenkte den Wagen mit der Leiche zwischen zwei Schober. Zu Fuß wanderten die beiden mit dem Pferd am Zügel durch die einsetzende Nacht bis nach Seebergen kurz vor Gotha und genehmigten sich von dem geraubten Geld ein Nachtquartier. Ermattet von den Strapazen des Tages schliefen sie sofort ein. Das Gewissen plagte sie nicht.

Am nächsten Vormittag verkaufte Freitag in Gotha das Pferd, so daß er nicht nur über das geraubte Geld von immer noch bald 900 Mark, sondern auch über weitere 270 Mark verfügen konnte. Bald darauf fuhren sie mit der Bahn nach Erfurt, wo sie weiteres Geld ausgaben. Das nächste Ziel war Weimar, dort kleideten sie sich neu ein. Dann entschloß sich Freitag, seine in Molsdorf lebende Mutter zu besuchen. Er glaubte, wenn er sich in der Nähe des Tatorts in aller Öffentlichkeit zeige, würde das keinen großen Verdacht erwecken, eine Flucht aber schon. Also fuhr das Paar nach Erfurt zurück und wanderte nach Molsdorf weiter, wo es festgenommen wurde.

Es erging Anklage gegen die beiden wegen Mordes, Raubes und Diebstahls.

Für die Aburteilung des mörderischen Paares hatte man das gemeinschaftliche Schwurgericht in Meiningen, im benachbarten Herzogtum Sachsen-Meiningen, bestimmt. Es eröffnete am 17. Februar 1885 morgens neun Uhr unter dem Vorsitz des Oberlandgerichtsrats Wilke aus Jena die Verhandlung. Die Tageszeitungen vermeldeten pflichtbewußt, daß sich seine Hoheit Herzog Georg II. von Sachsen-Meiningen (regierte 1866 bis 1914) pünktlich einfand und »bis zum Ende der Sitzung ausharrte«.

Auf dem Asservatentisch lagen die Tatwerkzeuge, Hammer und Seil, aber auch die Schädeldecke und die Knochensplitter des Ermordeten.

Der Prozeß nahm einen großen Teil des Tages in Anspruch. Gegen vier Uhr begannen die Plädoyers. Staatsanwalt Jacobs aus Gotha forderte nach der Beweisaufnahme und der Befragung der Angeklagten den Kopf von Gustav Freitag und Johanne Dorothea Schmidt.

Die Geschworenen bejahten sämtliche ihnen vorgelegten Fragen, verwarfen dabei auch den Antrag der Verteidigung, die Frau nicht der Mittäterschaft, sondern nur der Beihilfe schuldig zu sprechen.

Der Vorsitzende verkündete kurz vor sechs Uhr nachmittags das Todesurteil über beide Angeklagten. Am nächsten Tag wurden die beiden Verurteilten ins Gerichtsgefängnis nach Gotha zurückgebracht.

Das Gnadengesuch Freitags beschied Herzog Ernst II. von Sachsen-Coburg und Gotha (regierte 1844 bis 1893) abschlägig, wandelte aber das Todesurteil der Frau in eine lebenslange Zuchthausstrafe um.

Am 30. März 1885 wurde Freitag in geschlossenem Wagen zum Zuchthaus in Gräfentonna[11] gefahren, um dort am folgenden Morgen seinen Raubmord zu sühnen. Scharfrichter Hirsch aus Gotha wurde für die Vollstreckung beauftragt.

---

11 Das Zuchthaus in Gräfentonna wurde 1861 im alten Schloß der Grafen von Tonna und Gleichen eingerichtet und diente dem Herzogtum Sachsen-Coburg und Gotha bis 1918 als Hinrichtungsort. Die nächste Hinrichtung wurde im Jahr darauf, am 28. Juni 1886, an dem dreifachen Mörder Andreas Thaldorf, die letzte dann neun Jahre später, am 14. August 1895, an dem Raubmörder Adam Finzel aus Coburg vollzogen. Es fanden daher in Gräfentonna nur drei Hinrichtungen statt.

Guillotine auf einer französischen Ansichtskarte, um 1900,
Sammlung Verlag Kirchschlager.

Am 31. März, einem Dienstag, fand die Hinrichtung auf dem Hof des Zuchthauses mit dem Fallbeil statt. Die Presse war nicht zugelassen, nur befugte Gerichtspersonen hatten Zutritt, außerdem die vorgeschriebenen Zeugen.

Genau um neun Uhr befahl der Staatsanwalt die Vorführung des Delinquenten, gleichzeitig setzten sich die Gefängnisglocken in Bewegung. Kurz darauf erschien Freitag in Begleitung mehrerer Gendarmen und Gefängniswärter und nahm vor dem Staatsanwalt Aufstellung. Dieser verlas nochmals das Todesurteil vom 17. Februar, dann verkündete der Gerichtsschreiber, daß seine »Hoheit der Herzog« von seinem Begnadigungsrecht keinen Gebrauch gemacht habe. Der Staatsanwalt ordnete nun die Vollstreckung an. »Adieu, meine Herren« rief der Todgeweihte den versammelten Personen zu, ließ sich darauf von den zwei Gehilfen auf dem Brett der Fallbeilmaschine festschnallen. Und schon löste Scharfrichter Hirsch das Fallbeil, das krachend herabsauste und Freitag den Kopf vom Rumpf trennte.

Den düsteren Akt schloß eine kurze Rede des Ortsgeistlichen. Er verkündete, der Gerichtete sei »in Reue über das Verbrechen, aber ohne den Christen-Glauben aus dieser Welt geschieden«.

Literatur: Deutschland (Weimar), Gothaische Zeitung, Meininger Tageblatt, Thüringer Zeitung (Erfurt).

RAUBMORD IN JENA

(1902)

Wie ein Lauffeuer verbreitete sich um die Mittagszeit des 3. Juli 1902 in der Universitätsstadt Jena die Nachricht von einem entsetzlichen Verbrechen, das soeben dort begangen worden war und im ganzen Großherzogtum Sachsen-Weimar-Eisenach für großes Entsetzen sorgen sollte.

In der Wagnergasse 12, einer belebten Geschäftsstraße, wohnte der Schneidermeister August Harz, der dort zugleich mit seiner Ehefrau Friederike ein Trödelgeschäft mit Kleidung führte. Das Pfandleihgeschäft hatten sie kurz zuvor aufgegeben. Kurz vor elf Uhr verließ Harz sein Haus, um in der Nachbarschaft etwas zu besorgen. Als er wenig später zurückkehrte und den neben dem Geschäftsladen gelegenen Kleiderraum betrat, bot sich ihm ein entsetzlicher Anblick.

Seine 64jährige Ehefrau lag mit einer klaffenden Kopfwunde und zertrümmertem Gesicht auf dem Fußboden, zeigte aber noch Lebenszeichen, obwohl das Gehirn teilweise bloßgelegt war. Eine große Blutlache hatte sich um ihren Kopf gebildet. An der linken Hand war eine Verletzung sichtbar, anscheinend hatte das Opfer die Hiebe abwehren wollen. Auch im Laden selbst war auf dem Fußboden Blut sichtbar, allerdings war es zum Teil von Schuhen und Stiefeln bedeckt. Ebenfalls auf dem Fußboden lag ein blutverschmierter Hammer, vermutlich die Tatwaffe. Ein höherer Geldbetrag fehlte, ebenso drei Anzüge, ein Mantel und mehrere Paar Stiefel. Ein gut verstecktes Sparkassenbuch über tausend Mark aber war noch da, der oder die Täter hatten es übersehen. Offensichtlich lag ein Raubmord vor.

Die Kriminalpolizei war binnen kurzer Zeit zur Stelle und veranlaßte die sofortige Überführung des Opfers ins Landeskrankenhaus.

Harz teilte den Beamten mit, kurz bevor er für kurze Zeit das Geschäft verließ, seien zwei junge Handwerksburschen erschienen. Sie hätten vorgegeben, Stiefel kaufen zu wollen. Da sie aber nicht genügend Geld bei sich führten, wie sie sagten, wollten sie es sich beschaffen und später wiederkommen. Zwangsläufig mußte sich der Hauptverdacht auf diese zwei jungen Männer richten.

Allen ärztlichen Bemühungen zum Trotz starb Frau Harz in den Nachmittagsstunden, die Kopfwunden waren zu schwer. Bis zu ihrem Tode war sie nicht vernehmungsfähig. Nun wurden nicht mehr zwei Räuber wegen versuchten Mordes gesucht, sondern zwei Mörder.

Es fanden sich Zeugen ein, die gegen Mittag auf dem nach dem benachbarten, nördlich gelegenen Dorf Closewitz führenden Feldweg einen verdächtig erscheinenden jungen Mann gesehen haben wollten. Er habe sich immer wieder umgesehen und in Richtung Jena geschaut. Hatten sich die beiden Täter etwa getrennt? Andere Zeugen wollten sogar drei verdächtig aussehende Männer mit einem Paket gesehen haben, wie sie den Weg ins Mühltal, nordwestlich von Jena, einschlugen.

Alle Polizeistellen in der Gegend von Jena wurden angewiesen, nach diesen drei Männern Ausschau zu halten. Der Jenaer Schutz-

Jenaer Marktplatz mit Ratskeller, Ansichtskarte um 1900,
Sammlung Verlag Kirchschlager.

mann Bley schwang sich in Zivil auf sein Fahrrad und fuhr die Gegend nordwestlich, später westlich von Jena ab. Im Landstädtchen Magdala gesellten sich am frühen Abend ein Passant und ein junger Radfahrer zu ihm.

Am späten Nachmittag erblickte Bley in unmittelbarer Nähe von Magdala die drei Verdächtigen und forderte sie mit erhobener Schußwaffe auf, mit ihm zu kommen. Sie leisteten angesichts der drei Männer zunächst Folge. Als aber der junge Radfahrer davonfuhr, liefen zwei weg, der dritte jedoch leistete Widerstand. Bley versuchte, ihn am Genick zu packen, griff aber aus Versehen in die Hutkrempe, so daß die Kopfbedeckung zu Boden fiel. In diesem Augenblick zog der Mann blitzschnell ein langes Dolchmesser aus der Brusttasche und stieß damit nach Bley, der noch rechtzeitig ausweichen konnte. Dann sprang er in ein Kornfeld und tauchte dort unter. Bley zögerte, seine Waffe einzusetzen, weil er befürchtete, er könne Unbeteiligte treffen. Er rief mehreren in der Nähe beschäftigten Feldarbeitern zu, ihm bei der Verfolgung zu helfen, die aber blickten nur kurz auf und setzten stoisch ihre Arbeit fort.

In Magdala stellte der Bürgermeister Bley Pferd und Wagen sowie den Gendarmen Hebestreit zur Verfügung. Sie machten sich sofort an die Verfolgung der drei, von denen sie wußten, daß zumindest zwei in nordwestlicher Richtung, auf Weimar zu, geflohen waren. Die Polizisten hatten Glück, obwohl es bereits zu dunkeln begann: Auf dem Wege von Magdala nach Mellingen konnten sie zwei der Fliehenden einholen und ohne Widerstand festnehmen. Sie wurden umgehend nach Weimar gefahren, gegen Mitternacht ins Landgerichtsgefängnis eingeliefert und einem langen Verhör unterzogen. Der dritte im Bunde war noch immer auf freiem Fuß.

Bei den beiden Festgenommenen handelte es sich um den 26jährigen Arbeiter Richard Goldschmidt aus Dresden und den 20jährigen Bahnarbeiter Peter Fousse aus dem Kreis Diedenhofen im Reichsland Elsaß-Lothringen, wo sein Vater einen großen Weinberg besaß. Der Haupttäter aber, nach Angaben der beiden Männer der Schlosser Arthur Behnert, befand sich noch auf freiem Fuß. Und: Ihnen gegenüber habe er geäußert, bereits in Leipzig einen Raubmord begangen zu haben, der bislang nicht aufgeklärt werden konnte.

Behnert wurde zur Fahndung ausgeschrieben. Sie sollte schon bald zum Erfolg führen. Eine Wohnungsvermieterin in Gotha informierte am 4. Juli die Polizei in Gotha, ein alter Bekannter habe sie soeben besucht. Dieser Bekannte war kein anderer als der Schlosser Behnert, der früher einmal bei ihr gewohnt hatte. Allerdings habe er sich nun den Schnurrbart abrasiert.

Der Gesuchte wurde in den Abendstunden des 4. Juli in einem Geschäft in Gotha von einem Schutzmann erkannt. Er ließ sich widerstandslos festnehmen. Unumwunden gab er zu, der gesuchte Mörder zu sein. In seinem Besitz fanden sich noch fünf Mark von dem geraubten Geld. Im Schnellzug wurde er noch am selben Abend nach Weimar gebracht und dort ins Landgerichtsgefängnis eingeliefert, wo bereits seine Komplizen einsaßen.

Im ersten Verhör durch Kriminalbeamte teilte er mit, nach dem Mord sei er nach Weimar gegangen, habe dort übernachtet und sei am frühen Nachmittag mit dem Zug über Erfurt nach Gotha weitergereist. Dort lieh er sich ein Fahrrad und suchte seine alte Vermieterin auf. Sie gab schließlich den entscheidenden Hinweis an die Polizei.

Dann überraschte er die Ermittler mit dem Geständnis, er habe nicht nur die Trödlerfrau Harz in Jena ermordet, sondern früher auch einen anderen Raubmord begangen. Am 9. Dezember 1901 war in Leipzig die Trödlerin Emilie Bertha Lory in ihrem Laden bewußtlos in einer großen Blutlache liegend aufgefunden. Ihr Schädel war mit einem Hammer eingeschlagen worden. Zudem hatte man ihr eine größere Anzahl silberner Uhren und ihr Bargeld geraubt. Das Opfer erlag kurz nach der Einlieferung ins Krankenhaus seinen Verletzungen. Wie im gegenwärtigen Jenaer Fall hatten sich zwei Unbekannte im Laden des Opfers nach Uhren und Stiefeln erkundigt, waren dann zurückgekehrt und hatten die Tat ausgeführt. Trotz intensiver Bemühungen der Kriminalpolizei konnte dieser Mord bislang nicht aufgeklärt werden. Nun gestand Behnert ein, er habe die tödlichen Hammerschläge ausgeführt. Sein bislang unbekannt gebliebener Komplize, nach dessen Namen er nicht gefragt habe, wurde nie gefaßt.

Der Mörder konnte eine bewegte Vergangenheit aufweisen. Nach einer Schlosserlehre verbrachte er wegen Diebstahls mehrere Monate in einem Arbeitshaus. Er konnte fliehen und trieb sich eine lange Zeit in Österreich, den Niederlanden und in Böhmen herum, trat auf Jahrmärkten sogar als Akrobat auf und arbeitete zudem als Zirkusgehilfe.

Am nächsten Morgen, dem 5. Juli, sammelte man die drei Täter, die noch immer die geraubten Anzüge trugen, ein und transportierte sie nach Jena. Gefesselt und streng bewacht mußten sie am Vormittag der gerichtlichen Obduktion der ermordeten Frau Harz im pathologischen Institut der Universitätsklinik beiwohnen, bei der sie nicht die geringste Anteilnahme zeigten. Sie starrten nur stumpf vor sich hin. Später führte ein starkes Aufgebot von Schutzleuten sie an den Tatort in der Wagnergasse. Dort stieß die versammelte Menge Drohungen gegen die drei aus, so daß die Schutzleute größte Mühe hatten, sie vor tätlichen Angriffen zu bewahren. Im Mordhaus wurden sie erneut vernommen, und Behnert wie auch seine Tatgenossen mußten das Verbrechen nachstellen. Bei dieser Gelegenheit teilte er zum ersten Mal mit, er habe bei der Erschlagung des Jenaer Opfers denselben Ziegelhammer wie bei dem Raubmord an Frau Lory in Leipzig benutzt.

Am Nachmittag war der Jenaer Westbahnhof von dichten Menschenmassen umlagert, als die drei Täter unter größten Sicherheitsvorkehrungen nach Weimar zurückgebracht wurden.

Behnerts Geständnis stimmte weitgehend mit dem seiner Komplizen überein. Dies erlaubte den Ermittlern eine gute Rekonstruktion des Raubmordes in Jena.

In Plauen kam er mit Goldschmidt und Fousse zusammen. Da alle drei ähnlicher Veranlagung waren, beschlossen sie, »Raub- und Mordzüge« zu begehen. Behnert hatte geklagt, wegen seiner schlechten Kleidung würde ihm niemand Arbeit geben. Also mußte bei diesen Raubzügen in erster Linie Kleidung erbeutet werden. Als erstes Ziel wählten sie Gera (Fürstentum Reuß jüngere Linie) und machten dort drei potentielle Opfer aus, allesamt vermögende Händler. Doch im ersten Laden mißlang ihr Plan wegen unvorhergesehener Widrigkeiten, ebenso in den beiden anderen. Frustriert zogen sie nach dem Kurort Bad Kösen bei Naumburg weiter. In der Nähe der Stadt legten sie sich in einen Straßengraben, um den erstbesten Kurgast zu erschlagen und zu berauben. Tatsächlich nahte ein Mann, aber der ging so schnell, daß sie ihm nicht folgen mochten und ihnen der Mut sank.

Darauf wandten sie sich nach Apolda und kundschafteten mehrere Geschäfte aus. Wieder scheiterte ihr Vorhaben wegen ungünstiger Umstände. Ungeduldig geworden, gingen sie am 2. Juli nach Jena und suchten aus dem Adreßbuch mehrere Althändler heraus. Die Wahl fiel auf den Trödlerladen der Eheleute Harz.

Wer aber sollte den Raubmord begehen? Man löste diese Frage mit Streichhölzern, das kürzeste zog Fousse.

Zu dritt begaben sie sich in die Wagnergasse, gingen vor dem Laden auf und ab, kundschafteten ihn aus. Dabei bemerkten sie, daß sich Frau Harz die meiste Zeit allein im Geschäft aufhielt. Wieder und wieder forderte Behnert den Fousse auf, hineinzugehen und das geplante Vorhaben durchzuführen, doch dem fehlte der Mut. Es mußte auf den nächsten Tag verschoben werden. Die Nacht verbrachte das Trio in der Herberge »Zur Heimat«.

Am nächsten Morgen besprachen die Männer nochmals alle Einzelheiten durch und schärften einander ein, ein jeder müsse zuschlagen, damit einer den anderen nicht verraten könne. Dann suchten sie erneut die Wagnergasse auf, um auf eine günstige Gelegenheit zu warten. Fousse, der den Hammer verborgen trug, nahm allen Mut zusammen und näherte sich der Tür des Ladens, kehrte aber gleich wieder um. Behnert beschimpfte ihn, ein Feigling sei er, und Goldschmidt nahm ihm jetzt den Hammer ab, denn er wolle nun den Mord ausführen ...

Nach zehn Uhr betraten Goldschmidt und Fousse unter dem Vorwand, Stiefel kaufen zu wollen, das Geschäft, während Behnert draußen wartete. Aber die Anwesenheit eines anderen ihnen nicht bekannten Mannes, es war der Ehemann Harz, irritierte sie, er würde das Mordvorhaben erschweren. Sie probierten zum Schein einige Paar Stiefel an, waren unschlüssig, wie sie vorgehen sollten.

Da verließ Herr Harz plötzlich den Laden, um Besorgungen zu machen. Die beiden gingen ebenfalls aus dem Geschäft und gaben Behnert zu verstehen, die Gelegenheit sei nun sehr günstig, die Frau sei jetzt wieder allein.

Behnert ging in den Laden, ließ sich Stiefel zeigen und probierte mehrere Paare an. Sie paßten nicht. Wenig später betraten die beiden anderen, sich als Kunden ausgebend, den Ladenraum. Frau Harz fragte sie nach ihren Wünschen. Sie solle ruhig erst den anderen Herrn bedienen, man habe es nicht eilig, erwiderten sie.

Die 64jährige Frau stand nun in gebückter Haltung vor dem auf einem Schemel sitzenden Behnert und half ihm beim Anprobieren des nächsten Stiefelpaares. Mit einem Blick gab er plötzlich Goldschmidt zu verstehen, er möge nun zuschlagen. Da richtete sich Frau Harz unverhofft auf, um aus einem anderen Raum zwei weitere Stiefelpaare zu holen. Goldschmidt hatte gerade noch Zeit, den Hammer auf einen Stapel Kleider auf den Tisch neben Behnert zu legen und ihn mit Stoff zuzudecken, ehe die Frau wieder erschien.

Als sie sich wieder bückte, um Behnert die Stiefel anzuziehen, griff dieser nach dem Hammer und versetzte ihr einen wuchtigen Schlag auf den Hinterkopf. Er wurde mit solch einer Wucht ausgeführt, daß dem Opfer die Schädeldecke zersprang und die Mordwaffe tief in das Gehirn eindrang. Mit dem Ausruf »Ach Gott, ach Gott« sank Frau Harz zusammen, schlug die Hände schützend über dem Kopf zusammen. Wieder erhob Behnert den Hammer und schlug vier weitere Male zu. Diesmal traf er auch die Schläfen, zersplitterte auch ihre linke Hand.

Er reichte Fousse den blutverschmierten Hammer. Dieser schlug ebenfalls mehrere Male zu, auf den Kopf und in den Rücken der

Frau. Doch noch immer gab sie Lebenszeichen von sich, röchelte leicht. Daher forderte Behnert dem bislang passiv gebliebenen Goldschmidt auf, ihr mit dem mitgebrachten Messer die Kehle durchzuschneiden. Dazu besaß er nicht den Mut, er weigerte sich. Behnert wurde wütend und schimpfte ihn einen Feigling.

So trugen die drei die sterbende Frau in den nebenan befindlichen Kleiderraum und deckten sie mit einem Mantel zu. Auf die Blutflecken im Laden stellten sie Schuhe. Dann warteten sie auf die Rückkehr des Ehemannes, um auch ihn zu erschlagen. Behnert hatte zuvor geäußert, wenn der Ehemann Harz zurückkehre, werde er mit ihm genauso verfahren. Er habe bereits zwei Frauen umgebracht, nun sei endlich mal ein Mann dran ...

Sie warteten eine geraume Zeit, ständig nach draußen spähend, ob der Ehemann oder Kunden nahten. Doch Harz kam immer noch nicht zurück. So verschlossen sie den Laden von innen, gingen die Treppe in den ersten Stock hinauf, durchsuchten die Wohnung des Ehepaares und stahlen drei Uhren sowie 30 Mark, die sie in einem Koffer und einem Lederbeutel fanden. Das gutverwahrte Sparbuch übersahen sie. Es wurde später tatsächlich an seinem Aufbewahrungsort aufgefunden. Aus dem Laden nahmen sie drei Anzüge, einen Mantel und mehrere Paar Stiefel an sich, verstauten alles in Packpapier und verließen in kurzen Abständen, ein jeder ein Paket unter dem Arm, den Laden. Niemand nahm von ihnen Notiz, sie schienen wie ganz gewöhnliche Kunden, als sie mit ihrer Beute davongingen. Auch den beiden Arbeitern, die neben dem Laden Kohlen abluden, erschien nichts verdächtig. Derweil rang das Opfer mit dem Tode.

Um kein Aufsehen zu erregen, verließen sie einzeln die Stadt. Sie trafen sich, wie vereinbart, auf dem ins nordwestlich gelegene Mühltal führenden Weg. Dabei wurden sie von mehreren Zeugen gesehen. In einem kleinen Waldstück legten sie ihre alte schäbige Kleidung ab und schlüpften in die geraubten Anzüge, in denen sie später auch festgenommen wurden. Die alten Kleider verbrannten sie. Sie wanderten nach dem nahe gelegenen Döbritschen und kehrten dort in ein Wirtshaus ein. Dort wußte man noch nichts von der Bluttat.

Das Mördertrio schlug darauf den Weg nach Magdala ein. Dort kauften sich die Männer Kragen und Krawatten, um ihre neue Kleidung zu vervollständigen, wurden aber kurz darauf von dem Schutzmann Bley gestellt. Goldschmidt und Fousse rannten weg, während Behnert mit einem Dolchmesser Widerstand leistete, bis auch ihm die Flucht gelang. Später trafen sie wieder zusammen und hielten sich dort bis zum Einbruch der Dunkelheit verborgen. Dann ging Behnert allein in Richtung Weimar weiter, während Goldschmidt und Fousse bald darauf von den Verfolgern eingeholt und festgenommen werden konnten.

Behnert dagegen konnte ungehindert nach Weimar entkommen, wo er sich in der folgenden Nacht in einem Gasthof einquartierte. Noch abends ließ er sich in einem Barbierladen, der bequemerweise gleich nebenan lag, den Schnurrbart abrasieren, weil er, wie er sagte,

Weimar, Wittumspalais, Ansichtskarte um 1925,
Sammlung Verlag Kirchschlager.

16. LA CONCIERGERIE — Couteau de la Guillotine

Beil einer französischen Guillotine, Ansichtskarte um 1900,
Sammlung Verlag Kirchschlager. Im Deutschland der 1850er Jahre
hatte sich der Begriff »Fallschert« eingebürgert, um die Guillotine
von dem handgeschwungenen Schwert zu unterscheiden.

angeblich eine neue Dienststelle antreten wolle. Danach zechte er mit dem Barbier, ehe er sich im Gasthof schlafen legte.

Am nächsten Tag reiste er nach Gotha weiter, lieh sich ein Fahrrad und suchte seine alte Vermieterin auf. Sie gab schließlich den entscheidenden Hinweis an die Polizei, die rasch handelte. Als Behnert nachmittags einen Laden aufsuchte, griff sie zu und nahm ihn fest. Unumwunden gab er zu, der gesuchte Mörder zu sein. In seinem Besitz fanden sich noch fünf Mark von dem geraubten Geld.

Die drei hatten bereits weitere Mordpläne geschmiedet. Nach der Tat von Jena wollten sie nach Goslar fahren, wo ein vermögender älterer Herr, der zudem allein lebte, ihr nächstes Opfer werden sollte.

Ein halbes Jahr vor der Bluttat von Jena war im sächsischen Leipzig die Trödlersfrau Emilie Lory ermordet und beraubt worden. Auch diesen Mord gestand Behnert in allen Einzelheiten.

Am 8. Dezember 1901 traf er in Weißenfels mit einem aus Böhmen stammenden Schlosser zusammen, nach dessen Namen er angeblich nicht fragte. Beide Männer übernachteten in einer Herberge. Am nächsten Tag gingen sie zu Fuß nach Leipzig, wo sie gleich nach ihrer Ankunft einen geeigneten Laden für ihren geplanten Raubmord auskundschafteten. Sie fanden ihn in der Kleinen Fleischergasse. Zuvor hatte Behnert von einer Baustelle einen Maurerhammer gestohlen.

Gegen acht Uhr abends suchten sie den Laden der Lory auf. Die Frau befand sich allein im Geschäft. Sie ließen sich zum Schein Uhren und Schuhe vorlegen, die sie angeblich kaufen wollten. In einem günstigen Augenblick zog Behnert den Hammer hervor und versetzte der hinter dem Ladentisch stehenden 43jährigen Frau mehrere Schläge auf den Kopf. Mit zertrümmertem Schädel sank sie zu Boden. Sie sollte bald nach der Einlieferung ins Krankenhaus sterben.

Nun nahmen beide Männer eine größere Anzahl von Uhren, etwas Bargeld und mehrere Paar Schuhe an sich und fuhren mit dem Abendzug nach Halle an der Saale, wo sie übernachteten. Am nächsten Morgen teilten sie sich die Beute und gingen getrennte Wege.

Trotz intensiver Bemühungen der Polizei konnte die Identität dieses ominösen Böhmen nie ermittelt werden. Jedoch gelang es, eine 20jährige Frau aus Zeitz ausfindig zu machen, mit der Behnert 1901 ein Verhältnis unterhalten hatte. Als sie schwanger wurde, machte er sich kurzerhand aus dem Staube.

Das mörderische Trio stand am 8. November 1902, einem Sonnabend, im Schwurgerichtssaal des Landgerichts in Weimar. Die Verhandlung begann mit der Anklageverlesung und der Vernehmung der Angeklagten. Nach den Ausführungen der medizinischen Sachverständigen wurde gegen Mittag das Verfahren gegen Goldschmidt abgetrennt: Es stellte sich heraus, daß er bereits vier Jahre in einer sächsischen Irrenanstalt gesessen hatte. Das Gericht verfügte seine erneute Einweisung zwecks Beobachtung seines Geisteszustandes[12]. Die Verteidigung setzte eine Vertagung auf Montag durch.

Am 10. November gegen neun Uhr führte man Behnert und Fousse wieder in den Schwurgerichtssaal. Die medizinischen Sachverständigen setzten ihre Ausführungen fort. Gegen 14 Uhr bejahten die Geschworenen bei beiden sämtliche Schuldfragen. Der Staatsanwalt forderte die Todesstrafe, und Oberlandesgerichtsrat Seyfarth erkannte eine halbe Stunde später demgemäß: Behnert und Fousse wurden wegen Mordes zum Tode, wegen gemeinschaftlichen schweren Diebstahls ersterer zu fünf Jahren, der andere zu drei Jahren verurteilt.

Der Zweifachmörder Behnert mußte sich darauf einem weiteren Prozeß stellen. Er wurde den sächsischen Gerichtsbehörden übergeben. Wegen des Raubmordes an Frau Lory stand er bereits zweieinhalb Wochen später vor dem Schwurgericht in Leipzig. Es verurteilte ihn am 28. November 1902 ebenfalls zum Tode. Da aber Sachsen-Weimar-Eisenach schneller war, sollte die Vollstreckung auch im Großherzogtum erfolgen.

---

12 Die Untersuchung sollte später ergeben, daß er zur Tatzeit nicht unter krankhafter Geistesstörung litt, sondern allenfalls ein gefühlsstumpfer Mensch war. Daher verurteilte ihn das Weimarer Schwurgericht im März 1903 wegen seiner Beteiligung am Raubmord zu lebenslänglicher Zuchthausstrafe.

Der Großherzog Wilhelm Ernst (regierte 1901 bis 1918) wies Behnerts Gnadengesuch zurück, begnadigte aber den Todeskandidaten Fousse zu lebenslänglichem Zuchthaus. Der Haupttäter und Zweifachmörder Behnert wurde daher am 4. April 1903 morgens um sechs Uhr auf den Hof des Gerichtsgefängnisses am Landgericht in Weimar von dem Scharfrichter Hirsch aus Erfurt mit dem Fallbeil hingerichtet. Zugegen waren Vertreter des Gerichts, der Stadtbehörden, mehrere Ärzte, der Gefängnisgeistliche sowie Vertreter einiger Tageszeitungen. Der Staatsanwalt schloß den Hinrichtungsakt mit den lauten, ernsten Worten: »Der irdischen Gerechtigkeit ist Genüge getan, das Verbrechen ist gesühnt.«[13]

Seit der Enthauptung des Raubmörders Hoffmann am 14. Dezember 1899 hatte es keine Hinrichtung in Weimar mehr gegeben. Allerdings sollte der Scharfrichter schon drei Jahre später erneut in die Residenzstadt gerufen werden, um den Doppelmörder Winkler zu enthaupten. Auch er hatte sein Verbrechen in der unmittelbaren Nachbarschaft von Jena begangen.

Literatur: Allgemeiner Anzeiger (Erfurt), Deutschland – Weimarische Landeszeitung, Jenaische Zeitung, Weimarische Zeitung.

---

13   Jenaische Zeitung v. 5. April 1903.

DOPPELTER KINDESMORD AUS RACHE IN RENGELRODE

(1908)

Der 49 Jahre alte Landwirt Heinrich Arand aus dem Dorf Rengelrode, etwa drei Kilometer westlich von Heiligenstadt (preußische Provinz Sachsen) entfernt[14], war am Vormittag des 5. August 1908 auf seinem Roggenfeld im sogenannten »Dünbach«, auf halbem Wege zwischen dem Dorf und der Stadt, mit dem Einfahren der Ernte beschäftigt. Dabei halfen ihm sein 75jähriger Vater, sein seit Dezember 1906 bei ihm dienender Knecht und sein neunjähriger Sohn Wilhelm. Nach der Mittagspause gesellte sich auch seine siebenjährige Tochter Therese zu ihnen, um mitzuhelfen. Als das erste Fuhrwerk mit Korn voll beladen war, fuhr der alte Arand es nach Rengelrode, während sein Sohn das zweite Fuhrwerk belud. Als es voll war, meinte der Knecht zu Arand, er könne es ins Dorf fahren, er selbst würde auf die Kinder aufpassen. Da der alte Arand sich mit der Rückkehr viel Zeit ließ, ging Heinrich Arand gegen 16.15 Uhr auf den Vorschlag ein, den vollbeladenen zweiten Wagen nach Hause zu fahren. Zuvor wies er den Knecht an, Ähren zusammenzuharken, wobei ihm die Kinder helfen sollten.

Kurz vor dem Dorf kam ihm schon der Vater mit dem leeren Wagen und seiner Tochter Regina entgegen, die das Vesperbrot für den Knecht bei sich hatte. Arand sen. übernahm den vollbeladenen Wagen und fuhr ihn auf den Hof zurück, während der junge Arand und seine Schwester mit dem leeren zurück aufs Feld fuhren.

Als sie kurz vor 17 Uhr ankamen, sahen sie in der Ferne, wie der Knecht auf ein großes Haferfeld zulief. Doch die Kinder waren nicht zu sehen. Verwundert schauten sie sich um und erstarrten: Zuerst erblickten sie den Jungen stöhnend in einer Blutlache liegen, sein

---

14 Heute ist Rengelrode Ortsteil der Stadt Heilbad Heiligenstadt. Damals gehörte es zum Landkreis Heiligenstadt.

Hosenstall war geöffnet. In seinem Hals klaffte eine tiefe Wunde. Er stammelte immer wieder den Namen des Knechtes: »Der Josef hat's getan.« Der aber war soeben den Blicken entschwunden. Etwa 15 Meter entfernt stießen sie auf die kleine Therese, sie lag mit dem Gesicht nach unten, ebenfalls in einer Blutlache. Ihr war die Kehle bis zur Halswirbelsäule durchgeschnitten, ihr Rock war hochgeschlagen. Das Mädchen war bereits tot.

Heiligenstadt. Partie an der Stadtmauer mit Klauskirche,
Ansichtskarte um 1915, Sammlung Verlag Kirchschlager.

Arand nahm den stöhnenden Jungen auf den Arm und fuhr ihn rasch nach Hause, um ärztliche Hilfe zu holen. Seine Schwester ließ er bei dem zweiten, bereits toten Kind zurück. Der aus Heiligenstadt herbeigezogene Arzt konnte den kleinen Wilhelm jedoch nicht mehr retten: Der Junge starb gegen 18.30 Uhr noch unter seinen Händen, nachdem ihm der Pfarrer die Sterbesakramente gereicht hatte. Der Blutverlust war zu hoch. Auch die Leiche des Mädchens war in der Zwischenzeit nach Hause gebracht worden.

Der von dem Jungen angegebene Täter, nämlich der 28jährige Knecht Josef Heimbrodt, war indessen geflüchtet. Der Gendarm in Rengelrode und der Ortsschulze suchten gemeinsam mit einigen Dorfbewohnern sofort die Gegend um das Dorf ab und stießen gegen 19.30 Uhr auf den Flüchtigen, der sich in einem Haferfeld versteckt hatte, etwa 300 Meter von der Mordstelle entfernt. Er kauerte reglos auf der Erde, Hände, Stiefel und Kleidung waren voller Blut, in der Hosentasche steckte noch das blutverschmierte, 20 Zentimeter lange und zwei Zentimeter breite Messer. Heimbrodt wurde in Handschellen gelegt und in das Amtsgerichtsgefängnis in Heiligenstadt eingeliefert. Unterwegs mußte der Gendarm, der inzwischen Unterstützung durch die Heiligenstädter Polizei erhalten hatte, eine erregte Menschenmenge zurückdrängen, die den Beschuldigten verprügeln wollte, zu groß war die Verbitterung über das entsetzliche Verbrechen, das sich natürlich sofort herumgesprochen hatte.

Noch am frühen Abend dieses Mittwochs begaben sich eine Gerichtskommission aus Heiligenstadt sowie ein Amtsgerichtsrat nach dem Tatort. Erstere nahm die ersten Ermittlungen auf, letzterer führte eine Besichtigung der Leichen durch und kam angesichts der geschwollenen Genitalien des Mädchens und der Verletzungen an den Genitalien des Jungen zu dem Verdacht, es könne hier ein scheußliches Sittlichkeitsverbrechen vorliegen.

In den am späten Abend durchgeführten Verhören vor der Gerichtskommission gab der am 12. Februar 1880 in Breitenbach im Eichsfeld geborene Heimbrodt an, er habe die Tat aus Rache dafür begangen, daß sein Dienstherr ihn immer wieder gemaßregelt hatte. Vor wenigen Tagen habe dieser ihn öfter ausgeschimpft, weil er faul und unordentlich sei. Daher habe er schon vor mehreren Tagen beschlossen, Rache an ihm zu nehmen, und zwar, indem er seine beiden Kinder umbringen, ihm also das Liebste nehmen würde. Am Morgen dann habe Arand ihn einen »dummen Jungen« genannt, weil er sich ungeschickt anstellte. Da habe er den Entschluß gefaßt, das Verbrechen noch am selben Tag zu begehen.

Die Ermittler mutmaßten dagegen ein Sittlichkeitsverbrechen, das mit den beiden Morden vertuscht werden sollte. Eindringlich dazu befragt, wich Heimbrodt immer wieder aus, er könne sich nicht mehr erinnern, verneinte dann aber mit entschlossener Stimme sexuelle Motive und schilderte ein Doppelverbrechen, wie es in den Kriminalannalen des Eichsfeldes scheußlicher kaum sein konnte.[15] Dieses Geständnis sollte er später auch gegenüber dem Untersuchungsrichter und der Staatsanwaltschaft wiederholen.

Kaum hatte sich Arand jun. entfernt, um nach dem Dorf zurückzukehren, schaute sich Heimbrodt um, ob sonst niemand in der Nähe war. Die Umstände konnten nicht besser sein! Er näherte sich dem neunjährigen Wilhelm, packte ihn von hinten und versetzte ihm mit dem Taschenmesser einen einzigen, aber tiefen Stich in den Halswirbelkanal an der linken Seite. Der Junge schrie laut auf, sank zu Boden, kam aber wieder auf die Füße und schleppte sich noch ein paar Schritte weiter, auf die Schwester zu, ehe er endgültig zusammenbrach.

Therese, die eifrig mit Zusammenharken beschäftigt war, hatte das Geschehene mitbekommen und schrie laut auf, versuchte wegzulaufen. Doch schon holte Heimbrodt sie ein. Mit der linken Hand umfaßte er ihren Oberkörper und drückte sie zu Boden, mit der rechten schnitt er ihr tief in die Halsvene, wobei er das Messer einmal drehte.

Der Mörder verweilte eine Zeitlang am Tatort, als er aber aus Richtung Rengelrode ein Fuhrwerk nahen sah, nämlich das des aufs Feld zurückkehrenden Arand jun., entfernte er sich, lief in das etwas entfernt liegende Haferfeld und versteckte sich dort, um alles Weitere abzuwarten. Innerhalb weniger Stunden wurde er aufgespürt und festgenommen.

---

15 Am 10. Juni 1828 waren in Kefferhausen unweit von Heiligenstadt die zum drittenmal schwangere Bauerntochter Dorothee Elisabeth Eckhardt sowie ihre beiden unehelichen Kinder, der vierjährige Anton und die 18 Monate alte Marie, erwürgt worden. Der Mörder und Vater der Kinder, der Ackerknecht Johann Josef Schuchardt, wurde dafür am 24. Mai 1830 bei Heiligenstadt gerädert.

In der Voruntersuchung stellte sich heraus, daß sich Heimbrodt mehrmals an dem Vieh seines Dienstherrn vergangen hatte und durch gelegentliches Onanieren in der Öffentlichkeit sowie durch Tierquälerei aufgefallen war. Auch hatte er schon mehrmals mit Süßigkeiten kleine Mädchen an sich gelockt und an ihnen sexuelle Handlungen vorgenommen. Von der Strafkammer Fulda sei er diesbezüglich bereits zu einer Haftstrafe verurteilt worden, wie der Gemeindevorsteher in Breitenbach mitteilte.

Am nächsten Morgen, dem 6. August, trafen ein Gerichtsassessor von der zuständigen Staatsanwaltschaft Nordhausen, der Untersuchungsrichter am Landgericht Nordhausen und zwei Gerichtsärzte, die Kreisärzte von Heiligenstadt und Worbis, in Rengelrode ein. Alle vier besichtigten zunächst den Tatort und begaben sich später in das Haus des leidgeprüften Ehepaares Arand. Dort nahmen die beiden Ärzte zuerst die Obduktion des toten Mädchens vor. Unterhalb des Kehlkopfes stellten sie eine etwa acht Zentimeter lange Schnittwunde fest, die sämtliche vorderen Halsmuskeln verletzt hatten. Luft- und Speiseröhre waren vollständig getrennt, Therese war regelrecht geschächtet worden! Das Mordmesser mußte unterhalb des Schlundes eingeführt, dann gedreht und nach außen geführt worden sein. Der Tod sei wohl nach einem kurzen Todeskampf innerhalb sehr kurzer Zeit eingetreten sein. Obwohl die Geschlechtsteile stark angeschwollen waren, fanden sich keinerlei Spuren einer Vergewaltigung, jedoch war der Versuch einer solchen nach Ansicht der Mediziner nicht gänzlich ausgeschlossen.

Von dem Untersuchungsrichter befragt, ob er sich an den Kindern auch vergangen habe, antwortete der Beschuldigte: »Ich weiß nicht, ich erinnere mich nicht.«

Am Vormittag des 7. August führte man den Mörder an den Tatort, und er gab zu Protokoll, wie er die beiden Morde begangen habe. Dabei wich er nicht von seinem früheren Geständnis ab. Allerdings zeigte er keine Spur von Reue, obwohl er sich mit den Kindern recht gut verstanden hatte, vielmehr rühmte er sich der Tat, die er schon am vergangenen Freitag geplant habe, und äußerte, er hätte auch das jüngste, erst fünf Jahre alte Kind seines Dienstherrn umgebracht, wäre es zugegen gewesen ...

Zur selben Zeit führten die beiden Ärzte im elterlichen Haus die Obduktion des Jungen durch. Bei ihm war die Halsmuskulatur durchschnitten worden. Sein Tod war auf einen tiefen Stich in den Wirbelkanal an der linken Halsseite zurückzuführen. Während seine Schwester innerhalb kürzester Zeit an den Verletzungen starb, dauerte sein Todeskampf zwei Stunden.

Als Heimbrodt bald darauf in das Haus Arands geführt und den beiden geöffneten Kindesleichen gegenübergestellt wurde, zeigte er keinerlei Regung, sondern verfiel in tiefe Stumpfsinnigkeit.

Mittags wurde Heimbrodt mit dem Zug nach Nordhausen transportiert und in das Untersuchungsgefängnis eingeliefert. In der Stadt hatte sich die Ankunft bereits herumgesprochen. Daher versammelte sich vor dem Gerichtsgebäude eine große Menschenmenge, die laute Verwünschungen gegen den in Presseberichten als »erbärmlichen Lustmörder« bezeichneten Mörder ausstieß. Ohne den Schutz der Polizei wäre er wohl von der Menge gelyncht worden, mutmaßten mehrere Tageszeitungen, die ihn von »kleiner, schwächlicher Gestalt und unsympathischem Wesen« beschrieben. Allerdings legte er keinerlei Reue an den Tag, schien gleichgültig und stumpfsinnig, manchmal aber zynisch.

Unter großer Anteilnahme der Pfarrgemeinde wurden die beiden ermordeten Kinder am 8. August beigesetzt.

Fünf Wochen lang wurde der Mörder auf seinen Geisteszustand untersucht, doch fanden sich keinerlei Auffälligkeiten, so daß er für voll schuldfähig erklärt wurde.

Der doppelte Kindesmörder stand am 16. Februar 1909 vor dem Schwurgericht beim Landgericht in Nordhausen. Seit dem Prozeß gegen den Raubmörder Hille im Jahre 1885 war das Interesse der Bevölkerung nicht so groß wie in diesem Fall.

Zeugen beschrieben den Angeklagten als einen minderwertigen, nachlässigen und überaus heimtückischen Menschen. Er sei ein übler Tierquäler, habe kleinen Mädchen nachgestellt und in aller Öffentlichkeit onaniert. Zugleich aber habe er sich oft in religiöse Literatur vertieft.

Die medizinischen Sachverständigen überraschten die Anwesenden im Gerichtssaal mit der Feststellung, daß von einem Lustmord keine Rede sein könne, entsprechende Spuren seien nicht nachgewiesen. Die anfangs gezogenen Schlußfolgerungen seien voreilig gewesen. Doch ein Versuch sei nicht auszuschließen. Diesen aber stellte der Angeklagte in Abrede, obwohl er in Verhören mehrmals geäußert hatte, er könne sich nicht erinnern, ob er das Mädchen sexuell angegriffen habe oder nicht.

Am zweiten Verhandlungstag, dem 17. Februar, wurden weitere medizinische Sachverständige gehört. Der Gerichtsarzt stellte dem Angeklagten zwar »einige geistige Minderwertigkeit« aus, die schließe aber eine strafrechtliche Verantwortung nicht aus. Er sei sich der Folgen des Doppelmordes durchaus bewußt. Einen Lustmord allerdings schließe er aus, auch wenn der Zustand der aufgefundenen Opfer etwas anderes aussage.

Die Staatsanwaltschaft ging ebenfalls davon aus, daß von sexuell motivierten Morden nicht die Rede sein könne und Rachegefühle die treibende Kraft gewesen seien. Der Anklagevertreter forderte den Kopf des Angeklagten, ein derart scheußliches Verbrechen könne nur durch den Tod gesühnt werden.

Die Geschworenen berieten nur eine halbe Sunde lang. Als sie in den Gerichtssaal zurückkehrten, war der Schuldspruch eine beschlossene Sache. Darauf fällte der Vorsitzende Richter das erwartete Todesurteil, das Heimbrodt mit stumpfer Gleichgültigkeit entgegennahm.

Ein Begnadigungsgesuch wies der preußische König zurück. Der doppelte Kindesmörder wurde daher am 18. Mai 1909 um sechs Uhr morgens unter dem Läuten des Armsünderglöckchens in den hinteren Hof des Gerichtsgefängnisses in Nordhausen geführt. Dort trennte ihm der Scharfrichter Gröpler aus Magdeburg mit dem Handbeil den Kopf vom Rumpf. Gemäß einer neuen Verfügung des preußischen Justizministers waren Vertreter der Presse nicht zugelassen, ihnen war es aber nicht verwehrt, von der Staatsanwaltschaft sachliche Auskünfte einzuholen. Am Abend zuvor hatte der Delinquent dem katholischen Geistlichen gegenüber sein Geständnis, er habe die Kinder nur aus Rache gegen deren Vater ermordet, wiederholt.

Es war dies die erste Hinrichtung in Nordhausen seit 23 Jahren. Am 14. August 1885 war Emilius Hille enthauptet worden, weil er am 26. November 1884 in der Nähe von Sollstedt den Händler Pfützner ermordet und beraubt hatte.

Literatur: Eichsfelder Tageblatt (Heiligenstadt), Mitteldeutsche Volkszeitung »Eichsfeldia« (Heiligenstadt), Nordhäuser Volkszeitung, Saale-Zeitung (Halle/Saale), Thüringer Zeitung (Erfurt), Weimarer Zeitung.

RAUBMORD AN EINEM KLEINEN MÄDCHEN IN BUCHA

(1931)

Auf dem unweit des Dorfes Bucha[16] gelegenen Rittergut Pösen, wenige Kilometer westlich von Jena, war im Jahre 1931 der Landarbeiter Marko Dibrowenka beschäftigt. Als ehemaliger russischer Kriegsgefangener hatte er nach dem Krieg Arbeit in Pösen gefunden und sich bald darauf verheiratet.

Am Sonntag, dem 30. August 1931, vormittags schickte er sein acht Jahre altes Töchterchen Izolda zu der Windmühle ganz in der Nähe von Bucha. Es solle dort dem Mühlenbesitzer zehn Mark geben, die er ihm schuldete, so trug er es der Kleinen auf. Ihr zehnjähriger Bruder begleitete sie.

Bald darauf kehrte der Junge allein nach Hause zurück. Er erzählte, der Mühlenbesitzer sei nicht zu Hause gewesen, so daß beide wieder den Heimweg antraten. Unterwegs sei ihnen ein unbekannter Mann begegnet und habe sie ausgefragt, dann sei er mit der Schwester in den Wald gegangen.

Als die kleine Izolda am Abend immer noch nicht heimgekehrt war, begaben sich die beunruhigten Eltern zusammen mit anderen Bewohnern des Gutshofes auf die Suche. Sie durchstreiften die Felder und Wälder entlang des Weges von Pösen nach Bucha und gaben erst auf, als die Dunkelheit hereinbrach.

Inzwischen war auch das Polizeipräsidium in Jena verständigt worden. Es schickte im Morgengrauen mehrere Beamte, die sich an der Suche nach dem verschwundenen Kind beteiligten. Die Eltern wie auch mehrere Schulkinder setzten die Suche fort, auch Gendarmeriebeamte umliegender Ortschaften wurden eingesetzt.

Ein Oberwachtmeister aus Altenberga wurde schließlich aufmerksam, als am Rande eines Erbsenfeldes, dicht am Waldesrand, sein

---

16 Heute zum Saale-Holzland-Kreis gehörig. 1931 gehörte es zum Landkreis Stadtroda.

Hund laut anschlug. Er sah vor sich einen verdächtigen Bündel Erbsenstroh, der erst kürzlich aufgeschichtet sein mußte, und beseitigte das Stroh: Vor ihm lag der leblose Körper der kleinen Izolda. Am Hals befand sich ein zugeschnürter Bindfaden, in dem zwei Finger des toten Mädchens steckten. Vermutlich hatte das Kind verzweifelt versucht, dem Erdrosselungstod zu entrinnen. Der Zustand der Kleidung ließ auch ein Sittlichkeitsverbrechen vermuten. Die zehn Mark, die sie dem Mühlenbesitzer geben sollte, waren verschwunden. Allem Anschein nach war Izolda auf dem Heimweg überfallen, ermordet und des Geldes beraubt worden.

Die Leiche wurde nach der Spurensicherung in das gerichtsmedizinische Institut nach Jena übergeführt. Dort fand schon am Vormittag die gerichtliche Sektion statt. Sie bestätigte, daß das Opfer durch Abschnüren des Halses ums Leben gekommen war. Eine vollendete Vergewaltigung bestätigte sich nicht, eine versuchte aber war sehr wahrscheinlich. Man hatte es also mit einer überaus scheußlichen Kombination mehrerer Straftaten zu tun.

Am Abend zuvor war in zwei Gaststätten in Bucha ein unbekannter Mann eingekehrt, hatte in der ersten einen Zehn-Mark-Schein gewechselt und dann eine andere Gaststätte besucht, wo er Schnaps und Bier trank und sich an einem Kegelspiel beteiligte. Auch habe er sich nach einer Übernachtungsmöglichkeit erkundigt, wie der Gastwirt angab. Dann aber hatte er es sich anders überlegt und war eilig davongegangen, und zwar in Richtung des wenige Kilometer nördlich gelegenen Großschwabhausen. Er war zwischen 45 und 50 Jahre alt und trug einen Rucksack. Seine Beschreibung deckte sich mit der, die der Bruder der Getöteten abgegeben hatte.

Die Landeskriminalpolizeistelle in Weimar leitete sofort die Fahndung ein, während der Weimarer Oberstaatsanwalt eine Belohnung von 400 Mark für Mitteilungen aussetzte, die zur Ergreifung und Überführung des Täters führten. Die Öffentlichkeit erfuhr aus der Presse Einzelheiten zu dem ermordeten Mädchen. Es galt als sehr aufgeweckt und überaus freundlich, war überall gern gesehen. Daher waren das Entsetzen und die Anteilnahme am furchtbaren Schicksal Izoldas sehr groß.

Ein Fahndungskommando der Polizeidirektion Jena, das gemeinsam mit anderen Polizei- und Gendarmeriekommandos die Gegend zwischen Jena und Weimar durchstreifte, führte in der Nacht zum Dienstag zum Erfolg: In einer Feldscheune bei Vollradisroda[17] griffen sie einen schon etwas älteren Mann auf, auf den die Beschreibung des mutmaßlichen Mörders paßte. Bewohner in Vollradisroda hatten den entscheidenden Hinweis gegeben. Er wurde festgenommen und gestand nach kurzem Leugnen die entsetzliche Tat an dem kleinen Mädchen.

Es war der am 30. August 1886 in Schöngleina bei Jena geborene arbeitslose Landwirtschaftsarbeiter und Kuhmelker Paul Daßler, ein kleinwüchsiger Mann mit stechenden Augen, der bereits wegen Widerstands, Körperverletzung und schweren Diebstahls vorbestraft war. Der Mann hatte also seinen 45. Geburtstag in einer höchst abartigen Weise begangen: mit dem Raub- und Sexualmord an einem kleinen Mädchen! Der Verdächtige wurde umgehend nach dem Polizeipräsidium in Jena verbracht und vernommen. Was er gestand, entsetzte sogar hartgesottene Kriminalisten.

Daßler trieb sich arbeitslos im Jenaer Land umher. In der Nacht zum Sonntag, dem Mordtag, schlief er in einem Strohschober bei Blankenhain in der Nähe von Bad Berka. Am nächsten Tag hatte er Geburtstag und den wollte er mit viel Alkohol begehen. Dazu aber fehlte ihm das Geld. Als er am Vormittag in der Nähe von Bucha herumstreifte, erblickte er unweit der Windmühle an einer Wegkreuzung ein kleines Mädchen in Begleitung eines etwa gleichaltrigen Jungen. Auf seine Frage, wohin die beiden wollten, antwortete der Junge, sie seien auf dem Weg nach Bucha, um dort einzukaufen. Die kleine Izolda dagegen antwortete wahrheitsgemäß, sie habe die mitgeführten zehn Mark nicht bei der Mühle abliefern können. So erfuhr er, daß das Mädchen einen größeren Geldbetrag dabei hatte.

---

17 Heute ein Ortsteil der Gemeinde Döbritschen im Landkreis Weimarer Land.

Daßler schickte den Jungen, der ihr Bruder war, weg und lockte Izolda unter dem Vorwand, er wolle ihr ein paar niedliche Jungfüchse zeigen, in den ganz in der Nähe gelegenen Forst. Dort versuchte er, dem Mädchen die kleine Tasche mit dem Geld zu entreißen, aber es hielt krampfhaft an ihr fest. Dabei fiel es zu Boden. Daßler beschloß spontan, sich an dem laut schreienden und wild um sich schlagenden Kind zu vergehen, aber dies gelang ihm wegen der körperlichen Unreife des Mädchens nicht, so daß er sich mit unsittlichen Berührungen begnügen mußte.

Izolda war nun Opfer und Zeugin des Sittlichkeitsverbrechens geworden, und als solche mußte sie sterben. Daßler zog einen mitgeführten Bindfaden aus der Tasche, schlang diesen dem Mädchen um den Hals und zog ihn so lange zu, nach seinen Angaben etwa eine Minute lang, bis es sich nicht mehr rührte und blau anlief. Dann ließ er von ihm ab. Zwar versuchte die Kleine immer wieder, die Schlinge vom Hals zu streifen, doch gab sie bald jeden Widerstand auf. Dem toten Kind nahm er die in einem Täschchen verwahrten zehn Mark weg, trug die Leiche einige Meter weiter an den Rand eines Erbsenfeldes, legte sie dort ab und bedeckte sie mit einem Haufen Erbsenstroh, um eine allzu schnelle Entdeckung zu erschweren.

Am frühen Abend suchte er in Bucha nacheinander zwei Gaststätten auf, verzehrte eine kräftige Mahlzeit, sprach danach reichlich dem Alkohol und Zigaretten zu und beteiligte sich fröhlich an einem Kegelspiel. Den größten Teil des geraubten Geldes verbrauchte er dabei. Dann verließ er fast fluchtartig das Dorf und wandte sich über die Felder nach Norden. Die Nacht verbrachte er in einer Feldscheune ganz in der Nähe von Bucha. Am folgenden Montag streifte er erst in der Gegend von Magdala[18] umher, erschien dann in Vollradisroda und erkundigte sich dort nach einer früheren Arbeitskollegin. Da einige Einwohner aber aufmerksam die Tageszeitung samt der Be-

18 Dieser Ort spielte auch bei der Suche nach drei Raubmördern 1902 eine Rolle. Siehe »Raubmord in Jena«, S. 25.

schreibung des Verdächtigen gelesen hatten, verständigten sie die Polizei in Jena.

Paul Daßler wurde am Dienstag der Staatsanwaltschaft in Jena zugeführt und eingehend vernommen. Er bekräftigte sein Geständnis, zeigte aber keinerlei Reue über das furchtbare Verbrechen. Als er am selben Tag dem nur gebrochen Deutsch sprechenden Vater des Opfers gegenübergestellt wurde, äußerte dieser voller Zorn: »Ich landwirtschaftlicher Arbeiter, du landwirtschaftlicher Arbeiter. Du hast mir genommen meinen Wochenlohn! Aber noch schlimmer, du hast mir gemordet mein Kind!«[19] Dann schlug er dem Mörder mitten ins Gesicht, so daß es innerhalb kurzer Zeit stark anschwoll. Das Ehepaar Dibrowenka, das die Anteilnahme aller Bewohner Pösens und Buchas erfuhr, mußte in den folgenden Tagen wegen schweren Nervenzusammenbruchs behandelt werden.

Der Mörder, der nach der Beschreibung in mehreren Zeitungen einen »geistig minderwertigen, dabei aber brutalen Eindruck machte«, wurde nach Abschluß der Vernehmungen am 4. September ins Landgerichtsgefängnis in Weimar eingeliefert. Obwohl die Todesstrafe im Deutschen Reich kaum noch vollstreckt wurde, erwartete die aufgebrachte Öffentlichkeit die härteste Strafe und ihre baldige Vollstreckung.

Der fiebrig erwartete Prozeß gegen den Mädchenmörder begann am Vormittag des 2. November 1931 vor dem Schwurgericht beim Landgericht in Weimar, das aus dem Vorsitzenden, zwei Beisitzern und sechs Geschworenen bestand. Die 120 Zuhörerkarten waren schon in der Woche zuvor vergriffen, so groß war der Andrang des Publikums. Neben dem im März des Jahres in Rudolstadt verhandelten Prozeß gegen den Mörder Bertold Koppe, der seine Ehefrau zerstückelt und im Räucherofen verbrannt hatte, sollte die Verhandlung gegen Daßler einen weiteren Höhepunkt der thüringischen Gerichtsannalen des Jahres 1931 darstellen.

---

19 Allgemeine Thüringische Landeszeitung Deutschland, Weimar, 2. September 1931.

Nach der Verlesung der auf Mord lautenden Anklageschrift erfolgten die Beweisaufnahme und die Schilderung des entsetzlichen Verbrechens sowie die Zeugenaussagen. Darauf beantragte der Oberstaatsanwalt als Anklagevertreter nach § 211 des Reichsstrafgesetzbuches die Todesstrafe für den geständigen Mörder.

Gegen zwei Uhr nachmittags war die Verhandlung beendet, das Gericht zog sich zur Beratung zurück. Sie dauerte zwei Stunden. Gegen vier Uhr verkündete Landgerichtsdirektor Lemmerzahl das Urteil, das wegen Mordes in Tateinheit mit schwerem Raub wie erwartet auf Todesstrafe lautete. Für das Sittlichkeitsverbrechen erhielt er zwölf Jahre Zuchthaus. Die bürgerlichen Ehrenrechte wurden ihm auf Lebenszeit aberkannt.

Die Erfurter Ausgabe der Thüringer Allgemeinen Zeitung titelte am nächsten Morgen in ihrem Bericht über die Endphase des Prozesses und das Urteil: »Erst Lustmord, dann Kegelspiel«.

Daßlers Verteidiger legte Berufung beim Reichsgericht in Leipzig ein. Er bemängelte die Anwendung des Mordparagraphen, da sein Mandant weder einen Tötungsvorsatz gehabt noch im Zeitpunkt der Tat mit Überlegung gehandelt habe. Der Erste Strafsenat änderte am 26. Januar 1932 die Urteilsformel dahingehend ab, daß der Verurteilte des Mordes in Tateinheit mit versuchter Notzucht und schwerem Raub schuldig sei. Das Sittlichkeitsverbrechen sei kein selbständiges Delikt, sondern als Fortsetzung tateinheitlich mit dem Mord und dem Raub zu verbinden. Er verwies die Sache zu einer neuen Straffestsetzung an die Vorinstanz zurück.

Am 7. März 1932 fand vor dem Weimarer Schwurgericht, wieder unter dem Vorsitz von Landgerichtsdirektor Lemmerzahl, die Revisionsverhandlung statt. Sie dauerte nicht lange. Nach kurzer Beratung fällte Lemmerzahl, nunmehr wegen vorsätzlichen Mordes in Tateinheit mit schwerem Raub und versuchter Notzucht, erneut ein Todesurteil.

Die erneut eingelegte Revision wurde vom Reichsgericht abgewiesen, ebenso ein Gnadengesuch an das Thüringer Kabinett. Zu grausam waren die Umstände der Tat. Zum erstenmal seit 1917 sollte in

Weimar wieder ein Todesurteil vollstreckt werden[20]. Allerdings waren neun Monate zuvor, im September 1931, zwei Mörder in thüringischen Gera enthauptet worden. Ein bemerkenswerter Umstand: Von den acht in den beiden Jahren 1931 und 1932 im Deutschen Reich vollzogenen Hinrichtungen entfielen allein drei auf das kleine Land Thüringen, während im viel größeren Preußen nur eine einzige Vollstreckung durchgeführt wurde.[21]

Am Dienstag nachmittag, dem 14. Juni 1932, erhielten die Beamten des Landgerichts dienstfrei, damit im Lichthof des Gerichtsgefängnisses ungestört die Fallbeilmaschine aufgebaut werden konnte.

Am frühen Morgen des 15. Juni versammelten sich in einiger Entfernung von der Guillotine die vorgeschriebenen Zeugen. Die Presse dagegen war im Gegensatz zu früheren Hinrichtungen nicht zugelassen. Im Hof hatte auch ein Kommando der Schutzpolizei Aufstellung genommen, um etwaigen Ruhestörungen vorbeugen zu können. Kurz vor fünf Uhr führte man Daßler vor. Er war nach Angaben von Zeugen »ruhig und gefaßt«. Ein Staatsanwalt verlas nochmals das Urteil, ehe er den Magdeburger Scharfrichter Gröpler anwies, es zu vollstrecken.

Punkt fünf Uhr fiel das Haupt des Mädchenmörders von Bucha.

Literatur: Allgemeine Thüringische Landeszeitung Deutschland (Weimar), Geraer Zeitung, Jenaische Zeitung, Mitteldeutsche Zeitung Erfurt, Thüringer Allgemeine Zeitung (Erfurt), Weimarische Zeitung.

---

20 Mitten im Krieg, am 10. Februar 1917, war der Dienstknecht Otto Brückner enthauptet worden, weil er ein junges Mädchen ermordet hatte.

21 Und zwar an dem »Vampyr von Düsseldorf«, dem Serienmörder Peter Kürten.

Fallbeil im Gefängnishof von Weimar, Foto um 1935,
Sammlung Wolfgang Krüger.

53

RAUBMORD IN ERFURT

(1933)

Am 2. Juni 1933 gegen 17.45 Uhr kehrte die 37jährige unverheiratete Frau Schaar nach ihrer Arbeit heim. Sie wohnte bei ihren Eltern, dem Handelsvertreter Schaar und seiner Ehefrau Margarethe, im ersten Stock eines Wohnhauses in der Straßburger Straße 44[22] in Erfurt. Ihre Rufe blieben unbeantwortet, in der Wohnung herrschte totale Stille. Die Frau wußte, ihre Mutter war um diese Zeit immer zu Hause. Unruhig geworden, ging sie durch die Wohnung. Sämtliche Zimmer sahen aus, als hätten fremde Personen sie heimgesucht: Schränke und andere Behältnisse waren durchwühlt, Schubladen herausgezogen, es herrschte eine allgemeine Unordnung.

Als sie das elterliche Schlafzimmer betrat, bot sich ihr ein entsetzlicher Anblick: Quer über dem Bett lag, die Füße zusammengeschnürt und der Oberkörper mit blutgetränkten Kissen zugedeckt, die 65 Jahre alte Mutter. Ihr Kopf war blutbesudelt, offensichtlich war ihr der Schädel eingeschlagen worden. Neben dem Bett stand die Tatwaffe, ein schweres elektrisches Bügeleisen, mit dem das Opfer vermutlich mehrere wuchtige Schläge auf das Gesicht und den Schädel erhalten haben mußte. Auch ein Schlüsselbund lag daneben.

Ein Gerichtsarzt sollte später sechs Verletzungen feststellen, zwei am Scheitelbein, eine am Nasenrücken, zwei über den Augen und eine am Unterkiefer. Der Schlag auf den Nasenrücken hatte höchstwahrscheinlich den Tod herbeigeführt.

Die Tochter verständigte sofort telefonisch die Erfurter Kriminalpolizei, die umgehend den Mordbereitschaftsdienst in die Straßburger Straße schickte. Der Erkennungsdienst nahm die Ermittlungen auf, doch die Spurensicherung ergab keine Spuren von fremden Eindringlingen. Die erste Vermutung war, daß die Tat möglicherweise von einem Hausierer oder Bettler begangen worden war. Die Toch-

---

22 Sie wurde 1950 in Robert-Koch-Straße umbenannt.

ter gab an, es fehlten etwa 270 Mark aus der Wohnung, so daß nun auch das Motiv feststand: Raub.

Nachbarn sagten aus, Frau Schaar sei gegen elf Uhr von einem Einkauf allein in die Wohnung zurückgekehrt. Seitdem hatte sie niemand mehr gesehen. Der Mord mußte also gegen Mittag oder am frühen Nachmittag verübt worden sei.

Die Tochter wies die Polizei darauf hin, die Familie beschäftige ein 18 Jahre altes Dienstmädchen mit Namen Herta Leder[23]. Nachbarn hatten gesehen, wie es kurz vor der Rückkehr der Frau Schaar die Wohnung verließ. Die Ermittler fuhren sofort zu der Wohnung des später als »Aufwärterin« bezeichneten Mädchens, trafen es aber nicht an. Herta unterhielt mit dem 19jährigen Sattler Willy Aue intime Beziehungen. Der wiederum war der Kriminalpolizei kein Unbekannter: Im August 1931 hatte er auf dem Boden neben der elterlichen Wohnung Feuer gelegt, um sich an seinem Vater zu rächen, mit dem er sich zerstritten hatte. Dafür wurde er zu einer kurzen Zuchthausstrafe verurteilt.

Die Ermittler machten sich auf den Weg in die elterliche Wohnung dieses Aue, fanden ihn aber nicht vor, er hatte sich seit Tagen nicht mehr blicken lassen, wie die Eltern aussagten. Willy Aue und seine Geliebte wurden umgehend zur Fahndung ausgeschrieben.

Sie brachte noch am selben Abend den ersten Erfolg, als beide Gesuchten gegen 20 Uhr in der Erfurter Innenstadt nach einem Kinobesuch von einem Polizisten erkannt und festgenommen wurden. Auf dem Polizeipräsidium wurde das Paar ersten Verhören unterzogen. Als sie Zeugen aus dem Mordhaus gegenübergestellt wurden, verwickelten sich die beiden in Widersprüche.

---

23 Die Mutter des Mädchens, die geschiedene Helene Leder, saß zwei Monate zuvor in demselben Schwurgerichtssaal. Sie war angeklagt, ihr neugeborenes außereheliches Kind durch mangelnde Pflege sterben gelassen zu haben. Es erfolgte ein Freispruch, lediglich wegen versuchter Abtreibung wurde sie zu sechs Monaten Gefängnis verurteilt. Ihr mitangeklagter Geliebter Karl Bachmann dagegen erhielt wegen der Tötung zweier außerehelich von Frau Leder geborenen Zwillingen eine fünfjährige Zuchthausstrafe. »Mutter und Tochter einander wert« titelten nach dem Mord an Frau Schaar Erfurter Tageszeitungen.

Die Vernehmungen dauerten die ganze Nacht an, und immer mehr verdichtete sich die Vermutung, die Leder und Aue könnten etwas mit dem Raubmord zu tun haben.

In den frühen Morgenstunden hielt die junge Frau dem Druck nicht mehr stand. Herta Leder gestand, daß ihr Geliebter und ein gewisser Hans Grimm gemeinsam die Tat ausgeführt hatten. Auch Aue bezeichnete diesen Grimm als den eigentlichen Mörder. Grimm, als groß, schlank und dunkelhaarig beschrieben, wurde zur Fahndung ausgeschrieben. Der Regierungspräsident in Erfurt setzte eine Belohnung von 150 Mark aus.

Schon am Nachmittag desselben Tages erkannte ein Kriminalbeamter in den Erfurter Blumenfeldern den Gesuchten und nahm ihn widerstandslos fest. Hans Grimm hieß in Wirklichkeit Johann Gansdorf, geboren im Dezember 1909 in Berlin, arbeitete als Kellner und war bereits wegen Eigentumsdelikten und wegen Vergewaltigung vorbestraft. Die Ergreifung des Mörders bereits einen Tag nach der Tat rief in der Erfurter Bevölkerung große Genugtuung hervor.

Gansdorf legte auf dem Polizeipräsidium ein umfassendes Geständnis ab. Demnach trafen sich die drei Beschuldigten am Vorabend der Tat in einer Kneipe und beratschlagten, wie sie sich Geld für Vergnügungen über die Pfingstfeiertage[24] verschaffen könnten. Die Vorschläge reichten von einem nächtlichen Einbruch in ein Juweliergeschäft bis zum Raub an der Kassiererin eines Kinos. Alle Pläne wurden aber schnell verworfen.

Das Mädchen machte den Vorschlag, sich doch das Geld von der Wohnung seiner Dienstherrschaft zu holen, denn der Ehemann sei auf Geschäftsreise, die Tochter bis zum späten Nachmittag auf der Arbeit und die Ehefrau tagsüber allein zu Haus. Aue und Gansdorf wurden hellhörig, dieser Plan war ohne große Mühe durchführbar, und mit der alten Frau werde man schon fertig. So kamen die drei überein, daß die Leder bei Dienstantritt am Freitag früh die Kellertür offen stehen lassen sollte, durch die dann die Männer ins Haus ein-

---

24 Pfingstsonntag fiel 1933 auf den 4. Juni.

Erfurt. Monumentalbrunnen und Anger, Ansichtskarte um 1920,
Sammlung Verlag Kirchschlager.

dringen und geradewegs zur Wohnungstür der Familie Schaar gehen
würden. Nach Ausführung des Raubes sollte dann das Mädchen in
die Wohnung zurückkehren, sich zum Schein ebenfalls fesseln und
sich neben die gefesselte Frau Schaar legen lassen. So wollte man
einen Raubüberfall durch Fremde vortäuschen. Die Ermordung des
Opfers war allerdings nicht geplant, allenfalls sollte bei Widerstand
Gewalt angewendet werden.

Am Vormittag des nächsten Tages versah die Leder wie gewohnt
ihren Dienst bei der Familie Schaar. Doch Aue erschien zum festgelegten Zeitpunkt um neun Uhr nicht, und allein wollte Gansdorf die
Tat nicht durchführen. Nach Dienstschluß gegen zwölf Uhr kehrte
die Leder heim und machte ihrem dort wartenden Geliebten Vorwürfe, weil eine günstige Gelegenheit verpaßt worden sei. Daraufhin
holte Aue seinen Komplizen Gansdorf ab und beide Männer gingen
in die Straßburger Straße. Aue verließ im letzten Moment der Mut,
er weigerte sich, mit nach oben zu kommen, weil Frau Schaar ihn

kenne. Er wolle lieber unten auf der Straße warten und sich dann später am Raub beteiligen.

So stieg Gansdorf allein die Treppe zum ersten Stock hinauf. Er klingelte an der Tür. Als Frau Schaar ihm öffnete, sagte Gansdorf ihr, er wolle eine Bestellung von Schmiergelpapier aufgeben. Frau Schaar ging in die Küche, um Papier und Bleistift zu holen. Währenddessen trat Gansdorf in den Flur und schloß die Wohnungstür hinter sich. Da erschien auch schon das Opfer mit den Utensilien. Rasch hielt der Mann ihr den Mund zu und riß sie zu Boden. Sie schrie laut auf, so preßte er ihr erneut den Mund zu, stieß sie durch die Küche in das nebenan gelegene Schlafzimmer, drückte sie aufs Bett und machte sich daran, ihr einen Knebel in den Mund zu schieben. Doch leistete Frau Schaar erbitterten Widerstand, trat und kratzte, wobei sie ihm eine Manschette zerriß. Daher sah Gansdorf keinen anderen Ausweg, als in seine Innentasche zu greifen und einen schweren Schlüsselbund hervorzuholen, mit dem er der Frau mehrmals auf den Kopf schlug, um sie zu betäuben. Die Schläge verfehlten aber ihre Wirkung.

So eilte Gansdorf zurück in die Küche, wo er zuvor ein elektrisches Plätteisen bemerkt hatte. Er nahm es in die Hand und schlug damit immer wieder auf sein Opfer ein, bis es sich nicht mehr rührte und mit zertrümmertem Schädel und Nasenbein auf dem Bett lag. Wie viele Male er zugeschlagen hatte, vermochte er nicht mehr zu sagen. Mit Damenstrümpfen schnürte er der Toten die Beine zusammen, auch legte er ihr mehrere Kissen aufs Gesicht und den Oberkörper. Den Schlüsselbund, mit dem er zuerst zugeschlagen hatte, ließ er in der Aufregung auf dem Nachttisch liegen ...

Darauf trat er ans Fenster und winkte seinem auf der Straße wartenden Komplizen zu, er solle nun heraufkommen. Beide Männer durchsuchten die Wohnung und fanden an der von Herta Leder angegebenen Stelle 270 Mark. Sie teilten sich die Beute. Aue ging in seine Wohnung zurück und versteckte seinen Anteil im Kleiderschrank. Dann ging er mit seiner Geliebten ins Kino.

Weil die Kleidung des Mörders mit Blut befleckt war, suchte er am Nachmittag ein Bekleidungsgeschäft auf und kleidete sich neu ein. Dabei gab er den größten Teil des geraubten Geldes aus. Als er festgenommen wurde, hatte er nur noch 25 Mark bei sich. Abends ging er mit seiner Freundin ins Kino. Dort stellte er zu seinem Entsetzen fest, daß er seinen Wohnungsschlüssel am Tatort liegengelassen hatte! So verbrachte er die Nacht in einem Bordell. Im frühen Morgengrauen wurde er von einer Streife der Sittenpolizei kontrolliert. Seelenruhig wies er sich mit seinem auf den Namen Gansdorf lautenden polizeilichen Anmeldeschein aus, denn die inzwischen auch ihm zur Kenntnis gelangte Fahndung lief ja nach einem Herrn Grimm! Die Beamten hatten natürlich keine Ahnung, daß sie den gesuchten Mörder vor sich hatten.

Am Sonnabend trieb sich Gansdorf ziellos in Erfurt herum und wurde am Nachmittag von einem aufmerksamen Kriminalbeamten festgenommen.

Die Staatsanwaltschaft Erfurt erhob Anklage gegen Gansdorf, Auer und die junge Frau.

Sie standen am 11. Dezember 1933 vor dem Schwurgericht am Landgericht Erfurt. Hunderte von Menschen hatten sich vor dem Gebäude angesammelt, die Zutritt in den Verhandlungssaal suchten, doch waren die begehrten Einlaßkarten schnell vergeben. Den beiden Männern wurde Raubmord an Frau Schaar vorgeworfen, wobei Herta Leder Vorschub geleistet haben soll.

Der Prozeß dauerte einen ganzen Tag. Kurz vor Mitternacht fällte das Schwurgericht die Urteile. Gansdorf wurde wegen Mordes in Tateinheit mit schwerem Raub zur Todesstrafe und zum Verlust der bürgerlichen Ehrenrechte auf Lebenszeit verurteilt, Aue dagegen wegen Raubes zu 15 Jahren Zuchthaus und Herta Leder wegen Beihilfe zum schweren Raub zu drei Jahren Gefängnis. Aue kam glimpflich davon: Der Staatsanwalt hatte für ihn ebenfalls die Todesstrafe gefordert.

Das Reichsgericht in Leipzig bestätigte die Urteile. Der preußische Ministerpräsident Göring machte von seinem Begnadigungsrecht keinen Gebrauch, und damit war Gansdorfs Schicksal besiegelt.

Der 24. April 1934, ein Dienstag, war für Gansdorf der letzte Tag auf Erden. Um sechs Uhr in der Früh trennte ihm Scharfrichter Gröpler aus Magdeburg im Hof des Gerichtsgefängnisses in Erfurt mit einem Hieb seines Handbeils das Haupt vom Rumpf. Gansdorf sei »ein gefährlicher Verbrecher« gewesen, »von dem die Volksgemeinschaft endgültig befreit werden mußte«, wie die in Erfurt erscheinende Thüringer Allgemeine Zeitung am 25. April 1934 schrieb.

Es sollte die vorletzte schwurgerichtliche Hinrichtung in Erfurt sein. Nach der Enthauptung des Mörders Arno Postel am 22. Februar 1935[25] mit dem Handbeil wurden alle vom Erfurter Schwurgericht und später vom Erfurter Sondergericht verhängten Todesurteile in der zentralen Richtstätte in Weimar mit dem Fallbeil vollstreckt. Das »Fallschwert« ist also nie in Erfurt zur Anwendung gekommen.

Literatur: Erfurter Nachrichten, Mitteldeutschland, Ausgabe Erfurt, Thüringer Allgemeine Zeitung (Erfurt), Weimarer Zeitung.

---

25 Postel hatte am 8. März 1934 in Wandersleben einen entfernten Verwandten mit dem Beil erschlagen.

TODESSTRAFE
FÜR DEN 71JÄHRIGEN BRANDSTIFTER

(Olbersleben, 1939)

In der Nacht von Sonntag, dem 17., auf Montag, dem 18. September 1939, kehrten vier junge Männer nach Ellersleben, einem Dorf nordwestlich von Buttstädt im Landkreis Weimar, zurück. Sie hatten im benachbarten Olbersleben einen Filmabend besucht und freuten sich aufs Bett. Da sahen sie ihn, den Feuerschein in der Olberslebener Flur. Trotz des aufgeweichten Bodens, es hatte in der ersten Tageshälfte stark geregnet, und ihrer feinen Sonntagskleidung eilten sie in die Richtung des Feuers, das immer größer zu werden schien.

Am Damm der von Buttstädt nach Kölleda führenden Bahngleise kam ihnen im Schein der Taschenlampe ein älterer Mann entgegen. Er hatte seine Mütze tief ins Gesicht gedrückt und schien es sehr eilig zu haben. Sicherlich ein Landstreicher, dachten sie sich, der den Brand gelegt habe. Der Unbekannte versuchte zu fliehen, aber die jungen Männer liefen ihm nach und hielten ihn fest. Sie gingen mit ihm nach Olbersleben zurück und klingelten den Bürgermeister in seiner Funktion als Ortsgruppenleiter aus dem Schlaf. Der staunte nicht schlecht. Der Verdächtige stammte aus der Dorfgemeinschaft: Es war der Landwirt Robert Gleim. Und der Verdächtige war immerhin 71 Jahre alt. Der Bürgermeister verständigte umgehend den Gendarmerie-Hauptwachtmeister des Ortes, der den Mann festnahm.

Inzwischen war die Feuerschutzpolizei zur Brandstelle ausgerückt. Sie fand dort einen Getreideschober in Flammen vor, konnte aber das Feuer bald löschen. Ein Drittel des Getreides wurde gerettet. Der Schober enthielt die Ernte von sechs Morgen Halmenfrüchten, etwa 130 Zentner Getreide im Wert von rund 1500 Reichsmark. Und: Er stand auf dem Grundstück des Landwirts Robert Gleim am Neuhäuser Weg in der Olberslebener Flur ...

Gendarmerie und Ortsgruppenleiter verhörten den Landwirt. Er stritt anfangs jegliche Beteiligung an der Brandstiftung ab, aber noch in der Nacht legte er ein Geständnis ab. Die Brandstiftung entpuppte sich als Versicherungsbetrug!

Gleim hatte seine Landwirtschaft an seinen 39jährigen Sohn verpachtet, half ihm aber bei der Einbringung der Ernte kaum. Als der Sohn am 2. September zur Wehrmacht eingezogen wurde, da war der Krieg gerade einen Tag alt, fühlte sich der 71jährige Mann hoffnungslos überfordert. Der Ortsbauernführer stellte ihm am selben Tag fünf Hilfskräfte zur Verfügung, so daß die Ernte zumindest eingebracht werden konnte. Nun standen die Mühen des Dreschens bevor, und die wollte sich der Landwirt ersparen. Er verfiel auf einen teuflischen Plan.

Am 3. September schloß er eine Feuerversicherung in Höhe von 1500 Mark auf den gefüllten Schober ab. Zwei Wochen später schritt er zur Tat.

Sonntag abend gegen 22 Uhr begab sich Gleim zum Schein ins Bett und wartete, bis seine Frau und seine Schwiegertochter eingeschlafen waren. Gegen Mitternacht schlich er sich aus dem Ehebett. Er nahm eine Schachtel Streichhölzer und reichlich Zeitungspapier an sich, verließ das Haus durch die Hintertür, schlich sich durch den Garten und wanderte im Schutz der Dunkelheit die Bahngleise entlang bis zu dem etwa zwei Kilometer entfernt gelegenen Schober. An der der Wetterseite abgekehrten trockenen Südseite steckte er dann das Getreide an. Während die Flammen prasselten und bald auf den ganzen Schober übergriffen, schlich sich der Brandstifter davon. Als er denselben Weg an den Gleisen zurückging, lief er den vier jungen Zeugen in die Arme.

Am 5. September 1939, also kaum zwei Wochen vor der Tat, hatte die Reichsregierung unter dem Eindruck des Kriegsbeginns die »Verordnung gegen Volksschädlinge« erlassen. Sie richtete sich gegen diejenigen, die ihr Verbrechen unter der Ausnutzung der Kriegsverhältnisse verübten. Brandstiftung, insbesondere an Erntevorräten, die für die Versorgung der »Volksgenossen« mit Nahrungsmitteln lebensnotwendig waren, konnte daher auch mit dem Tode bestraft werden, erst recht, wenn die Tat unter Ausnutzung der kriegsbedingten Verdunkelung begangen wurde. Beides war bei Robert Gleim der Fall, denn er hatte das Feuer an der Ernte zugleich im Dunkel der Nacht gelegt. Gerade im Kriege sei auch das kleinste Korn für die Ernährung der »Volksgemeinschaft« wichtig, um es für den Abwehrkampf gegen Großbritannien zu nutzen, wie die Partei betonte.

Am Morgen wurde Gleim von Olbersleben nach Weimar gefahren, wo Kriminalbeamte weitere Verhöre vornahmen. Die Sache war eindeutig, der Täter geständig.

Die Anklageerhebung war nur eine Formsache, und das Räderwerk der nationalsozialistischen Justiz setzte sich in atemberaubender Geschwindigkeit in Bewegung. Nur wenige Stunde nach dem Tatgeständnis, am Nachmittag, stand Gleim vor dem Thüringischen Sondergericht in Weimar. Da die Sachlage völlig klar war, der Angeklagte in der Nähe der Brandstelle angetroffen, überdies auch ein Geständnis abgelegt hatte und voll zurechnungsfähig war, wie man in dieser kurzen Zeit festzustellen meinte, forderte Oberstaatsanwalt Dr. Seesemann den Kopf des Brandstifters.

Nach mehrstündiger Beratung fällte Landgerichtsdirektor Werther wie erwartet das Todesurteil über Robert Gleim. Eine Revision war nicht zugelassen. Telegraphisch wurde die Bestätigung des obersten Gerichtsherrn Hitler eingeholt.

Bereits zwei Tage darauf, am Mittwoch früh, 20. September 1939, wurde Robert Gleim auf dem Hof des Landgerichtsgefängnisses in Weimar mit dem Fallbeil hingerichtet. Er war der erste im Reich überhaupt, der nach der neuen Volksschädlingsbestimmung enthauptet wurde.[26]

Man vergegenwärtige sich: Die Tat wurde am 18. September kurz nach Mitternacht begangen. Am selben Vormittag wurde Anklage

---

26 Allerdings wurde schon zu Friedenszeiten, am 13. März 1934, in Berlin der 23jährige Kommunist Richard Bahr enthauptet. Ein Sondergericht hatte ihn wegen fortgesetzter Brandstiftung zum Tode verurteilt. Damals galt das Gesetz zur Abwehr politischer Gewalttaten vom 4. April 1933 als Grundlage.

erhoben, am späten Nachmittag erging das Todesurteil, und schon zwei Tage darauf erfolgte die Vollstreckung. Dies war in der Tat ein »kurzer Prozeß«, wie ihn Hitler immer wieder gegen »Volksschädlinge« forderte.

Literatur: Allgemeine Thüringische Landeszeitung Deutschland (Weimar), Eisenacher Tagespost, Thüringer Allgemeine Zeitung, Ausgabe Erfurt.

SEXUALMORD BEI GUMPERDA

(1940)

Olga Rücknagel, eine 40 Jahre alte Bauersfrau aus dem Dorf Dienstädt bei Orlamünde[27], machte sich am 9. Dezember 1940 gegen 13 Uhr auf den Weg in das gut zwei Kilometer entfernte Nachbardorf Gumperda, aus dem sie stammte. Es fand dort eine Familienfeier statt, zu der sie eingeladen war. Ihre 15 Jahre alte Tochter hatte sich schon früher auf den Weg nach Gumperda begeben. Er führte überwiegend durch ein dichtes Waldstück, das sich bis ganz in die Nähe von Gumperda erstreckte, ehe er in Felder überging.

Die Feiernden in Gumperda warteten vergeblich auf die Bauersfrau. Auch bei Einbruch der Dunkelheit am Nachmittag war sie noch nicht eingetroffen, obwohl der Fußmarsch nur eine Dreiviertelstunde dauerte. Daher trat die beunruhigte Tochter gegen 17 Uhr verfrüht den Rückweg nach Dienstädt an, um sich nach dem Verbleib der Mutter zu erkundigen. Aber auch dort fehlte jede Spur von ihr. Gemeinsam mit dem Vater machte sie sich auf die Suche nach der verschwundenen Frau. Etwas mußte ihr auf dem Weg zugestoßen sein!

Suchend gingen sie in völliger Dunkelheit, Taschenlampen in der Hand, den Weg nach Gumperda ab. Etwa einen Kilometer vor dem Ort, noch im dunklen Wald, erblickten sie im Schein der Lampen in 50 Meter Entfernung vom Weg in einer Erdsenke einen Haufen Moos und Laub, der aussah, als sei er kürzlich aufgeschichtet worden. Neugierig gingen sie näher, erkannten schon aus wenigen Metern Entfernung das Gesicht, das aus dem Laub hervorragte. Von dunkler Ahnung erfaßt, entfernten beide das Laub ... Ehefrau und Mutter war gefunden: tot! Um ihren Hals war ein seidenes Halstuch geschnürt und verknüpft worden. Schlimmer noch: Der Zustand der Kleider ließ auf eine Vergewaltigung schließen.

---

27 Das Dorf lag damals im Landkreis Stadtroda.

Völlig verstört eilten sie nach Gumperda und verständigten die zuständige Mordkommission. Binnen kurzer Zeit erschien sie am Tatort und nahm die Ermittlungen auf. Offensichtlich war Olga Rücknagel mit dem Seidentuch erdrosselt worden. Die Beamten gingen zunächst davon aus, daß die Tat in der Erdsenke begangen wurde, in der ihr Leichnam gefunden worden war. Ein besonders tragischer Umstand war es, daß die Tochter auf dem Rückweg nach Dienstädt an der Leiche der Mutter vorbeigegangen ist, ohne ihrer gewahr zu werden.

Die am 10. Dezember durchgeführte Obduktion der Ermordeten bestätigte den Verdacht einer Vergewaltigung, es lag also nicht nur ein Mord, sondern auch ein Sittlichkeitsverbrechen vor. Die Ermittler gingen nun von der Wahrscheinlichkeit aus, daß die Frau bereits auf dem Weg selbst oder unmittelbar daneben vergewaltigt und erdrosselt und dann in die Erdsenke geschleift wurde, wo der Mörder sie zu verbergen versuchte. Doch noch fehlten Anhaltspunkte für die Identität des Täters.

Als Frau Rücknagel Dienstädt verließ, hatte sie ein kleines in Zeitungspapier eingewickeltes Päckchen bei sich. Dies fehlte am Fundort, ebenso eine weißmelierte Mütze, die sie trug. Die Staatsanwaltschaft in Rudolstadt setzte eine Belohnung von tausend Mark aus.

Tage, Wochen, Monate vergingen und noch immer fand sich keine Spur von dem Mörder. Die Hinweise aus der Bevölkerung waren spärlich, und die Dienstädter befürchteten, diese schreckliche Tat werde niemals aufgeklärt werden.

Unbeirrt arbeitete die Mordkommission weiter. Genau ein halbes Jahr nach dem Mord nahm sie einen polizeibekannten Hausierer fest, der dringend im Verdacht stand, Frau Rücknagel getötet zu haben. Wie man ihm auf die Spur gekommen war, darüber schweigen die Zeitungen, die wegen der Kriegsereignisse ohnehin nur noch spärlich über Ermittlungen berichteten. Sämtliche Thüringer Tageszeitungen veröffentlichten am 12. Juni 1941 eine gleichlautende polizeiliche Meldung, wonach der Mord von Gumperda aufgeklärt sei und der Täter ein Geständnis abgelegt habe.

Kurt Lerner, geboren am 13. Mai 1901 in Naschhausen ganz in der Nähe von Orlamünde und dort auch wohnhaft, nun also 40 Jahre alt, war bereits wegen mehrerer Eigentumsdelikte vorbestraft. Als Gelegenheitsarbeiter hielt es ihn nicht lange an einer Arbeitsstelle. Mit der Zeit wurde sein Vorstrafenregister immer länger, so daß er sich nun andere Namen zulegte wie Leiner und Knieling. Mit diesen falschen Namen trieb er sich überall in Thüringen herum. Später streifte er als Hausierer umher, fuhr mit seinem Fahrrad meist durch den Landkreis Stadtroda und bot Postkarten, Sicherheitsnadeln und andere Gegenstände an.

Am 9. Dezember 1940 mittags fuhr er mit dem Fahrrad von Naschhausen nach dem etwa sechs Kilometer nordwestlich gelegenen Dorf Reinstädt. Sein Weg führte ihn unweigerlich über Dienstädt. Als er hinter dem Dorf durch den Wald fuhr, überholte er die Bauersfrau, die sich bekanntlich auf dem Weg nach Gumperda befand. Er sprach sie an und ging mit ihr eine kurze Strecke weiter, dabei sein Fahrrad schiebend. Dabei kam ihm der Gedanke, sich an der Frau zu vergehen. Er mußte schnell handeln, denn beide näherten sich bereits dem Waldende, waren nur noch einen Kilometer von Gumperda entfernt. Er blickte um sich, ob nicht vielleicht andere in der Nähe waren. Aber beide schienen völlig allein im Wald zu sein.

Dreist fragte er Olga Rücknagel, ob sie mit ihm Geschlechtsverkehr haben wolle. Sie wies dies mit größter Entrüstung zurück. Darauf verlor er die Beherrschung, schlug die Frau nieder, schlang ihr sodann ihr eigenes seidenes Halstuch um den Hals, wobei sie heftigen Widerstand leistete, und erdrosselte sie. Als sie kein Lebenszeichen mehr von sich gab, zerrte er sie an den Wegesrand und verging sich an der Toten. Er nahm ihre Mütze und das Paket an sich, schleppte die Tote zur Erdsenke und legte Moos und Waldstreu über sie. Schnell entfernte er sich auf seinem Fahrrad von der Mordstelle und fuhr über Gumperda nach Reinstädt weiter.

Innerhalb weniger Tage wurde Anklage gegen den Mörder erhoben. Bereits am Vormittag des 10. Juli 1941 trat im Festsaal des Gemeindegasthofes in Gumperda das Thüringische Sondergericht für

Landschulheim Gumperda. Abiturberechtigte Oberschule (gegründet 1867),
Kirche, vermutlich ein mittelalterlicher Burgturm, Ansichtskarte um 1900,
Sammlung Verlag Kirchschlager.

den Oberlandesgerichtsbezirk Jena mit Sitz in Weimar zusammen, um Lerner abzuurteilen. Er widerrief nun sein vor einem Monat abgelegtes Geständnis, ließ das Gericht wissen, daß er nur gestanden habe, um seine Ruhe zu haben. Zwei Kriminalbeamte hielten ihm vor, sie seien am Tag nach der Festnahme mit ihm zum Tatort gegangen und hätten sich von ihm den Tathergang in allen Einzelheiten schildern lassen.

Entgegen den Gepflogenheiten, wonach ein Sondergerichtsverfahren auch bei Mordfällen in der Regel innerhalb eines Tages zum Abschluß kam, dauerte die Verhandlung gegen Lerner drei Tage. Am zweiten Tag wurde ein Ortstermin durchgeführt. Dabei schilderte der Angeklagte die Tat so, wie er es gegenüber den Kriminalbeamten getan hatte. Anschließend setzte er im Gerichtssaal seine Taktik des Leugnens fort, bestritt wieder, irgend etwas mit dem Mord zu tun zu haben. Der Anklagevertreter forderte trotzdem, bei Lerner die Verordnung gegen Gewaltverbrecher[28] anzuwenden und Lerner wegen Notzucht und Totschlags mit dem Tode zu bestrafen. Die Urteilsverkündung wurde auf den 12. Juli vertagt.

Sie fiel wie erwartet aus: Auf der Grundlage der Verordnung gegen Gewaltverbrecher wurde Lerner wegen vollendeten Notzuchtverbrechens und damit verbundenen Totschlags zur Todesstrafe verurteilt. Eine Berufung war in einem Sondergerichtsverfahren nicht möglich. Sein Gnadengesuch wies Hitler zurück.

Dienstag früh am 12. August 1941 fiel Lerners Kopf unter dem Fallbeilgerät auf dem Hof des Gerichtsgefängnisses in Weimar.

Das Gerichtsgefängnis in Weimar wurde Ende 1936 vom Reichsjustizministerium zu einer der zentralen Richtstätten des Deutschen Reiches bestimmt, in denen ein Fallbeilgerät installiert wurde. Da aber Weimar nicht über einen geeigneten geschlossenen Raum für

---

28 Sie wurde am 5. Dezember 1939 erlassen. § 1 bestimmte: Wer bei einer Notzucht, einem Straßenraub oder Bankraub oder einer anderen schweren Gewalttat Schuß-, Hieb- oder Stoßwaffen oder andere gleich gefährliche Mittel anwendet oder mit einer solchen Waffe einen anderen an Leib und Leben bedroht, wird mit dem Tode bestraft.

den Einbau der Guillotine verfügte, mußte vor jeder Hinrichtung auf dem umschlossenen Hof des Gefängnisses das Fallbeilgerät aufgebaut und danach wieder abgebrochen werden. Weimar setzte damit eine lange Tradition fort, denn schon seit dem Jahr 1858 diente die Guillotine als alleiniges Hinrichtungswerkzeug im Großherzogtum Sachsen-Weimar-Eisenach. Alle im Bereich des thüringischen Oberlandesgerichtsbezirks Jena sowie in den preußischen Landgerichtsbezirken Dessau, Erfurt, Halle, Naumburg und Nordhausen verhängten Todesurteile kamen hier zur Ausführung. Allerdings erhielt Halle im Jahre 1943 eine eigene zentrale Richtstätte, um Weimar zu entlasten. Seit 1933 kamen alle im Land Thüringen ausgesprochenen Todesurteile in Weimar zur Vollstreckung.

Literatur: Allgemeine Thüringische Landeszeitung Deutschland (Weimar), Jenaische Zeitung, Thüringer Gauzeitung (Weimar).

EIN 17JÄHRIGER RAUBMÖRDER

(Unterellen, 1941)

Am Morgen des 2. Mai 1941, einem Freitag, gingen zwei Frauen den vom Dorf Unterellen[29] nach Gerstungen führenden Feldweg entlang. Im sogenannten »Dünkelrode« bemerkten sie eine etwa 40 Meter lange Schleifspur, die vom Weg durch eine Heuwiese nach dem angrenzenden Wald führte. Zuerst nahmen sie an, es handele sich hier um Wilddieberei. Neugierig folgten sie der Spur durch das Gelände. Dicht am Waldrand bemerkten sie einen merkwürdig aufgeschichteten Reisighaufen. Sie entfernten vorsichtig die Zweige und starrten auf eine männliche Leiche. Sie war teilweise entkleidet, an den Haaren klebte Blut, anscheinend war dem Opfer der Schädel eingeschlagen worden.

Sie erkannten den Toten: Er war der aus Unterellen stammende 57jährige Landwirt Daniel Rudloff. Sogleich verständigten sie den Gendarmen in Unterellen, der sich sofort zum Fundort begab. Auch er sah sofort, daß dem Mann der Schädel eingeschlagen worden war. Ein ebenfalls hinzugezogener Arzt bestätigte die Vermutung und legte den Zeitpunkt des Todes auf etwa vier Uhr morgens fest. Todesursache waren drei Schläge mit einem noch unbekannten Gegenstand. Merkwürdigerweise fehlten dem Toten die Hose, die Schuhe, die Strümpfe, die Windjacke, der Hut und die dreiteilige Ledergeldbörse wie auch der Rucksack und der Handkorb, in dem er die in Gerstungen erworbenen Waren transportieren wollte.

Noch am Vormittag erschienen Angehörige der Staatsanwaltschaft in Eisenach am Fundort, wenig später auch die Weimarer Mordkommission. Beide nahmen unverzüglich die Ermittlungen auf. Bei einer Suchaktion im näheren Umkreis des Fundortes stießen die Männer in einiger Entfernung auf eine zerrissene Hose, eine Mütze

---

29 Seit 2004 ein Teil der Gemeinde Gerstungen. Damals gehörte Unterellen zum Landkreis Eisenach.

und abgetragene Wollsocken. Diese Kleidungsstücke mußte der Täter zurückgelassen haben, als er sich die Kleider des Opfers anzog. Aber auch die Schuhe des Opfers hatte er liegenlassen.

Sogleich äußerten die Behörden den Verdacht, daß möglicherweise flüchtige sowjetische Kriegsgefangene für die Tat verantwortlich sein könnten, um sich seine Sachen anzueignen. Rudloffs Angehörige sagten aus, der Mann sei am Donnerstag nachmittag nach dem nur wenige Kilometer entfernt gelegenen Gerstungen gegangen, um dort Bruteier sowie Rüben- und Kleesamen zu kaufen. Gegen sieben Uhr abends wollte er Gerstungen verlassen und den Rückweg antreten. Er traf aber nicht zu Hause ein. Seine Familie nahm an, er werde wohl in Gerstungen übernachtet haben. Doch hatte er offensichtlich noch nachts den Heimweg angetreten und war auf dem Rückweg kurz vor seinem Heimatdorf überfallen und ermordet worden.

Für die Ermittlung und Ergreifung des Täters wie auch zur Herbeischaffung von Beweismitteln, die zur Überführung des Täters dienlich sein konnten, setzte die Staatsanwaltschaft Eisenach eine Belohnung von tausend Mark aus. Der furchtbare Raubmord hatte im gesamten Eisenacher Land natürlich großes Entsetzen hervorgerufen.

Fast drei Wochen später saß der Mörder hinter Schloß und Riegel. Unweit von Markranstädt im Landkreis Leipzig wurde ein Jugendlicher beim Diebstahl eines Fahrrades erwischt. Er trug die Kleidungsstücke, wie sie im polizeilichen Fahndungsaufruf beschrieben waren! Sofort war der Zusammenhang mit dem Verbrechen von Unterellen klar. Bei der ersten Vernehmung gestand der junge Mann, daß er der wegen des Mordes von Unterellen Gesuchte sei.

Es handelte sich um den am 13. April 1924 in Schwerin an der Warthe (in der preußischen Provinz Grenzmark Posen-Westpreußen) geborenen, also erst 17 Jahre alten Fürsorgezögling Horst Gruber, der am 21. April aus der Erziehungsanstalt in Strausberg bei Berlin entwichen war. Dort saß er wegen verschiedener Diebstähle ein. Gruber war vorher schon zweimal aus der Anstalt entwichen, aber immer wieder gefaßt worden, nicht zuletzt wegen des auffälligen Anstaltszeichens an seiner Kleidung. Und er trug noch einige der dem ermordeten Landwirt geraubten Kleidungsstücke.

Gruber wurde in das Gerichtsgefängnis in Eisenach eingeliefert. Schon bei den anfänglichen Vernehmungen legte er eine erstaunliche Gleichgültigkeit an den Tag, zeigte keinerlei Anzeichen von Reue, auch dann nicht, als er von der Mordkommission an den Tatort geführt wurde.

Seinem Geständnis zufolge hatte er nach der Flucht aus der Anstalt mehrere Fahrräder gestohlen, diese verkauft und sich vom Erlös wie auch von kleineren Diebstählen über Wasser gehalten. Schließlich sei er über Weimar, Erfurt und Wallershausen nach Herda[30] gelangt, wo er sich von den Bauern Brot und Wurst erbettelte. Danach trieb er sich ziellos in den Wäldern des beschaulichen Eltetals herum.

Am Abend des 1. Mai wollte er sich auf einem Hochsitz am Waldesrand bei Unterellen ein Nachtlager bereiten, als er in der Ferne das Opfer aus der Richtung Gerstungen kommen sah. Sofort entschloß er sich, den Mann zu ermorden und sich seine Kleidung und den Rucksack anzueignen, in dem er Nahrungsmittel vermutete. Denn immer noch trug er die verdächtige Kleidung mit dem Zeichen der Anstalt, aus der er entflohen war. Er kletterte vom Hochsitz und suchte sich einen Stein, warf ihn aber wieder weg, weil er zu verdächtig gewirkt hätte. Von einem Klafter Kiefernholz nahm er schließlich einen dicken Knüppel und ging Rudloff entgegen.

Er bot sich an, mit ihm zusammen die kurze Entfernung nach Unterellen zu gehen. Rudloff wunderte sich zwar über die Gestalt, die da so aus dem Nichts auftauchte, war aber froh, für die letzten Kilometer an diesem späten Abend einen Weggenossen zu haben, mit dem er sich unterhalten könne. Gruber erzählte ihm, er arbeite bei einem Bauern in Unterellen als Dienstverpflichteter. Dies zerstreute jeden Verdacht. Dennoch fragte ihn der Landwirt, was er mit dem Knüppel anfangen wolle, und darauf scherzhaft, ob er ihn damit totschlagen wolle ... Gruber beruhigte ihn, er brauche keine Angst zu

---

30 Heute ein Ortsteil der 2019 gebildeten Stadt Werra-Suhl-Tal.

haben, er sei ein friedfertiger Mensch und tue niemandem etwas zuleide.

Es war bereits dunkel geworden, als beide die als ›Dünkelrode‹ bezeichnete Stelle erreichten. Nach Unterellen war es nicht mehr weit. Nun sah Gruber den geeigneten Zeitpunkt für die Ausführung des geplanten Verbrechens gekommen.

Er brach abrupt die Unterhaltung ab, trat hinter den ahnungslosen Landwirt, hob den Kiefernknüppel und versetzte ihm einen wuchtigen Schlag auf den Hinterkopf. Zu seiner Überraschung stürzte das Opfer nicht zu Boden, daher schlug er nochmals zu. Nun sank Rudloff nieder und regte sich nicht mehr.

Gruber versuchte, den vermeintlichen Toten über die Heuwiese in den nahen Wald zu schleppen, damit er nicht so schnell gefunden werden könne. Dabei kam der Mann wieder zur Besinnung und versuchte unter lautem Stöhnen, sich wieder aufzurichten. Ein drittes Mal sauste der Kiefernknüppel auf seinen Hinterkopf herab. Rudloff sackte wieder zusammen und war nun still. Nach Grubers Angaben soll Rudloff dann bereits tot gewesen sein, doch schien der Tod erst später eingetreten zu sein, wie der Arzt später feststellte.

Das Opfer schleifte er die letzten Meter an den Waldesrand, entkleidete es zum Teil und legte es in eine Versenkung, die er mit Zweigen zudeckte. Darauf begab er sich an eine etwa drei Kilometer entfernte Stelle, wo er sich umzog und in die Sachen des Opfers schlüpfte. Seine eigenen Kleidungsstücke ließ er liegen. Auch den Korb mit den Bruteiern und den Rucksack hatte er an sich genommen. Er übernachtete im Wald und stahl am nächsten Morgen in Unterellen ein Fahrrad, mit dem er zunächst nach Eisenach fuhr. Von da ging er die Reichsautobahn in östlicher Richtung entlang und dann weiter nach Gotha. Dort entwendete er ein Fahrrad und fuhr über Erfurt bis in die Gegend des sächsischen Markranstädt, wo bei einem weiteren Fahrraddiebstahl seine kriminelle Karriere beendet wurde.

Die Staatsanwaltschaft Eisenach erhob Anklage gegen den jungen Raubmörder. Seit Ausbruch des Krieges waren Schwurgerichtsverfahren aufgehoben und durch Sondergerichte ersetzt worden, die eine schnellere Aburteilung bewirken sollten, gegen die keine Berufung möglich war.

Am Mittwoch morgen, dem 13. August 1941, stand Gruber vor dem Thüringischen Sondergericht in Weimar, das im Schwurgerichtssaal des Landgerichtsgebäudes in Eisenach unter dem Vorsitz des Landgerichtsdirektors Werther aus Weimar zusammengetreten war. 24 Zeugen, meist aus Unterellen, aber auch Verwandte des Täters, Kriminalbeamte und medizinische Sachverständige waren aufgeboten worden.

Der junge Mann hatte bereits eine kriminelle Laufbahn aufzuweisen. Schon als Kind beging er kleinere Diebstähle, bestahl später seine eigenen Eltern. Es folgten Fahrraddiebstähle, für die er in die Fürsorgeanstalt in Strausberg eingewiesen wurde. Zwei Ausbrüche währten nicht lange, der dritte und erfolgreiche führte bekanntlich zum Raubmord bei Unterellen.

In der Nachmittagssitzung befaßte sich das Gericht mit der Vernehmung der 24 Zeugen. Sie ergab im wesentlichen keine neuen Gesichtspunkte. Auch medizinische Sachverständige kamen zu Wort. Zwar sei Gruber von Juni bis Juli in der Landesheil- und Pflegeanstalt in Hildburghausen auf seinen Geisteszustand untersucht worden, aber es hätten sich keine Auffälligkeiten ergeben. Der Mörder habe die Tat mit voller Überlegung ausgeführt und sei einem Menschen über 18 Jahre gleichzustellen. Der Staatsanwalt stellte den Angeklagten als den typischen Gewaltverbrecher dar, für den es nur die Todesstrafe geben könne. Und diese forderte er auch.

Um 10.30 Uhr am nächsten Tag, dem 14. August, erfolgte die Urteilsverkündung. Horst Gruber wurde, wie erwartet, auf Grund des § 1 der Verordnung gegen jugendliche Gewaltverbrecher[31] wegen

31 Mit dieser Verordnung vom 4. Oktober 1939 wurden Jugendliche ab dem vollendeten 16. Lebensjahr den Erwachsenen gleichgestellt, wenn sie nach ihrer »geistigen und sittlichen Entwicklung einer über achtzehn Jahre alten Person gleichzuachten« waren und die »bei der Tat gezeigte, besonders verwerfliche verbrecherische Gesinnung oder der Schutz des Volkes eine solche Bestrafung erforderlich« machte. Daher konnte gegen diese Jugendlichen auch die Todesstrafe verhängt werden.

Mordes in Tateinheit mit schwerem Straßenraub zum Tode verurteilt. Außerdem wurden ihm die bürgerlichen Ehrenrechte auf Lebenszeit aberkannt.

Hitler als oberster Gerichtsherr lehnte eine Begnadigung ab und bestätigte das Todesurteil.

Als der 17jährige Raubmörder am Morgen des 4. Oktober 1941 auf dem Hof des Gerichtsgefängnisses in Weimar mit dem Fallbeil enthauptet wurde, gehörte er zu den jüngsten Delinquenten, an denen im Dritten Reich die Todesstrafe vollstreckt wurde. In jenem Jahr 1941 wurden 14 weitere Todesurteile in Weimar vollstreckt.

Literatur: Allgemeine Thüringische Landeszeitung Deutschland (Weimar), Eisenacher Tagespost, Thüringer Allgemeine Zeitung (Erfurt), Thüringer Gauzeitung, Ausgabe Erfurt.

AUS ALTEN KRIMINALAKTEN

Frank Esche

IM ZWEIFEL FÜR DEN ANGEKLAGTEN

(Großgölitz, 1925)

Am 10. April 1925 meldete die Landeszeitung für Schwarzburg-Rudolstadt unter der Überschrift »Von Einbrechern erschossen«, daß am frühen Morgen des 9. April in den Großgölitzer »Oberländischen Gasthof« eingebrochen worden war. Mit der Fütterung von Tieren beschäftigte Nachbarn wären auf den Einbruch aufmerksam geworden und hätten die Verfolgung des fliehenden Einbrechers aufgenommen. Kurz vor dem Gehölz am Ausgang des Dorfes sei dabei der angesehene Landwirt und Familienvater Hilmar Meyer von dem Dieb erschossen worden, der unerkannt entkam.

Die Ermittlungen der Rudolstädter Polizeibehörde und der Staatsanwaltschaft beim Landgericht Rudolstadt wurden sofort aufgenommen und alsbald der Handarbeiter und Bad Blankenburger Bürger Wilhelm Schröder, geboren am 29. Juni 1901 in Kiel-Wellingdorf, ledig, noch unbestraft, in Untersuchungshaft genommen.

Am 7. September 1925 faßte der Erste Staatsanwalt Scherff in der Anklageschrift die Ermittlungsergebnisse zusammen. Darin wirft er dem Untersuchungshäftling vor, in der Nacht zum 9. April 1925 zuerst in die Wohnung der Großgölitzer Witwe Oberländer, geborene Voigt, eingebrochen zu sein und folgendes Diebesgut entwendet zu haben: 22 Pfund Knackwürste, zwei Schinken, zirka 30 Pfund Speck, 33 Eier, eine Flasche Likör, je einen Tragekorb Brustriemen sowie Strick und Bargeld in Höhe von 13 Mark.

Danach habe er auf seiner Flucht in der Flur Großgölitz nahe und unterhalb des Baropturmes[32] den ihn verfolgenden Landwirt Meyer vorsätzlich, aber ohne Überlegung getötet.

Der Täter, so die Ermittlungen, sei zwischen 04.30 und fünf Uhr durch das Küchenfenster in die Wohnung der Witwe Oberländer eingestiegen, nachdem er vorher eine Glasscheibe mit Hilfe eines Taschenmessers entfernt hatte. Im Inneren des Gebäudes brach er dann verschlossene Türen auf und eignete sich in den Zimmern die aufgeführten Gegenstände und das Geld an. Dabei blieb der Täter nicht unbemerkt. Die Tochter der Hausbesitzerin, Elly Oberländer, die auf dem Flur Schritte vernommen hatte, rief ihre Mutter, worauf der Eindringling kurz die Zimmertür der Tochter öffnete, mit der Taschenlampe hineinleuchtete und dann sofort über den Hof die Flucht in Richtung Wald ergriff. Gegen 05.30 Uhr überraschte der 15jährige Zeuge Wilhelm Schrader aus Großgölitz im Flurteil der sogenannten »Ebene«, unter dem Baropturm hinter einem Gebüsch kauernd, einen Mann, der Eier und andere Lebensmittel bei sich hatte. Es war offensichtlich der Dieb, der seine Beute ordnete und verpackte. Als dieser den jungen Mann bemerkte, schrie er Schrader an: »Mach, daß du fortkommst, sonst haue ich dir den Wanst voll!"

Der Zeuge eilte daraufhin eiligst ins Dorf und schlug dort gehörig Alarm mit dem Ergebnis, daß er und die Landwirte Hilmar Meyer sowie Oskar Ehrhardt, der Landwirtschaftsgehilfe Arthur Noth und der Arbeiter Alfred Oberländer sich auf die Suche nach dem Fremden begaben. Dieser hatte inzwischen auf seiner Flucht das Diebesgut zurückgelassen, um den Verfolgern, die auf seine Spur gekommen waren, zu entfliehen. Als er sich etwa 50 Meter unterhalb des Baropturmes befand, gelang es den Verfolgern, ihn zu stellen. In die Enge getrieben, zog der Täter urplötzlich eine Schußwaffe. Als er dicht hinter sich den Landwirt Meyer erblickte, feuerte er drei Schüs-

---

32 Der Baropturm ist ein steinerner Turm von 17 Metern Höhe, den engagierte Schüler ihrem ehrwürdigen Lehrer Johannes Arnold Barop zu dessen 50jährigem Dienstjubiläum 1876 widmeten. Vom Baropturm überblickt man das Schiefergebirge, die Ilm-Saale-Region und den Thüringer Wald.

se auf seinen Verfolger ab, von denen zwei ihr Ziel nicht verfehlten. Meyer, von den Geschossen am Kopf getroffen, brach tot zusammen und der Täter flüchtete in Richtung Kleingölitz-Bad Blankenburg. Wenige Stunden später setzte die Polizei zwei Spürhunde auf die Fährte des Mörders, die sie jedoch nicht bis zum Ende ausarbeiten konnten.

Gutachterlich ließ sich später die Art der Waffe und das Kaliber der Munition feststellen. Die verwendeten Stahlmantelgeschosse stammten aus dem Lauf eines Revolvers und mußten von einem sicheren Schützen abgefeuert worden sein. Der Untersuchungsgefangene Schröder habe laut Zeugenaussagen eine solche Waffe besessen und hätte sich bei vielen Gelegenheiten ob seiner Treffsicherheit gerühmt und geprahlt, er könne für Lungen- und Kopfschüsse garantieren – eine Aussage, die der Beschuldigte in der Voruntersuchung immer wieder dementierte.

Gegen Schröder sprach auch der Umstand, daß dieser ständig in Geldverlegenheit war. Was er verdiente, gab er für Genußmittel aus, so daß zum Leben nicht viel übrig blieb. Immer wieder bettelte der Beschuldigte seine Arbeitskollegen um Essen an. Belastend für ihn kam hinzu, daß er am Vortag des Verbrechens, am 8. April 1925, seine Arbeit in einer Schwerspatgrube verloren hatte – ohne Aussicht auf eine neue Arbeitsstelle. Der Umstand, nun plötzlich völlig mittellos und ohne Perspektive dazustehen, könnte das Motiv für seinen Einbruchsdiebstahl gewesen sein, so die Ausführungen des Staatsanwaltes in der Anklageschrift.

Am 1. Oktober 1925 kam das Verbrechen in einer öffentlichen Sitzung des Schwurgerichtsbezirks des Gemeinschaftlichen Thüringischen Oberlandgerichtsbezirks zu Jena in Rudolstadt vor den Richter. Als Vorsitzender fungierte Landgerichtsrat Dr. Heumann, als Anklagevertreter der Erste Staatsanwalt Scherff. Die Verteidigung des 24jährigen Angeklagten Wilhelm Schröder hatte der Rudolstädter Anwalt Schönheit übernommen.

Zu Beginn der Verhandlung stellte Schröder die ihm vorgeworfenen Taten in Abrede. Die Staatsanwaltschaft bot zur Erbringung von

Indizienbeweisen[33] 30 Zeugen und die Sachverständigen Sanitätsrat Dr. Franke aus Bad Blankenburg sowie den Rudolstädter Waffenmeister a. D. Oskar Barthelmes auf.

Die Vernehmung der zahlreichen Zeugen, die am zweiten Verhandlungstag Fortsetzung fand, ergab kein klares Bild über die Täterschaft des Schröder. Vor allem die Angaben über die Kleidung und die Kopfbedeckung des Täters wichen voneinander ab, was vermutlich mit den schlechten Sichtverhältnissen an diesem frühen Morgen und dem Umstand zusammenhing, daß der Täter immer nur aus größerer Entfernung bzw. ganz kurze Zeit von den Zeugen gesehen wurde. Diese Situation deutete sich jedoch bereits in der Voruntersuchung an, als es einen Lokaltermin am Ort des begangenen Mordes gegeben hatte. Der Erste Staatsanwalt Scherff beantragte daher einen nochmaligen Lokaltermin unter Hinzuziehung des Angeklagten und der sechs wichtigsten Zeugen, wodurch er sich eine bessere Aufklärung der noch bestehenden Unklarheiten versprach. Nach kurzer Besprechung lehnten sowohl das Gericht als auch die Geschworenen diesen Antrag des Staatsanwaltes ab. Nach der Vernehmung weiterer Zeugen wurde die Beweisaufnahme geschlossen und Scherff ergriff das Wort:

»Vier Punkte sprechen gegen den Angeklagten. Der Besitz des Revolvers und sein Leugnen dieser bewiesenen Tatsache, das Leugnen seiner Prahlerei, das Abstreiten eine Taschenlampe besessen zu haben, was er schließlich erst in der Hauptverhandlung zugab, und endlich seine Geldverlegenheit, die solche Tat erklärlich macht.«

Alles dies aber genüge nicht, ihn der Taten zu überführen, zumal auch verschiedene Gründe für ihn sprächen. Die Staatsanwaltschaft

---

33 Unter einem Indiz (lat: indicare = anzeigen) versteht man einen Hinweis, der für sich allein oder in einer Gesamtheit mit anderen Indizien den Rückschluß auf das Vorliegen einer Tatsache zuläßt. Im Allgemeinen ist ein Indiz mehr als eine Behauptung, aber weniger als ein Beweis. In einem Indizienprozeß versucht die Staatsanwaltschaft, den Richter von der Schuld des Täters mittelbar durch Indizien zu überzeugen. Ein Indiz für sich alleine genommen reicht dabei nicht zur Verurteilung aus. Aber die Summe der Indizien (Indizienkette und Indizienreihe) soll ein derartiges Gesamtbild ergeben, daß die Täterschaft zur vollen Überzeugung des Gerichts feststeht.

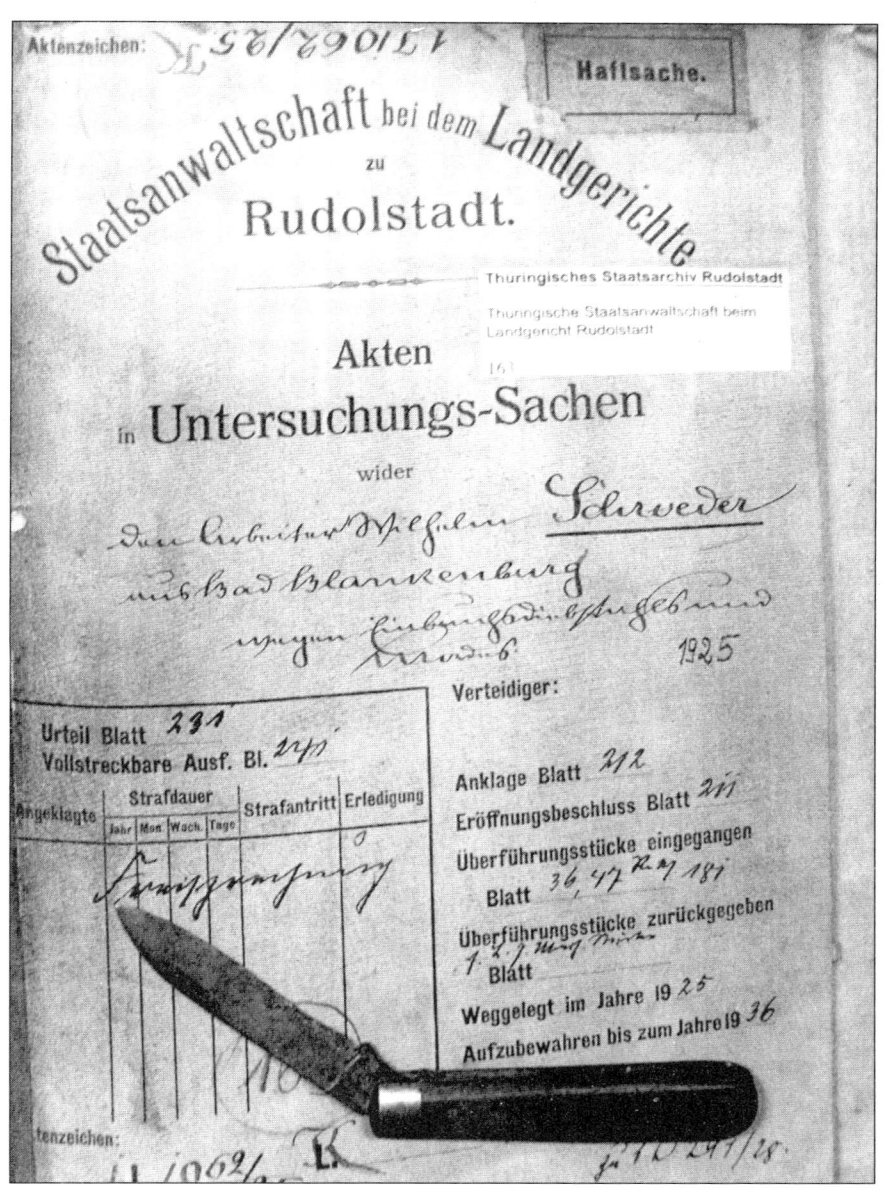

*Staatsanwaltliche Untersuchungsakte zum Verbrechen in Großgölitz
mit einem darin enthaltenen Messer als Beweisstück, welches für die Entfernung
des Fensterkitts vor Entnahme der Glasscheibe des Küchenfensters
vom Täter verwendet wurde.*

stelle daher anheim, den Angeklagten gemäß dem Grundsatz »Im Zweifel für den Angeklagten« freizusprechen. Rechtsanwalt Schönheit beantragte, den Angeklagten wegen erwiesener Unschuld freizusprechen. Schließlich seien Zeugenaussagen immer mit Vorsicht aufzunehmen und die Tatwaffe sowie dazugehörige Munition hätten die Polizeibeamten während einer Hausdurchsuchung bei Schröder – diese fand bereits vor der Großgölitzer Tat in der Wohnung des Angeklagten statt, weil man nach Feilen suchte, die seinem damaligen Arbeitgeber entwendet worden waren – nicht gefunden. Wegen erwiesener Unschuld verlangte der Verteidiger, den Angeklagten für die erlittene Untersuchungshaft angemessen zu entschädigen.

Am Schluß der Verhandlung wurde der Angeklagte befragt, ob er selbst noch etwas zu seiner Verteidigung auszuführen habe. Wilhelm Schröder erklärte: »Ich bin unschuldig und bitte daher, freigesprochen zu werden.«

Das Gericht zog sich zur Beratung zurück. Nach Wiederherstellung der Öffentlichkeit wurde das Urteil durch Verlesen der Urteilsformel und durch mündliche Mitteilung des wesentlichen Inhalts der Gründe dahingehend verkündet:

»Der Angeklagte wird freigesprochen. Die Kosten des Verfahrens trägt die Staatskasse. Der Angeklagte wurde zwar nach dem Verbrechen von den Verfolgern nicht mit Bestimmtheit wiedererkannt, doch vermochte auch keiner von ihnen auszuschließen, daß der Angeklagte der Täter war. Auch konnte die Schutzbehauptung des Angeklagten, er habe die Nacht vom 8. zum 9. April 1925 schlafend in seiner Bad Blankenburger Wohnung verbracht, nicht mit Bestimmtheit widerlegt werden. Trotz aller Verdachtsmomente muß zweifelhaft bleiben, ob der Angeklagte der Täter war.«

Weiterhin wurde folgender Beschluß verkündet: Der gegen den Angeklagten am 14. April 1925 ergangene Haftbefehl wird aufgehoben und der Angeklagte außer Verfolgung gesetzt. Da zwar das Verfahren die Unschuld des Angeklagten nicht ergebe, aber dargetan hat, daß gegen ihn ein begründeter Verdacht nicht besteht, ist der Antrag, ihn für die erlittene Untersuchungshaft Entschädigung aus der Staatskasse zu gewähren, nach § 1 des Gesetzes vom 14. Juli 1904[34] zurückzuweisen.

Quellen und Literatur: Landesarchiv Thüringen – Thüringisches Staatsarchiv Rudolstadt, Thüringische Staatsanwaltschaft beim Landgericht Rudolstadt Nr. 163. Landeszeitung für Schwarzburg-Rudolstadt 1925.

---

34 Gesetz betreffend die Entschädigung für unschuldig erlittene Untersuchungshaft: § 1 Personen, die im Strafverfahren freigesprochen oder durch Beschluß des Gerichts außer Verfolgung gesetzt sind, können für erlittene Untersuchungshaft Entschädigung aus der Staatskasse verlangen, wenn das Verfahren ihre Unschuld ergeben oder dargetan hat, daß gegen sie ein begründeter Verdacht nicht vorliegt.

EIN LIEBESDRAMA VOR GERICHT

(Schmiedefeld, 1928/29)

Am 20. März 1928 steht Edmund Schonert, geboren am 10. Mai 1902 in Kettmannshausen, in einer Öffentlichen Sitzung vor dem Thüringischen Schwurgericht in Rudolstadt. Angeklagt ist der junge nicht vorbestrafte Maler des versuchten Mordes an seiner Geliebten sowie unerlaubten Waffenbesitzes. Kaum begonnen, wurde die Sitzung beendet, da der Sachverständige Dr. Kühn den Antrag stellte, man möge den Angeklagten zur Untersuchung seines Geisteszustandes für sechs Wochen in einer öffentlichen Irrenanstalt unterbringen. Er habe erfahren, daß der Angeklagte drei Tage vor der Tat nichts gegessen hätte. Hierdurch sei eine sogenannte »verzögerte Affekthandlung« möglich. Diesem Ansinnen widersprachen weder der Staatsanwalt noch der vom Gericht bestellte Verteidiger Rechtsanwalt Fambach.

Der genannte Umstand hatte zur Folge, daß die vertagte Hauptverhandlung zu dem Verbrechen an der Porzellanmalerin Marie Müller aus Schmiedefeld erst am Dienstag, dem 16. Oktober 1928 beginnen konnte. Den Vorsitz führte Landgerichtsrat Morgeneyer, die Anklage vertrat der Erste Staatsanwalt Scherff und die Verteidigung hatte der Rudolstädter Rechtsanwalt Fambach übernommen. Als Sachverständige fungierten der Waffenmeister Barthelmes und der Privatdozent Dr. Böhning von der Nervenklinik der Universität Jena.

Die zweitägige öffentliche Verhandlung ergab folgenden Tatbestand:

Edmund Schonert lernte Pfingsten 1927 Marie Müller aus Schmiedefeld kennen und unterhielt im Sommer und Herbst genannten Jahres ein Liebesverhältnis mit der Fabrikarbeiterin. Anfangs war sie ihm nicht zugeneigt, doch bald entwickelte sich zwischen den beiden ein engeres Verhältnis. Im August hatte sie ihn und dessen Angehörige in Kettmannshausen besucht und sich seit diesem Zeitpunkt ihm wiederholt hingegeben. Ab September verdingte sich der

Angeklagte bei dem Maler Lorey in Lichte, von wo der verliebte junge Mann Marie öfters im nahen Schmiedefeld besuchte.

Das Glück sollte nicht lange andauern! Im November 1927 faßte Marie den Entschluß, das Verhältnis mit Edmund zu lösen. Die Mutter der jungen Frau war an dieser Entscheidung offensichtlich nicht unbeteiligt; sie drängte die Tochter zum Abbruch der Beziehung mit Schonert, weil sie deren Fortzug nach Kettmannshausen befürchtete. Hinzu kam, daß Marie der Umgang mit Edmund zunehmend peinlich wurde. Infolge seines unbeholfenen Auftretens und weil er sich oft nicht gewandt artikulierte, erntete er immer wieder Spott von Freunden und Bekannten. Mitte November schrieb ihm Marie, er solle nicht wieder nach Schmiedefeld kommen und sich ein anderes »Mädel anschaffen«. Der Zurückgewiesene kam dennoch einige Tage später zu Besuch. Marie umzustimmen gelang ihm nicht. Die junge Frau erklärte ihm unmißverständlich, daß sie ihn nicht liebe, worauf er erklärte: »Wenn du mich nicht willst, so werde ich mich erschießen!« Sie blieb bei ihrer ablehnenden Haltung, versprach aber, ihm weiter zu schreiben. Etwa acht Tage nach der letzten Begegnung in Schmiedefeld schickte Marie dem Angeklagten dessen ihr einst übergebene Geschenke zurück, außerdem Andenken und zwei Bilder von ihm, die nach Angaben des Edmund im Gesicht zerkratzt waren, und ließ ihn dabei wissen, er möge nie wieder in ihre Nähe kommen. Über die Sendung regte sich der Angeklagte so auf, daß er ihr eine Rechnung in Höhe von 411,20 Mark Unkosten übersandte, die er durch Anschaffungen in Erwartung der Ehe mit ihr gehabt hätte. Der Rechnung fügte er schriftlich hinzu: »So hast du mich ums Geld gebracht, jetzt habe ich die ganze Wirtschaft auf meinem Halse. Du hast mich so weit gebracht. Und im Amte bist Du mit eingeschrieben als Braut, das Umschreiben, die Kosten mußt Du betragen. Also ich bitte entgegensehen, sonst lege ich Klage ein bis zum 28.12.27.«

Anfang des Jahres 1928 erhielt Edmund von Maries Vater einen Brief, in dem er mit Anzeige wegen Erpressung seiner Tochter drohte. Schonert hatte nun verstanden, daß die Trennung von seiner Geliebten endgültig war, und geriet dadurch in »große Erregung«.

Am 4. Januar, einem Mittwoch, fuhr er mit seinem Rad nach Rottenbach, stieg dort in die Bahn ein, die ihn nach Taubenbach bei Saalfeld brachte. Vorher hatte sich Edmund Schonert mit einem Revolver und drei Patronen bewaffnet, die sich seit dem 1. Weltkrieg unerlaubt in seinem Besitz befanden. Außerdem schrieb er zwei Zettel, in denen er von seinem Vater und den Geschwistern Abschied nahm. Da Marie Müller ihn um sein Geld gebracht habe, wolle er sich das Leben nehmen. Die Zettel wurden bei einer späteren Hausdurchsuchung in der Brieftasche des Schonert zusammen mit einem 50-Mark-Schein, Korrespondenz von Marie und Fotos gefunden.

In Taubenbach gegen 19 Uhr angekommen, trank er am Bahnhof Bier und begab sich dann zu Fuß nach Schmiedefeld, um Marie zur Rede zu stellen. Unterwegs lud er den Revolver. Am selben Abend weilte Marie nach Arbeitsschluß bei ihrem Onkel Max Müller in Taubenbach, der dort ein Schlachtefest veranstaltete, und hatte sich inzwischen auf den Heimweg nach Schmiedefeld begeben. Unterwegs überholte sie den Angeklagten ohne ihn – jahreszeitlich bedingt – zu erkennen. Auch Schonert erkannte Marie erst, als sie ihn bereits passiert hatte und sagte: »Ach, Marie, du bist es ja.« Er ging auf sie zu und schrie: »Jetzt hab' ich Dich, Du hast mich ums Geld gebracht, jetzt bin ich fertig, Geld oder Leben!«

Sofort zog er seinen Revolver und schoß. Im selben Augenblick drehte Marie ihren Kopf weg und die Kugel traf sie unterhalb der linken Schläfe. Aufschreiend versuchte die verwundete Frau in Richtung Taubenbach zu fliehen, brach aber nach wenigen Metern zusammen. Der Angeklagte holte sie ein und feuerte einen weiteren Schuß auf die Liegende ab, der ihren Hinterkopf streifte. Bevor Edmund flüchtete und die Nacht im Wald verbrachte, schlug er noch mehrmals mit der Waffe heftig auf ihren Rücken ein. Zweifelsohne hatte Marie großes Glück, denn vor allem der erste Schuß hätte sie töten können. Im Lauf seines Revolvers steckte noch ein Schuß. Schonert gab während der Gerichtsverhandlung zu, er habe nach der Tat nicht den Mut besessen, sich selbst zu richten.

In der Verhandlung bestritt der Angeklagte außerdem eine Tötungsabsicht. Die Umstände der Tat und sein sechs Tage nach der Tat abgegebenes Geständnis, er habe Marie töten wollen, sprachen jedoch dagegen.

Das am 13. Juni 1928 erstellte und in der Gerichtsverhandlung von Assistenzarzt Dr. Boening von der Nervenklinik der Universität Jena vorgestellte Gutachten bescheinigte dem Täter, daß er an einer genuinen Epilepsie[35] litt. Da sich Schonert jedoch an die Einzelheiten der Tat erinnerte, habe selbiger die Tat nicht im Zustand der Bewußtseinsstörung begangen. »Dagegen«, so der Sachverständige, »hat offenbar die Epilepsie den wohl schon von Geburt an geistig minderwertigen und schwachsinnigen Angeklagten in seiner Intelligenz noch mehr beeinträchtigt.«

Diese »Intelligenzschädigung« habe jedoch, stellte das Gericht fest, nach dem Auftreten des Angeklagten in der Hauptverhandlung nicht den Grad erreicht, daß seine Zurechnungsfähigkeit in Frage gestellt werden könne. Allerdings, so wurde in der Urteilsbegründung festgehalten, »mag er bei der Ausführung der Tat gerade wegen seiner epileptischen Intelligenzschädigung und der dadurch vorhandenen leichten Erregbarkeit ohne der Abwägung der Folgen und Zwekke seines Tuns, also ohne Überlegung, gehandelt haben.«

Edmund Schonert sei für die ihm zur Last gelegte Strafhandlung verantwortlich zu machen. Der Schutz des § 51 StGB kann ihm nicht zugebilligt werden. Es mußte aber dringend empfohlen werden, bei der Zumessung der Strafe seiner geistigen Minderwertigkeit Rechnung zu tragen. Daher lautete das Urteil: »Der Angeklagte wird wegen versuchten Totschlags und unerlaubter Waffenführung zu einer Gesamtstrafe von neun Monaten und einer Woche Gefängnis sowie zu den Kosten des Verfahrens verurteilt. Durch die Untersuchungshaft gelten drei Monate der erkannten Strafe als verbüßt.«

---

35 Genuine Epilepsie, Bezeichnung für Formen der Epilepsie, bei denen die Anfälle nicht durch andere organische oder metabolische Hirnerkrankungen verursacht werden, sondern die Krankheit ererbt ist.

Edmund Schonert saß seine Haftstrafe im Thüringer Landesgefängnis Ichtershausen ab.

Staatsanwaltschaftliche Untersuchungsakte mit einem Teil des Inhalts
aus der Brieftasche des Edmund Schonert.

Quellen: Landesarchiv Thüringen – Thüringisches Staatsarchiv Rudolstadt, Thüringische Staatsanwaltschaft beim Landgericht Rudolstadt Nr. 170, Landeszeitung Rudolstadt 1928

DER DOPPELTE RATTENGIFTMORDVERSUCH

(Öpitz, 1941–1952)

Am 28. September 1941 erstattete die Witwe Frieda Grosch in Öpitz[36] bei dem zuständigen Gendarmerie-Gruppenposten Strafanzeige gegen ihre Schwiegertochter Irma Grosch, geborene Fischer, wegen Giftmordversuches. Die Anzeige löste sofort kriminalpolizeiliche und staatsanwaltschaftliche Untersuchungen aus mit dem Ergebnis, daß die Beschuldigte ab dem 7. Oktober 1941 in Untersuchungshaft im Frauengefängnis Weimar einsaß.

Am 4. März 1942, fast fünf Monate später, wurde der Mordversuch der am 7. August 1916 in Haselbach[37] geborenen Irma Grosch in einer vielbeachteten öffentlichen Sitzung der Ersten Strafkammer des Landgerichtes Rudolstadt unter dem Vorsitzenden Landgerichtsdirektor Moser verhandelt. Die Anklage vertrat Staatsanwalt Schwarz, während die Verteidigung der Rudolstädter Rechtsanwalt Fambach übernommen hatte.

Zunächst wurde Irma Grosch vom Landgerichtsdirektor über ihre persönlichen Lebensumstände befragt. Die Angeklagte war die älteste von fünf Geschwistern, die mit zwölf Jahren ihre Mutter verloren hatte und sich schon in jungen Jahren aufgrund der Armut der Familie vornehmlich in der Landwirtschaft verdingen mußte. Am 2. März 1940 ehelichte sie im Alter von fast 24 Jahren den Öpitzer Bauern Alfred Grosch, der ein Gut von etwa 40 Morgen[38] von seinen Eltern bekommen hatte. Dort wohnten auch weiterhin die Mutter und die Großmutter des Landwirtes. Anfangs war das Verhältnis zwischen der Angeklagten und deren Schwiegermutter zufriedenstellend. Dies änderte sich abrupt, als im Zusammenhang mit einer

---

36 Öpitz gehörte bis 1945 zum preußischen Landkreis Ziegenrück und ist heute ein Ortsteil der Stadt Pößneck im thüringischen Saale-Orla-Kreis.

37 Haselbach ist eine Gemeinde im heutigen thüringischen Landkreis Altenburger Land.

38 In Preußen etwa zehn Hektar.

Bürgschaft der Schwiegermutter für ihren Schwiegersohn Kosten für das Ehepaar Irma und Alfred Grosch in Höhe von 500 Reichsmark entstanden.

Irma und Alfred fühlten sich von Frieda Grosch hintergangen. Seit Ende März 1940 eskalierte der Streit zwischen Schwiegertochter und Schwiegermutter. So beschimpfte die Angeklagte ihre Schwiegermutter als »alte Sau«, und diese konterte ihrerseits, indem sie Irma als »Lügensau« bezeichnete. Alfred versuchte zunächst zu vermitteln, ergriff aber nach und nach Partei für seine Mutter. Nachdem er am 4. Dezember 1940 zur Wehrmacht einberufen wurde, sollte sich bald zeigen, daß die Angeklagte nicht in der Lage war, die bäuerliche Wirtschaft zu führen. Da sie keinen landwirtschaftlichen Beruf erlernt hatte, fehlten ihr dazu die notwendigen Kenntnisse. Es dauerte nicht lange, da sah es in der Wirtschaft der Irma Grosch liederlich und schmutzig aus. Obwohl die finanziellen Angelegenheiten der Familie letztendlich doch zu Gunsten von Irma und Alfred geregelt worden waren, kam die Angeklagte einfach nicht von dem Gedanken los, daß sie von ihrer Schwiegermutter und deren Mutter, Frau Lina Martin, permanent benachteiligt werde. Die familiäre Schlammschlacht um materielle Angelegenheiten spitzte sich immer weiter zu, da Irma schließlich Taschen und Tragekörbe der Schwiegermutter kontrollierte, denn diese hatte verschiedene Lebensmittel zu ihrer Tochter bringen wollen. In Briefen an Alfred Grosch beschwerten sich beide Frauen über das Verhalten der jeweiligen Gegenseite. So wetterte Frieda Grosch gegenüber ihrem Sohn, daß Irma den Inhalt ihres Tragekorbes kontrolliert, ja sie regelrecht überfallen habe. Irma jammerte hingegen, Alfred würde seiner Mutter beistehen und nichts für seine Gattin und das gemeinsame Kind übrig haben. Genervt schrieb der Ehemann schließlich aus seinem Einsatzort im sowjetischen Smolensk zurück, es wäre wohl besser, sie würden sich trennen.

Die Gesamtsituation habe, so erklärte Irma dem Gericht, zu einer seelischen Depression bei ihr geführt und die Absicht ausgelöst, ihrem Kind und sich das Leben zu nehmen. Um das Vorhaben in die

Tat umzusetzen, besorgte sich die Angeklagte in der Pößnecker Drogerie Rattengift. Später sei jedoch durch Beeinflussung einer Freundin der Entschluß in ihr gereift, nicht sich selbst, sondern die Schwiegermutter und deren Mutter aus der Welt scheiden zu lassen. Das Rattengift habe sie deshalb im August 1941 in gefüllte Blaubeergläser und zwei Bierflaschen gegeben. Da jedoch das Gift den Inhalt der Flaschen und der Einweckgläser optisch als ungenießbar entlarvte, hatten die beiden Frauen deren Inhalt nicht genossen und Irma angezeigt.

Das Rattengift »Rattekal« enthalte nach dem Gutachten der Universitätsanstalt für Gerichtliche Medizin in Jena vom 25. Oktober 1941 die giftige Phosphorverbindung Zinkphosphid, welches zusammen mit Säure, auch Magensäure, giftigen Phosphorwasserstoff entwickelt. Diese Substanz sei äußerst gesundheitsschädlich und wirke in größeren Mengen tödlich. Das Gift hätte also die Eigenschaft besessen, die beiden Frauen qualvoll sterben zu lassen. Die Mordabsicht gab die Angeklagte sowohl in der Voruntersuchung als auch vor Gericht zu.

Nach dem Gutachten des Sachverständigen Dr. Kühn von der Psychiatrischen Nervenklinik Jena sei die Angeklagte keinesfalls schwachsinnig. Man habe mit ihr eine sehr eingehende Intelligenzprüfung vorgenommen. Sie habe dabei »auf den einzelnen intellektuellen Gebieten nicht nur nicht versagt, sondern zum Teil schlagfertige Antworten gegeben. Das bezog sich nicht nur auf die Prüfung der formalen Intelligenz, d. h. auf das Schul- und Allgemeinwissen, sondern auch auf Fragen, bei denen die eigentliche Urteils- und Kombinationsfähigkeit geprüft wurde.«

Der Gutachter stellte jedoch bei der Frau auch auffallende Gefühlskälte fest, wenn von ihrer Tat die Rede war. Folglich war sie auch nicht zu echter Reue fähig. »Jeden Hinweis auf die Verantwortlichkeit, die man ihr nach Lage der Dinge fraglos zuschieben muß, beantwortete sie mit bockigem Eigensinn und oppositioneller Haltung.« Schlußendlich liege bei ihr keine organische Erkrankung des Gehirns vor. Irgendwelche schizophrenen Symptome fehlten ganz.

Zusammenfassend könne festgestellt werden, Frau Grosch sei eine »gemütskalte, streitsüchtige Psychopathin mit Neigung zu Affektausbrüchen. Sie ist als solche voll verantwortlich zu betrachten. Ein Schutzparagraph im Sinne des § 51 des Reichsstrafgesetzbuches kann ihr nicht zugebilligt werden.«

Die Strafkammer des Landgerichtes schloß sich dem Gutachter voll umfänglich an, daß die Angeklagte heimtückisch und mit gemeingefährlichen Mitteln bei ihrer Tat vorgegangen sei. Sie habe aber auch aus niedrigen Beweggründen gehandelt. Die Angeklagte wollte durch ein und dieselbe Handlung zwei Menschen töten. Das Gericht urteilte wie folgt: »Wenn durch dieselbe Handlung dasselbe Strafgesetz mehrfach verletzt worden ist, wenn mehrere Gesetzverletzungen durch eine Willensbetätigung geschehen seien, so liege eine sogenannte »gleichartige Tateinheit« vor. Es handele sich also im vorliegenden Fall um zwei in Tateinheit stehende versuchte Verbrechen, die rechtlich als eine Handlung zu werten sind.«

Bericht des »Hamburger Tageblatt« vom 10. März 1942 unter der Überschrift »Rattengift gegen die Schwiegermutter«.

Frau Irma Grosch wurde daher nach § 211 des StGB in der Fassung des Gesetzes vom 4. September 1941 in Verbindung mit § 43 wegen versuchten Mordes zu vier Jahren Zuchthaus verurteilt. Strafmildernd wurde bei der Strafbemessung berücksichtigt, daß die Angeklagte nicht vorbestraft, von Anfang an geständig war, aber auch das Verhalten der Schwiegermutter sich strafbegünstigend ausgewirkt hatte.

Über den Strafprozeß berichteten Tageszeitungen deutschlandweit.

Noch am 4. März 1942 nahm Irma Grosch das Urteil in einer schriftlichen Erklärung an, strebte aber ab Mai 1942 erfolglos die Wiederaufnahme des Verfahrens an, da nach ihrer Meinung eine Zeugin vor Gericht die Unwahrheit gesagt habe.

Am 1. September 1944 schrieb sie aus dem Arbeitslager Königswartha an die Staatsanwaltschaft des Landgerichts Rudolstadt:

»Unterzeichnete wurde zu vier Jahren Zuchthaus verurteilt. Einen großen Teil meiner Strafe habe ich hier in Königswartha verbüßt. Während dieser schweren harten Zeit lernte ich erst den Ernst des Lebens kennen. Jetzt bedauere ich sehr, daß ich in meinen jungen Jahren einen so schlechten Weg ging. Ich habe es so bitter bereut, daß es mir für später im Leben eine Warnung sein wird. Möchte daher hiermit Herrn Oberstaatsanwalt sehr höflich bitten, den restlichen Teil meiner Strafe zu erlassen, eventuell Bewährungsfrist zu geben, da ich doch wieder ein nützliches Glied der ehrlichen Menschheit sein will. Ich möchte nochmals Herrn Oberstaatsanwalt höflichst bitten, mir durch Gnade den Weg in die Freiheit zu ebnen. Mir wäre dann vergönnt, als freier Mensch den Teil beizutragen, der von jedem Einzelnen zum totalen Kriegseinsatz erwartet wird.

Irma Grosch, Königswartha bei Bautzen.«

Auf Nachfrage des Rudolstädter Gerichts äußerte sich der Lagerleiter aus Königswartha:

»Die Grosch hat sich bisher ohne Tadel geführt und fleißig und willig gearbeitet. Sie ist eine verdrossene, unfreundliche und zänkische Frau, die bei ihren Mitgefangenen sehr unbeliebt ist. Eine besondere Schuldeinsicht ist nicht zu bemerken. Ob ihre angebliche Reue echt ist, muß bezweifelt werden. Ich habe daher keinen besonderen Anlaß zur Befürwortung eines Gnadenerweises.«

Am 15. September 1944 lehnte der Rudolstädter Oberstaatsanwalt das Gnadengesuch der Gefangenen ab.

Als sich 1945 die Rote Armee Bautzen näherte, wurden sämtliche Gefangenen verlegt. Bei dem dabei entstandenen Chaos sind Gefangene, so auch Irma Grosch, geflohen. Auf Nachfrage beim Polizeileiter der Stadt Pößneck erhielt die Staatsanwaltschaft Rudolstadt am 23. November folgende Nachricht:

»Frau Irma Grosch ist seit dem 28.5.45 wieder in Öpitz-Pößneck und wohnt im Gemeindehaus. Vom 3.6. bis 30.6. war die G. im deutschen Lazarett beschäftigt, nach der Auflösung desselben hatte sie Arbeit in hiesigem russischen Hospital und zwar in der Zeit vom 20.8 bis 20.10. Seit 1.11. ist sie hier als Hausangestellte beschäftigt. Ihre Führung ist einwandfrei.«

Vier Tage später setzte die Große Strafkammer beim Landgericht Rudolstadt die noch zu verbüßende Reststrafe auf Bewährung aus.

Ab 1948 strebte Frau Grosch abermals die Wiederaufnahme ihres Verfahrens an. Am 5. Februar 1952 beantragte ein Jenaer Rechtsanwalt die Einsicht der Irma Grosch betreffenden staatsanwaltschaftlichen Untersuchungsakte. Ob es zur Wiederaufnahme des Verfahrens kam, geht aus der Akte nicht hervor.

Quellen und Literatur: Landesarchiv Thüringen – Thüringisches Staatsarchiv Rudolstadt, Thüringische Staatsanwaltschaft beim Landgericht Rudolstadt Nr. 385. Hamburger Tageblatt 1942.

TATORT ARNSTADT

MICHAEL KIRCHSCHLAGER

MORD AUS LIEBE – GELIEBTER ZERSTÜCKELT EHEMANN

(1926)

Am 5. Juli 1927 fand vor dem Schwurgericht in Gotha der Prozeß gegen Oskar Becker und seine Geliebte Lydia Hartmann wegen Mordes statt.[39] Die furchtbare Bluttat spielte sich am 12. Februar 1926 in Arnstadt ab und wurde erst ein dreiviertel Jahr später aufgedeckt. Schon frühzeitig waren die Zuschauerbänke des großen Kuppelsaales besonders mit Arnstädtern gefüllt. Unter ihnen befand sich der greise Vater des ermordeten Fleischermeisters Max Hartmann.

Auf einem Tisch vor den Richtern lagen Hammer und Fleischermesser, die Mordwerkzeuge, sowie Tapetenstückchen, Fußbodenteile und anderes aus dem Mordzimmer ausgebreitet. Auf dem Gutachtertisch lag der präparierte Schädel des Ermordeten. Auf einer Tafel war eine Skizze des Mordhauses zu sehen. Zudem wurden während der Verhandlung zur Orientierung Lichtbildaufnahmen herumgereicht.

Als die beiden Angeklagten den Saal betraten, ging große Bewegung und ein leises Raunen durch die Zuschauer. Die Angeklagte Lydia Hartmann blickte stets mit gesenkten Augen umher. Sie weinte des öfteren und gab mit leiser, schwer verständlicher Stimme oft recht unklare Antworten auf die Fragen des Vorsitzenden. Zwar sprach ein Pressevertreter damals von einer Schönheit, aber ein anderer Gerichtsreporter beschrieb Lydia Hartmann eher als durch-

---

39 Nach: Der Arnstädter Mord vor den Geschworenen. In: Arnstädter Anzeiger. General-Anzeiger und Tageblatt. Kreisblatt für die Kreise Arnstadt-Stadt und Arnstadt-Land v. 7. Juli 1927, Nummer 156, 36. Jahrgang.

schnittlich. »Die derben und wenig intelligenten Gesichtszüge, das ein wenig unordentliche, glatt zurückgekämmte Haar, die vorstehenden Backenknochen, die kleine gebeugte Gestalt lassen es fast unverständlich erscheinen, daß der Mitangeklagte in einem gewissen sexuellen Hörigkeitsverhältnis zu dieser Frau stand.«

Ob die vergossenen Tränen der Lydia Hartmann auf Reue oder eher auf die Angst vor dem Urteil zurückzuführen waren, konnte man nicht beurteilen.

Einen besseren Eindruck machte der 27jährige Angeklagte, der Fleischer Oskar Becker, ein großer, schmaler, blonder und trotz der langen Untersuchungshaft frisch aussehender Mann mit gepflegtem, gescheiteltem Haar. Trotz seiner etwas groben Gesichtszüge und des stechenden Blickes seiner Augen sah man ihm durchaus nicht an, daß er unter der schweren Anklage einer bestialischen Mordtat stand. Allerdings machte er keinen besonders aufgeweckten Eindruck, was auch aus seiner zögernden, unklaren und sehr häufig stockenden Beantwortung der Fragen, die der Vorsitzende an ihn richtete, hervorging.

Beide Angeklagten bekannten sich schuldig, konnten auch gegen den klaren Tatbestand, der das Ergebnis mühevoller kriminalistischer Nachforschungen war, nichts Entschuldigendes vorbringen, obwohl sie versuchten, das Verbrechen in einem günstigeren Licht darzustellen. Lydia Hartmann berief sich insbesondere darauf, daß ihr Mann das Eheglück zerstört habe und daß der Mörder Becker ihr in dieser Zerrüttung eine Stütze gewesen sei.

Zur Verhandlung waren 23 Zeugen aufgeboten. Unter ihnen befanden sich die beiden Schwestern der Frau Hartmann und deren 14jähriger Sohn. Er und andere Angehörigen machten von ihrem Recht auf Zeugnisverweigerung Gebrauch und wurden entlassen. Bezeichnenderweise forderten die beiden Angeklagten vom Gerichtshof den Ausschluß der Öffentlichkeit; sie wollten nur vor ihren Richtern aussagen. Der Gerichtshof lehnte dieses Ansinnen jedoch ab, da kein rechtlicher Grund zu einer solchen Maßnahme gegeben war. Als jedoch die Verteidiger das Publikum aufforderten, im Interesse der

Klarlegung des ganzen Verbrechens den Saal zu verlassen, gab man nach, und man räumte bis auf die Vertreter der Presse den Saal.

Am Nachmittag des langen Prozeßtages erfolgten die Zeugenvernehmungen. Nur wenige der Bekannten der Frau trauten ihr damals ein so scheußliches Verbrechen zu. Der Oberstaatsanwalt beantragte in seiner Anklagerede gegen Becker die Todesstrafe, für Frau Hartmann jedoch nur sieben Jahre Zuchthaus. Das Gericht hielt für Lydia Hartmann in seinem Urteil eine höhere Strafe für angebracht und dürfte damit dem Volksempfinden gerecht geworden sein. Allgemein wurde das Urteil in Arnstadt als gerecht empfunden.

Als Verteidiger fungierten zwei Gothaer Rechtsanwälte. Den Vorsitz in der zehnstündigen Verhandlung führte Landgerichtsdirektor Rocktäschel. Beide Angeklagten wurden scharf bewacht. Zwischen ihnen wurde ebenfalls ein Wachtmeister postiert.

Oskar Becker entsprach in keiner Weise dem ausgesprochenen Verbrechertyp, was man von Lydia Hartmann nicht behaupten konnte. Der Angeklagte Becker hatte den Beruf eines landwirtschaftlichen Arbeiters ergriffen. Als er Herrn Hartmann kennenlernte, sattelte er in späten Jahren noch um zum Fleischer. Damit begann sein Verhängnis. Er schlief fortan in dem Haus von Hartmann und kam auf diese Weise mit Lydia Hartmann näher zusammen. Becker bezeichnete den ermordeten Hartmann als einen Trinker, der seine Frau öfters geschlagen hatte. Letztere habe sich dann in ihrer Not an ihn gewandt. Nach Oskar Becker soll Hartmann zudem in seinem Betrieb nicht sauber gearbeitet haben. So soll Hartmann Schweine, die den Rotlauf hatten, mit gutem Fleisch verarbeitet haben. Das Geschäft sei durch Hartmanns Verhalten immer mehr zurückgegangen. Infolge der Zerwürfnisse mit Hartmann, die nach Lage der Sache natürlich nicht ausbleiben konnten, gab Becker die Stellung bei Hartmann auf und arbeitete außerhalb. Kurze Zeit später kam er wieder zurück und verkaufte für seinen Vater Gemüse und Obst, wobei er Gelegenheit fand, Lydia Hartmann ab und zu aufzusuchen.

Den Gerichtsreportern war es ein Rätsel, wie Oskar Becker zu der Angeklagten Hartmann – eine Frau, die sechs Jahre älter war als der

Arnstadt, Blick in die Poststraße, Ansichtskarte um 1910,
Sammlung Verlag Kirchschlager.

Angeklagte, eine Mutter von sechs Kindern und die kaum über besondere körperliche Reize verfügte – in ein derartiges sexuelles Abhängigkeitsverhältnis geraten konnte. Allerdings sah man in ihrem Blick einen unbestreitbaren dämonischen Zug, dem Becker als unerfahrener Mensch unterlegen sein mußte.

Lydia Hartmann, die mit ihrem Mann 14 Jahre verheiratet war und sechs Kinder gezeugt hatte, erklärte, daß sie mit ihrem Mann, abgesehen von der ersten Zeit, eine äußerst unglückliche Ehe geführt habe. Ihr Mann sei nach dem Krieg geschlechtskrank nach Hause gekommen, er sei untreu gewesen und habe getrunken, so daß sie sich vor ihm geekelt hätte. Sie bestritt nicht, zu Becker als auch zu einem anderen Mann gewisse Beziehungen gepflogen zu haben, da sie mit ihrem Mann nichts mehr zu schaffen haben wollte.

Der Ermordete kam schnell hinter diese Beziehungen und wollte die Scheidung einreichen, zog sie aber aus unerklärlichen Gründen zurück. Das wurde ihm zum Verderben.

Beide bekannten sich im Verlauf der Verhandlung als schuldig. Oskar Becker bezeichnete Lydia Hartmann als seine »erste Liebe«. Da er von ihr zum Beistand gegen ihren Mann gebeten wurde, habe sich nach und nach ein gewisses Verhältnis entwickelt, was nicht ohne Folgen blieb. Auf die Frage des Vorsitzenden, ob sich Becker als Vater des Kindes betrachte, das vor etwa drei Monaten geboren wurde, gab dieser jedoch keine Antwort. Frau Hartmann hätte zu ihm gesagt, »sie sei noch jung, sie brauche Liebe« usw., so daß er ihrem Wunsche willfährig war. Im Zuge der hieraus resultierenden Differenzen verbot ihm Hartmann eines Tages das Haus. Er einigte sich jedoch mit Becker, der von Hartmann auch noch Geld zu erhalten hatte, so daß man davon ausgehen mußte, daß Hartmann selbst nicht wußte, was er wollte.

Den Mord schilderte Becker wie folgt: Um Geld zu holen sei er am Abend des 12. Februar in das Haus des Hartmann gekommen. Dieser sowie seine Frau lagen schon, und zwar getrennt in zwei Zimmern, zu Bett. Hartmann schlief, wenigstens nahm Becker das an. Nach Rücksprache mit seiner Geliebten ging Becker dann in die Schlafstube, in der sich der nichtsahnende Fleischermeister befand. Auf dem Weg dorthin nahm Becker einen Hammer von einem Schrank, der im Korridor stand. Mit diesem Hammer, so Becker in seiner Aussage, habe er dann Herrn Hartmann einen oder mehrere Schläge versetzt. Wie oft er zugeschlagen hat, konnte er zu diesem Zeitpunkt nicht mehr sagen. Auch konnte er sich nicht mehr erinnern, wohin er geschlagen hat. Möglicherweise erfolgten seine Schläge gegen den Kopf. Wahrscheinlich habe der so angegriffene auch mit den Händen um sich geschlagen. An weitere Einzelheiten des Mordes wollte sich Becker angeblich nicht mehr erinnern können, da er sehr aufgeregt gewesen sei.

Nach der Tat habe er sich auf eine Bank in der Küche gesetzt. Lydia Hartmann sei darauf in das Schlafzimmer ihres Mannes gegangen, sei dann wieder herausgekommen und habe gesagt: »Er ist tot, er blutet auch.« Becker gab an, sofort nach Begehung des Verbrechens Reue gespürt zu haben.

Der Vorsitzende machte ihn indes auf die zahlreichen Widersprüche zwischen den früheren, wahrscheinlicheren Aussagen und den Bekundigungen vor Gericht aufmerksam. So widerrief Becker in der Verhandlung, Hartmann mit einem Messer einen Stich in den Hals versetzt zu haben. Wo und wann er den Kopf abgeschnitten bzw. die Leiche zerstückelt hat, wollte er ebenfalls nicht mehr wissen. Mit stockender Stimme gab er an, daß er überhaupt nicht wisse, wie sich die Tat zugetragen habe. Daß er nach dem Verbrechen sagte (wie er es bei einer früheren Vernehmung bekundete): »Herrgott, was habe ich jetzt gemacht, ich muß mich jetzt der Polizei stellen«, und daß Lydia Hartmann darauf erwiderte: »Die Leiche darf nicht im Hause bleiben, sie muß weg« usw., wollte Becker ebenfalls nicht mehr wissen. Die zerstückelte Leiche wurde dann von Oskar Becker in den Bittstädter Teich geworfen.

Lydia Hartmann war bis 1912 Hausmädchen und heiratete Max Hartmann, noch nicht 18 Jahre alt. Im Prozeß schwieg sie sich aus bzw. sagte, sie könne sich an viele Sachen nicht mehr erinnern. Sie bestritt jedoch, den Entschluß gefaßt zu haben, ihren Mann aus dem Weg zu räumen. Allerdings hätte sie vier bis fünf Wochen vor der Tat einmal mit Becker darüber gesprochen, aber das sei nicht im Ernst geschehen. Sie gab zu, Becker wochenlang erzählt zu haben, daß es ihr mit ihrem Manne schlecht erginge. Keinesfalls habe sie jedoch Becker zum Mord verleiten wollen. Von ihren früheren Worten »Willst du ihn erschlagen oder willst du ihn erschießen?« wollte sie in der Verhandlung nichts mehr wissen. Im übrigen hätte sie eine solche Tat dem Becker gar nicht zugetraut. Sie dachte immer, ihr Mann würde von alleine fortgehen. Auch sie versuchte, ihre Schuld an der Tat kleinzureden.

Ob sie an dem Mordabend zu Becker gesagt hat: »Du willst ihn heute Abend wohl umbringen?«, konnte sie ebenfalls nicht mehr angeben. Sie blieb jedenfalls vehement dabei, daß sie niemals an die Ermordung ihres Mannes gedacht hatte. Den beiden Kindern, die bei dem Ermordeten schliefen, und die bei der Begehung der Tat zur Mutter flüchteten, sagte sie: »Ihr habt geträumt« und nahm sie zu sich in ihr Bett. Sie erzählte ihnen weiter, ihr Vater habe sich angezogen und sei fortgegangen. Anschließend sah sie sich die Leiche an. Die Tilgung der Blutspuren überließ sie in der Hauptsache ihrem Geliebten, der auch die Leiche fortschaffte.

Nach der Vernehmung der Angeklagten, die ohne Reuegefühl kaltblütig die Tat geschildert hatte, trat man in die Zeugenvernehmung ein.

Kriminaloberinspektor Paulus von der Landespolizei Weimar gab eine ausführliche Schilderung des Befundes. Teile des Bodens waren mit Blut getränkt, an der Tapete klebten Blutspritzer. Ihm gegenüber machten die Angeklagten wesentlich andere Aussagen, durch die sie sich nicht unwesentlich belasteten. Nach den Tatbestandsmerkmalen war der Kriminalist der Meinung, daß der Blutverlust bei Max Hartmann nicht durch einen Schlag mit einem Hammer, sondern durch einen Messerstich hervorgerufen wurde.

Die Zeugen beschrieben Fleischermeister Hartmann unterschiedlich. Die einen sagten, er sei ein herzensguter Mensch gewesen, die anderen behaupteten das Gegenteil. Alle bestätigten jedoch, daß die Ehe keine Idealehe darstellte.

Lydia Hartmann gestand, schon verheiratet vor Becker mit zwei anderen Männern ein intimes Verhältnis gehabt zu haben. Während der Vernehmung wurde eine Zeugin von Ohnmacht befallen und mußte aus dem Gerichtssaal getragen werden.

Das Urteil der Zeugen über Oskar Becker fiel ebenfalls durchwachsen aus. Becker sagte auf Befragen selbst, daß ihm in der Schule nicht das Rechnen, wohl aber die Religion Schwierigkeiten bereitet hätten. Er wurde mit 17einhalb Jahren zum Kriegsdienst eingezogen und war in Belgien. Nach dem Krieg zeigte er sich öfters gewalttätig, und wenn es eine Schlägerei im Dorfe gab, war er mit dabei gewesen. Seinem Arbeitgeber in Apolda, bei welchem er längere Zeit nach der Tat beschäftigt war, sei nur aufgefallen, daß er öfters vor sich hinstarrte.

Der 14jährige Sohn der Lydia Hartmann, der mit seinem Bruder vor dem Unbekannten aus der Kammer flüchtete, betrat weinend den Sitzungssaal und suchte einen Blick von seiner Mutter zu erhaschen, die aber immer zu Boden stierte. Er verweigerte die Aussage. Daß Hartmann gern mal getrunken habe, bekundeten alle Zeugen, doch sie bestritten zumeist, daß er ein »Trinker« gewesen sei.

Oskar Becker schaute sich den Schädel seines Opfers und die vorhandenen Aufnahmen von den Leichenteilen ohne sichtliche Rührung an, während Frau Hartmann es ablehnte, diese anzusehen. Der Schädel wies eine feine Bruchstelle auf, deren Breite ungefähr derjenigen des in Frage stehenden Hammers entsprach. Der Schverständige Professor Giese aus Jena bemerkte ausdrücklich, daß durch den Schlag mit dem Hammer der Tod keineswegs herbeigeführt worden sein könne. Dagegen sprächen auch die beträchtlichen Blutmengen am Tatort. Vermutlich sei der Tod durch einen Stich in den Hals verursacht worden. Anhand der präparierten Schädelstücke wies der Sachverständige seine Bekundungen nach. Oberarzt Dr. Böhnin von der Psychiatrischen Klinik in Jena kam zu dem Schluß, daß dem Angeklagten trotz einiger Unfälle, nach denen er Kopfschmerzen und Schwindelanfälle gehabt haben will, eine Anwendung des Paragraphen 51 (Einschränkung der freien Willensbestimmung) nicht in Frage kommen könne. Wenn Becker auch etwas schwerfällig sei, so handle es sich bei ihm jedoch nicht um einen schwachsinnigen Menschen. Allerdings sei Lydia Hartmann als der geistig und erotisch aktive Teil anzusehen, die den Angeklagten als einen leicht zu beeinflussenden Menschen in verhängnisvoller Weise beherrschte. Er müsse sagen, daß ihm eine gewisse Ritterlichkeit des Becker in Bezug auf sein Verhalten der Hartmann gegenüber aufgefallen sei.

Der Oberstaatsanwalt als Anklagevertreter führte aus, daß sich das Bild des scheußlichen Verbrechens heute leider nicht so herauskristallisiert habe, wie das aus den früheren Aussagen der Angeklagten ersichtlich war. Nach Lage des Falles sei Hartmann mit einem Messer getötet worden, nachdem man ihn vorher betäubt hatte. Es komme also vorsätzliche Tötung in Betracht, deren sich Becker schuldig gemacht habe. Schwieriger liege der Fall bei der Angeklagten. Es bestünden Zweifel bezüglich der Anstiftung zur Tat. Er beantragte für

Lydia Hartmann wegen Beihilfe und Begünstigung eine Gesamtstrafe von sieben Jahren Zuchthaus sowie zehn Jahre Ehrverlust, während er gegen Becker die Todesstrafe sowie Aberkennung der bürgerlichen Ehrenrechte auf Lebenszeit beantragte. Moralisch sei Lydia Hartmann der schuldigere Teil. Sie habe wegen seiner Liebeshörigkeit Oskar Becker zum Mord getrieben.

Die Verteidigung beschränkte sich darauf, den Kopf der Angeklagten zu retten. Beckers Rechtsanwalt verneinte die Schuldfrage wegen Mordes. Becker sei der Meinung gewesen, daß Hartmann durch den Schlag mit dem Hammer, der in der Erregung, also ohne Überlegung geführt wurde, getötet wurde. Wenn Becker wußte, daß Hartmann danach noch lebte, dann hätte er den Körper nicht zerschnitten, sondern hätte seinen Entschluß, zur Polizei zu gehen – da er ja seine Tat bereute – ausgeführt. So aber bestand die Möglichkeit, daß der Angeklagte durch die Abtrennung des Kopfes nur die Folgen seiner Tat beseitigen wollte. In seinen Ausführungen plädierte der Verteidiger wegen fahrlässiger Tötung auf die zulässige Höchststrafe. Der junge Angeklagte mußte so viel Widerstandskraft haben, daß er den verhängnisvollen Einflüssen jener Frau gegenüber sich zur Wehr hätte setzen können. In ähnlichem Sinne plädierte die Verteidigung für Lydia Hartmann. Eine Begünstigung liege zweifellos vor, keinesfalls aber die Anstiftung zum Mord. Man müsse sich in die Verhältnisse der im tiefsten Sinne zerrütteten Ehe hineindenken. Erst durch Becker sei der Angeklagten zum Bewußtsein gekommen, was ein Mann einer Frau sein kann. Sie habe sich daher an Becker gehalten, was menschlich durchaus begreiflich sei. Auch eine Beihilfe habe sich nicht beweisen lassen. Die Angeklagte könne nicht schwerer verurteilt werden, als man ihr beweisen könne. Man müsse im Rahmen des Nachgewiesenen bleiben. Der Verteidiger gab jedoch innerhalb dieses Rahmens die Entscheidung anheim. Auf alle Fälle sei natürlich eine strenge Bestrafung am Platze.

Nach kurzer Erwiderung des Staatsanwaltes zog sich der Gerichtshof zur Beratung zurück, die eineinhalb Stunden dauerte. Das Urteil wurde gegen sieben Uhr abends verkündet. Hiernach wurde der Angeklagte Oskar Becker wegen Mordes zum Tode und Aberkennung der bürgerlichen Ehrenrechte auf Lebensdauer, die Angeklagte Lydia Hartmann wegen Beihilfe zum Mord und Begünstigung zu zwölf Jahren Zuchthaus und zehn Jahren Ehrverlust verurteilt.

In der Begründung heißt es: Das Gericht war zufolge der Beweisaufnahme der Überzeugung, daß Becker den Fleischermeister Max Hartmann erst betäubt und dann abgestochen hat. Das geschah in der Form wie ein Fleischer ein Stück Vieh abschlachtet. Die Frage des Vorsatzes lag unzweifelhaft vor, auch habe der Angeklagte mit voller Überlegung gehandelt. Beide Angeklagten hätten sich Wochen vorher unterhalten, um die Tat zu begehen und den Mann aus der Welt zu schaffen. Desgleichen hätten beide besprochen, wie die Tat auszuführen sei. Hinsichtlich der Frage der Anstiftung zum Mord hatte man bei der Angeklagten Hartmann schwere Bedenken, ob hier auch ein todeswürdiges Verbrechen vorliege. Das Gericht habe sich aber von der Schuld der Angeklagten trotzdem nicht überzeugen können. Im übrigen war sie wegen Beihilfe zum Mord und wegen Begünstigung zu bestrafen. Man sei der Überzeugung gewesen, daß sie allein die moralische Verantwortlichkeit für die schauerliche Tat trage. Der Ehrverlust wurde mit Rücksicht auf die verwerfliche Gesinnung erkannt.

Bei der Verkündigung des Urteils schluchzten beide Verurteilte laut auf. Ehe das Publikum sich versah, hatten sie schon den Saal verlassen.

Der Gerichtreport endet mit den Sätzen: »Ein furchtbares Verbrechen hat damit seine Sühne gefunden. Wer von beiden Angeklagten die größere Schuld trägt, die dämonische Frau oder der willensschwache Mann, das läßt sich nach Lage des Falls schwer entscheiden. Die erkannte Strafe ist hart, aber gerecht.«

MORD UND BRANDSTIFTUNG IN ARNSTADT

(1960)

Am 15. März 1960 ereignete sich in der Gartenkolonie »Eintracht« ein Mord und eine Brandstiftung. Die eingeleiteten Ermittlungen ergaben folgendes: Lucie K. (*Name verfremdet*), geb. am 25. Februar 1929, wohnhaft in Arnstadt in der Pfortenstraße, lernte vor über einem Jahr Gerhard S. (*Name ebenfalls verfremdet*) aus Arnstadt kennen. Aus der Bekanntschaft erwuchs ein Verhältnis. Gemeinsam pachteten sie eine Gartenparzelle in der Kolonie »Eintracht«. Hier erbauten sie sich auch ein Gartenhaus, um in der ruhigen Lage glücklich wohnen und leben zu können.

Lucie K. gelangte in der Folgezeit zu der Auffassung, daß Gerhard S. dauerhaft bei ihr bleiben würde. Doch Gerhard S. hatte schon vor geraumer Zeit den Entschluß gefaßt, zu seiner Familie zurückzukehren. Er offenbarte seiner Geliebten den Auszug aus dem gemeinsamen neuen Heim endgültig am 14. März 1960. Sie trennten sich, nachdem er ihr das Versprechen gegeben hatte, noch zwei Tage im Gartenhaus zu verbringen, um dann dieses Verhältnis zu lösen.

Lucie K. begab sich daraufhin nach Hause und zerstörte hier in einem Wutanfall sämtliche Kleidungsstücke und Wäsche mit einem Taschenmesser. Anschließend legte sie wieder alles ordentlich in den Schrank und Koffer zurück. Dann faßte sie den Entschluß, Gerhard S. am nächsten Abend zu ermorden, sich selbst zu töten und das Gartenhaus anzubrennen.

Am 15. März morgens kaufte sie ein Messer und drei Flaschen Spiritus. Am Nachmittag erledigte sie noch einige Privatangelegenheiten und zahlte geliehenes Geld zurück. Am Abend, gegen 18 Uhr, aß sie mit Gerhard S. gemeinsam Abendbrot. Anschließend legte er sich auf die Behelfscouch, um vor seiner Nachtschicht noch etwas zu schlafen.

Als er schlief, tötete ihn Lucie K. Anschließend verspritzte sie den Spiritus im Gartenhaus über den Möbeln, setzte alles in Brand und brachte sich selbst noch eine Schnittwunde am linken Handgelenk bei. Durch die Flammen erlitt sie Verletzungen. Durch die Schmerzen versuchte sie ins Freie zu gelangen. Sie begab sich in das nahe gelegene Krankenhaus, um Hilfe zu suchen.

Lucie K. wurde in Haft genommen und befand sich zur Zeit der Abfassung des für diesen Beitrag verwendeten Zeitungsartikels (Das Volk v. 2. April 1960) im Haftkrankenhaus in Eisenach. Sie wurde wegen vorsätzlichen Mordes und Brandstiftung angeklagt. Das Strafmaß ist nicht bekannt.

KRIMINALISTEN ERMITTELN

WOLFGANG TANNER

RAUBMORD IN MEININGEN

(1978)

A m 19. Mai 1978 fand in Meiningen im Volkshaus ein Skatturnier statt, an dem auch Herr Fahr aus Wernshausen teilnahm. Die etwa fünfzig Teilnehmer saßen an Vierertischen und nach Erreichen einer festgelegten Punktzahl wurden die Runden gewechselt. Herr Fahr war der einzige Turnierteilnehmer aus Wernshausen. Er hatte einen guten Tag erwischt und gewann an mehreren Tischen. Selbst bei sogenannten »Risikospielen« erreichte er mindestens 61 Augen. Da dieses Spielerglück auch gebührend begossen wurde, stieg sein Alkoholpegel für seine Verhältnisse stark an.

Gegen Mitternacht verließ Herr Fahr mit einer Siegprämie von etwa 450 Mark stark angetrunken das Skatturnier und begab sich zum Meininger Bahnhof, um mit dem Zug nach Hause zu fahren. Die Wegstrecke betrug nur etwa einen Kilometer. Wie lange Herr Fahr für diese relativ kurze Wegstrecke gebraucht hatte und wo er entlanggegangen war, ließ sich nicht rekonstruieren. Die Vermutung lag nahe, daß er durch den Stadtpark gekommen war, der unmittelbar an den Bahnhofsvorplatz grenzte. Der Park war von einem kniehohen Eisengeländer umgeben, auf das sich Herr Fahr setzte. In seinem angetrunkenen Zustand bemerkte er nicht, daß es frisch gestrichen war. Herr Fahr schlief sitzend ein. Er hielt sich mit den Händen am Geländer fest, weshalb diese, wie die Sitzfläche seiner Hose, frische Rostschutzfarbanhaftungen aufwiesen.

Am 19. Mai 1978 gegen Mitternacht suchte der mehrfach vorbestrafte Manfred S. seinen Bruder Roland S., welcher ebenfalls wiederholt mit dem Gesetz in Konflikt geraten war, in Meiningen auf. Beide legten eine bestehende Meinungsverschiedenheit bei.

107

Anschließend gingen sie noch im spärlich beleuchteten Meiningen spazieren. Sie kamen überein, zum Bahnhof zu laufen, und bewegten sich am Hotel »Sächsischer Hof« vorbei bis hinter das Meininger Theater, wo sie in den Goethepark einbogen.

Auf Höhe des Thälmann-Denkmals trafen sie auf einen stark betrunkenen Mann, den Manfred S. fragte, wohin er wolle. Herr Fahr machte in seiner Trunkenheit einen Fehler, der ihm Stunden später das Leben kosten sollte. Er erzählte den Brüdern, er sei beim Preisskat im Volkshaus gewesen und habe ein ordentliches Preisgeld gewonnen. Er fragte die beiden, ob sie ihm ein Taxi rufen würden, damit er nach Wernshausen fahren könne.

Die Brüder S. trennten sich von Fahr, der sich am Parkausgang auf ein niedriges Metallgeländer setzte, gleich neben dem Schaukasten des Fotografen Abel. Er legte seine Unterarme auf die Oberschenkel, bettete den Kopf darauf und schlief ein.

Manfred S. nahm seinen Bruder Roland etwas zur Seite und fragte ihn, ob er mitmache, dem Wehrlosen sein Geld abzunehmen. Die Situation sei günstig, da der Mann in seiner Trunkenheit den Diebstahl nicht bemerken würde. Geldprobleme hatte Roland S. ebenso wie sein Bruder, und so stimmte er dessen Plan zu. Er riet ihm jedoch zu Geduld, da sich noch Personen auf dem Bahnhofsvorplatz aufhielten. Die Brüder kamen überein, noch eine Runde durch die Stadt zu laufen und später wieder nach dem Betrunkenen zu sehen, der infolge seines Rausches zwischenzeitlich bestimmt nicht weglaufen würde. Unterwegs erklärte Manfred S. seinen Plan näher. Er wolle dem Betrunkenen nicht einfach seine Brieftasche stehlen, sondern ihm vorher auf den Schädel schlagen, um sicherzugehen, daß dieser nicht zu sich komme und nach Hilfe schreien oder sich ernsthaft wehren würde. Diese Vorgehensweise fand die Zustimmung von Roland S.

In der Georgstraße hörte Roland S., wie jemand hinter ihm seinen Namen rief. Die Brüder drehten sich um und sahen aus Richtung Leipziger Straße ihre Bekannten Bernd Sch. und Michael G. auf sich zukommen. Es war schätzungsweise zwei Uhr am 20. Mai 1978.

Manfred S. weihte Sch. und G. in den Plan ein und fragte, ob sie mitmachen würden. Diese erklärten sich einverstanden, und alle vier liefen in Richtung Bahnhof.

Roland S. schlug am Hotel »Sächsischer Hof« vor, nicht unmittelbar dort, sondern erst in der Nähe des Theaters in den Park einzubiegen. Im Hotel brenne noch Licht und Personen die das Objekt verlassen würden, könnten sie sehen. Diesem Einwand wurde entsprochen und die vier näherten sich dem Betrunkenen von hinten an. Er saß noch so da, wie ihn die Brüder S. verlassen hatten.

Manfred S. und Bernd Sch. wollten zunächst überprüfen, ob die Luft rein sei. Sch., der eine fast leere Rotweinflasche bei sich hatte, begab sich zu diesem Zweck in das Bahnhofsgebäude. Eine ältere Frau, die in einer Ecke der Bahnhofshalle mit ihrem Besen hantierte, registrierte er nicht. Manfred S. hielt sich vor dem Opfer auf dem Bürgersteig auf, Roland S. und Michael G. hatten sich im Gebüsch etwa einen Meter hinter Fahr versteckt.

Rand des Goetheparks Meiningen, wo das Mörderquartett zugeschlagen hat.
Das Geländer, auf dem das Opfer saß, wurde abgebaut.
Fotosammlung KHK Wolfgang Tanner.

Als Bernd Sch. vom Bahnhof zurückkam und erklärte, es seien dort keine Personen zu sehen, äußerte Manfred S., er »mache es«, und forderte Bernd Sch. auf, ihm die Weinflasche zu geben. Sogleich schlug er dem Betrunkenen kräftig gegen den Schädel, der daraufhin lautlos nach hinten vom Geländer kippte und regungslos im Gras liegenblieb. Seine Unterschenkel baumelten über dem Geländer. Bernd Sch. faßte das Opfer von hinten unter den Schultern, Manfred S. von vorn an den Füßen, und beide zogen den Fahr etwa einen Meter nach hinten vom Geländer weg in den Park. So konnten sie von zufällig vorbeikommenden Passanten nicht sofort gesehen werden. Plötzlich bewegte der Überfallene seinen Kopf. Es schien, als wollte er sich aufrichten. Sein Kopf sackte jedoch wieder auf den Boden zurück.

Manfred S. schlug vor, mit dem Mann lieber »Schluß zu machen«, damit er sie nicht bei der Polizei anzeigen könne. Damit erklärten sich die anderen drei Räuber einverstanden. Bernd Sch. griff die Weinflasche und schlug mit ihr zwei- bis dreimal mitten in das Gesicht des Opfers. Alle vier Täter schlugen und traten in der Folge auf den reglos am Boden Liegenden ein, bis Bernd Sch. die anderen aufforderte, die Gewalteinwirkung zu beenden. Zusammen mit Manfred S. drehte er das Opfer auf die Seite und zog ihm aus seiner rechten Gesäßtasche eine hellbraune Brieftasche mit der Einprägung »Leipzig«. Diese steckte er ein, und alle vier Räuber liefen denselben Weg durch den Park zurück. Sie waren davon überzeugt, den betrunkenen Fahr erschlagen zu haben.[40]

Noch im Park entnahm Sch. der Brieftasche das Bargeld und teilte es auf. Jeder erhielt etwas über 100 Mark. Die leere Brieftasche warf

---

40 Der Autor war als junger Kriminalist an der Untersuchung dieses Tötungsverbrechens beteiligt, die wegen großer Beunruhigung der Bevölkerung unter erheblichem Zeit- und Erfolgsdruck gestanden hat. Der Tatort befand sich in der Nähe des Bahnhofs; viele Schichtarbeiterinnen mußten ihn auf dem Weg zur Arbeit passieren. Zahlreiche Frauen weigerten sich, zur Spät- oder Nachtschicht zu gehen. Der SED-Kreissekretär erhob die Untersuchung zur »Chefsache« und verlangte täglich einen Sachstandsbericht. Nach einer Woche intensiver kriminalistischer Arbeit mit einem immensen Mitarbeiterstab konnte der Mord aufgeklärt werden und in der Kreisstadt Meiningen zog wieder Normalität ein.

er dann in den Teich des Parks, wo sie ungefähr drei Meter vom Ufer entfernt unterging. Die leere Weinflasche wischte er ab und warf sie in ein Gebüsch. Gegenüber dem »Sächsischen Hof« verließen die vier Räuber den Goethepark und trennten sich.

Die Teilnehmer des Skatturniers wurden nahezu vollzählig in kriminalistischer Kleinarbeit ermittelt und vernommen. Obwohl sich ordnerweise Befragungsprotokolle ansammelten, ergaben sich keine brauchbaren Hinweise. Auch von den Gästen des Hotels »Sächsischer Hof« hatte niemand tatrelevante Feststellungen getroffen.

Der Gerichtsmediziner stellte bei seiner Obduktion fest, daß Herr Fahr eine außergewöhnlich dünne Schädeldecke hatte, die im Stirnbereich kreisförmige Brüche aufwies, was auf eine Flasche als Schlagwerkzeug hindeutete.

Unter Einsatz einer Hundertschaft Bereitschaftspolizisten wurde der Stadtpark abgesucht. Angesichts seiner Abmessungen von etwa 800 x 500 Metern war das ein anstrengendes Programm. Jedes Stück Papier und jeder Gegenstand wurde einem Kriminaltechniker vorgelegt, der entschied, ob er Relevanz haben könnte oder nicht. Von Bedeutung war eine leere Rotweinflasche der Marke »Mendoza«, die im gegenüberliegenden Bereich des Parks, etwa 200 Meter vom Tatort entfernt, gefunden wurde.

Die kriminaltechnische Untersuchung der Flasche erbrachte jedoch keine verwertbaren Spuren; weder Fingerabdrücke noch Blut- oder Gewebeanhaftungen konnten sichergestellt werden. Wenn sie das Tatwerkzeug war, hatte der Täter die Spuren gründlich abgewischt.

Bei den weiteren Befragungen lag das Augenmerk darauf, herauszufinden, ob Personen gesehen wurden, die eine Weinflasche mit sich führten. Die Ermittlungen konzentrierten sich nochmals auf das Bahnhofsgelände. Auch wenn gegen zwei Uhr kein Zug mehr gefahren ist, gab es Bedienstete in der Nachtschicht oder auch Fahrgäste, die den letzten Zug verpaßt hatten und auf den Frühzug warteten.

Die Zeugenvernehmung einer älteren Putzfrau, die bisher nicht erreichbar war, erbrachte den entscheidenden Hinweis. Sie konnte

111

sich erinnern, in der Tatnacht beim Kehren der Bahnhofshalle den ihr bekannten Bernd Sch. mit einer Weinflasche in der Hand kurzzeitig gesehen zu haben. Der Leiter des Ermittlerteams, Hauptmann der K Karl-Heinz I., sprang wie von Taranteln gestochen von seinem Stuhl hoch und rief euphorisch: »Das ist unser Mann!« Mit seiner rechten Hand schwenkte er das Vernehmungsprotokoll der Putzfrau.

Bernd Sch. war polizeibekannt. Eine Festnahmegruppe wurde losgeschickt. Stunden später erfolgte seine Zuführung und er wurde als mordverdächtiger Räuber vernommen. Er brauchte nicht lange, um einzusehen, daß er »die Suppe nicht alleine auslöffeln wollte«, und nannte die Namen der Mittäter. Die drei weiteren Räuber konnten festgenommen werden und gestanden in den Vernehmungen den Raubüberfall und die Ermordung des Opfers. Für ein paar hundert Mark hatten sie skrupellos ein Leben ausgelöscht, eine Frau zur Witwe und drei Kinder zu Halbwaisen gemacht.

Das Gericht verurteilte die Brüder S. und Bernd Sch. zu »lebenslänglich« und Michael G. erhielt eine hohe Freiheitsstrafe.

EXPLOSIVES RÄUBERDUO

Schwere Gewaltstraftaten in Hessen und Thüringen (1991)

Am 30. April 1991 überfielen zwei maskierte bewaffnete Täter in der Mittagszeit die Suhler Filiale der Deutschen Bank. Der Kassierer hatte den Mut, heimlich den Alarmknopf zu betätigen. Eine über Funk alarmierte Streifenwagenbesatzung raste mit Blaulicht zur Bank und traf auf die Bankräuber, die gerade im Begriff waren, ihr Fluchtauto zu besteigen. Es kam zu einer wilden Schießerei unmittelbar vor der Bank in der Suhler Innenstadt. Daß niemand verletzt wurde, grenzte an ein Wunder. Den Bankräubern gelang es schließlich, mit ihrem ramponierten Fluchtauto zu entkommen. Dieses mußten sie bei Hinternah wegen eines zerschossenen Vorderreifens zurücklassen und versteckten es im Wald, wo es am 2. Mai 1991 gefunden wurde. Anhand der Fahrzeugnummern konnte ein Bürger aus Pforzheim als Halter ermittelt werden, der den Pkw einem Autohändler in Kommission gegeben hatte – und diesem war das Fahrzeug gestohlen worden. Die Letzten, die eine Probefahrt mit dem Fahrzeug unternommen hatten, waren die beiden Bankräuber. So konnte eine spektakuläre Straftatenserie aufgeklärt werden.

Der Autor Wolfgang Tanner leitete als Kriminalhauptkommissar (KHK) der damaligen Kriminalpolizeiinspektion Suhl den Ersten Angriff und vernahm den Beschuldigten Dino K. nach dessen Festnahme.[41]

Das Duo findet sich

Dino K. war 25 Jahre alt, lebte in der Kleinstadt Sindelfingen und betrieb einen Elektrogerätehandel. Im Jahr 1990 kaufte Detlef R. bei ihm ein Autotelefon. So lernten sich beide kennen. Dino war von

---

41 An dieser Stelle danke ich meinem Freund Professor Dr. Frank-Rainer Schurich, mit dem ich gemeinsam an der Humboldt-Universität zu Berlin Kriminalistik studiert habe, für seine redaktionelle Unterstützung.

Detlefs selbstsicherer und bestimmender Art beeindruckt. Detlef hing ein abenteuerliches Leben an; erst war er Fremdenlegionär, später wurde er wegen schwerer Straftaten mehrfach inhaftiert. Er war spendabel und interessierte sich sehr für Frauen.

Beide wurden Freunde und betrieben in der Folgezeit einen Baumaschinenhandel. Im Sommer 1990 stellte Dino dem Detlef auf dessen Wunsch fingierte Belege für zwei Minibagger aus, die offensichtlich gestohlen waren. Damit begann seine kriminelle Entwicklung.

Im Herbst 1990 entwendete Detlef einen Pkw Lancia Thema 8.32 mit einem Schätzwert von zirka 100.000 DM. Dino erhielt von ihm den Auftrag, eine Garage zu organisieren, in der man den Pkw verstecken und umarbeiten könne. Dino mietete im selben Haus, in dem sich sein Laden befand, eine Garage an. Den Besitzer täuschte er über den Verwendungszweck.

Detlef schliff den Pkw ab und bereitete ihn für eine Neulackierung vor. Er schliff auch die Motor- und Fahrgestellnummern heraus und schlug die Nummern von Dinos Lancia ein. Das Fahrzeug wurde mit derselben Farbe lackiert und erhielt auch die gleichen Kennzeichen. Dieses schnellere Double wurde später bei verschiedenen Straftaten benutzt.

In der Folgezeit entwickelten beide eine praktikable Methode des Pkw-Diebstahls. Sie mieteten Pkw, verbrachten sie nach Jugoslawien, verkauften sie dort und meldeten sie anschließend in Deutschland bei der Polizei als gestohlen. Dino meldete zum Beispiel am 31. Januar 1991 einen gemieteten Mercedes 190 D bei der Polizei als gestohlen, den er zuvor mit Detlef in Jugoslawien verkauft hatte.

Diese Straftaten erbrachten aber für beide nicht den erhofften Gewinn, weshalb Detlef nach anderen Möglichkeiten suchte, schnell zu viel Geld zu kommen. Anfang Januar 1991 erzählte Detlef, er habe während seiner Haft von einem Mitgefangenen erfahren, daß es diesem gelungen sei, 17 Millionen D-Mark zu erpressen. Ihm wäre auch zu Ohren gekommen, daß Täter die Schienen der Bundesbahn mit Trennschleifern durchtrennt hätten. Deshalb plane er, erpresserische Sprengstoffanschläge auf die Deutsche Bundesbahn zu verüben.

Er forderte Dino mehrfach auf, sich an diesem Vorhaben zu beteiligen. Er zeigte ihm auf, wie lang er sich noch abrackern müsse und doch nie auf einen grünen Zweig käme. Detlef befürchtete, als mehrfach Vorbestrafter im Blickfeld der Polizei zu stehen und suchte deshalb einen unbescholtenen Mittäter. Dino zögerte anfangs, doch Detlef erklärte ihm, er brauche nur nach seinen Anweisungen zu handeln, dann würde der Plan funktionieren. Er sei auch bereit, den erpreßten Geldbetrag – er sprach von der utopischen Summe von 150 Millionen D-Mark – zu gleichen Anteilen zu teilen.

Als Dino schließlich einwilligte, kauften beide bei Quelle in Böblingen eine Reiseschreibmaschine. Detlef diktierte Dino in dessen Büro einem kurzen Erpresserbrief. In diesem wurden 150 Millionen D-Mark gefordert. Wenn die nicht gezahlt würden, gingen noch weitere Schienen in die Luft. In Wohnhäusern wäre weiterer Sprengstoff deponiert. Unterschrieben wurde der Brief mit dem Pseudonym »Gruppe Manila«. Den weißen A4-Bogen faltete Dino zweimal zusammen und steckte ihn in einen Blanko-Umschlag, den er nicht zuklebte. Zuvor hatte er mit dem Handrücken versucht, eventuelle Fingerabdrücke zu verwischen. Da Detlef immer damit rechnen mußte, daß die Polizei auftauchte und ihn kontrollierte, sollte Dino den Brief an sich nehmen.

Etwa zwei bis drei Tage später rief Detlef an und forderte Dino auf, gegen 22 Uhr zu ihm in die Wohnung zu kommen.

Sprengstoffanschlag im Raum Friedrichsdorf

Dino setzte sich am 10. Januar 1991 in seinen Ford Granada und fuhr nach Pforzheim zu Detlefs Wohnung. Nachdem er vereinbarungsgemäß zweimal kurz geklingelt hatte, kam Detlef herunter. Er hatte einen etwa 60 x 40 Zentimeter großen Plastikbeutel mit Sprengstoff und weiteren Sprengutensilien bei sich.

Mit dem Ford fuhren sie von Pforzheim nach Darmstadt, wo Dino seine Bekannte Violetta B. vom rumänischen Staatsballet gegen Mitternacht in ihrem Hotel abholte und anschließend mit ihr und

Detlef ein Restaurant in Darmstadt aufsuchte. Gegen zwei Uhr brachten sie die Bekannte ins Hotel zurück, fuhren auf die A5 und dann etwa 100 Kilometer nach Norden. Die Fahrtroute bestimmte Detlef mit Hilfe einer Straßenkarte. Bei Friedrichsdorf – Köppern gab er die Anweisung, von der Autobahn abzufahren. Sie unterquerten die Autobahn und fuhren ungefähr zehn Kilometer in südwestliche Richtung. Dort, wo die B455 die Bahnstrecke Bad Homburg – Gravenwiesbach unterquerte, ließ Detlef im Straßentunnel anhalten.

Beide stiegen aus dem Pkw und kletterten den sechs bis sieben Meter hohen Bahndamm hinauf. Detlef trug den Beutel mit den Sprengutensilien. Dino blieb im Bereich der Eisenbahnbrücke und beobachtete die Bundesstraße, während Detlef sich etwa 30 bis 40 Meter im Gleisbett entfernte. Seine Silhouette war im nächtlichen Dunkel gerade noch zu erkennen. Nachdem er zurückgekommen war, legte er den Erpresserbrief, den er bereits im Pkw in eine leere Tonbandkassettenhülle gesteckt hatte, an der Brücke ab. Dino beschwerte diese mit einigen Schottersteinen aus dem Gleisbett. Anschließend kletterten beide den Bahndamm wieder hinunter, wobei Detlef Klingeldraht für die elektrische Zündung hinter sich ausrollte. Unmittelbar am Pkw befestigte Detlef einen der beiden Klingeldrähte an einem Pol einer Flachbatterie. Nachdem sich beide vergewissert hatten, daß sich keine Fahrzeuge auf der Straße befanden, stellte Detlef den Kontakt zwischen dem zweiten Pol der Batterie und dem anderen Klingeldraht her. Eine laute Detonation zerriß die nächtliche Stille. Der »Sprengmeister« hatte ganze Arbeit geleistet! Dino schaute instinktiv auf seine Armbanduhr, es war zehn Minuten nach vier Uhr am Freitag des 11. Januar 1991.

Ohne sich vom Ausmaß der Sprengung zu überzeugen, stiegen beide hastig in den Pkw und rasten davon. Dino stellte beruhigt fest, daß ihnen in unmittelbarer Tatortnähe keine Fahrzeuge begegneten. Über die Autobahnauffahrt Friedrichsdorf – Köppern, das Frankfurter Kreuz, Darmstadt und Karlsruhe kamen sie gegen sechs Uhr in Pforzheim an. Detlef stieg an seiner Wohnung aus und Dino fuhr nach Sindelfingen. Dabei dachte er mit Erschrecken daran, daß er nun unwiderruflich in der Erpressergeschichte stecke, und malte sich aus, was passieren könnte, wenn ein Zug an der Detonationsstelle entgleisen würde. Menschen könnten verletzt oder schlimmstenfalls sogar getötet werden. Wegen seines nächtlichen Ausflugs bekam Dino noch mächtig Ärger mit seiner Freundin Monika, die eine Frauengeschichte hinter dem nächtlichen Fernbleiben witterte, womit sie für den ersten Teil des Abends ja auch richtig lag.

Am nächsten Tag kam Detlef zu Dino in den Laden und äußerte seine Verwunderung darüber, daß weder im Rundfunk noch im Fernsehen oder in der Presse über den Sprengstoffanschlag berichtet worden ist. Er sagte, wenn er es nicht selbst gesehen hätte, würde er vermuten, die Sprengung sei fehlgeschlagen. Er spekulierte, die Polizei wolle mit ihrer Schweigetaktik den oder die Täter veranlassen, zum Tatort zurückzukommen, um sich von der Wirkung der Sprengung bei Tageslicht zu überzeugen. Diesen Gefallen würden sie ihnen auf keinen Fall tun.

Dino unterbreitete den Vorschlag, diesen Erpressungsversuch nicht weiter zu verfolgen und aufzugeben. Detlef fuhr ihn an, ob er denn zeitlebens »kleine Brötchen backen« wolle! Sie hätten angefangen, jetzt müßten sie auch weitermachen. Er solle endlich denken wie ein Mann und nicht wie eine Memme. Außerdem sei er nur mitgegangen; würde alles auffliegen, erwarte ihn auch eine geringere Strafe. Wenn er allerdings ihn, Detlef, verraten sollte, dann werde dieser alle Schuld auf Dino schieben und er müsse mit 15 Jahren Knast oder lebenslänglich rechnen. Detlef schwor außerdem, sich an der Familie des Verräters zu rächen. Dino ließ sich von dieser Drohung beeindrucken und versicherte Detlef, er könne sich auf ihn verlassen.

Sprengstoffanschlag bei Arheiligen

Nach etwa 14 Tagen legte Detlef fest, einen weiteren Sprengstoffanschlag zu verüben. Er diktierte Dino einen zweiten Brief an die Bundesbahn, den dieser wieder auf der Reiseschreibmaschine verfaßte:

»Da Ihr nichts von Euch hören laßt, melden wir uns wieder. Ihr könnt auch die Polizei einschalten, das ist uns egal, wir kennen alle Tricks. Als Zeichen Eurer Bereitschaft, auf unsere Forderungen einzugehen, veröffentlicht Ihr einen Artikel über den Vorfall in der ›Bildzeitung‹. Wir verlangen 150 Millionen D-Mark. Wenn Ihr nicht zahlt, wird es weitere Sprengungen geben. Wir haben auch in Wohnhäusern Sprengladungen angebracht. Gruppe Manila«

Am 25. Januar 1991 holte Dino Detlef vereinbarungsgemäß mit seinem Ford Granada kurz nach Mitternacht von seiner Wohnung in Pforzheim ab. Sie fuhren über die E52 in Richtung Karlsruhe und über die E35 nach Darmstadt; dort bogen sie von der Autobahn ab und fuhren nach Darmstadt – Arheiligen (Stadtteil von Darmstadt). Dort verlief die B3 nur einige Kilometer östlich der Bundesbahnstrecke Frankfurt a. M. – Heidelberg.

Zwischen Arheiligen und Wixhausen hielt Dino etwa 50 Meter vor einem unbeschrankten Bahnübergang. Er sicherte am Bahnübergang und Detlef begab sich etwa 30 Meter ins Gleisbett. Im Dunkeln war sein Hantieren am Gleis zu hören. Nach wenigen Minuten kam er zurück und rollte dabei den Klingeldraht für die elektrische Zündung aus. Am Pkw angekommen, befestigte Detlef wieder einen der beiden Klingeldrähte an einem Batteriepol und stellte anschließend den Kontakt des anderen Pols mit dem zweiten Draht her. Im Gleisbett zuckten Explosionsblitze und ein mächtiger Detonationsknall zerriß die nächtliche Stille. Dino sah reflexartig auf seine Armbanduhr; es war 02.07 Uhr. Er stieg in den Pkw ein und startete den Motor. Detlef lief indessen zur Detonationsstelle um sich von der Sprengwirkung zu überzeugen, den zweiten Erpresserbrief abzulegen und den Klingeldraht der elektrischen Zündung einzurollen.

Nach wenigen Minuten war Detlef zurück und berichtete vom erfolgreichen Verlauf der Sprengung. Es wäre ein großer Trichter entstanden und ein Stück Schiene sei meterweit weggeschleudert worden. Den Erpresserbrief habe er im Trichter mit Steinen beschwert zurückgelassen. Auf dem gleichen Weg fuhren sie zurück und trafen gegen sechs Uhr wieder zu Hause ein.

Auch dieses Mal gab es keine Meldung über den Sprengstoffanschlag. Dino war in gewisser Weise erleichtert, denn wenn ein Zug entgleist und Menschen umgekommen wären, ließe die Berichterstattung sicherlich nicht lange auf sich warten. Detlef zeigte sich verärgert darüber, daß keine Reaktion erfolgte, und beschloß, einen weiteren Sprengstoffanschlag zu verüben. Einwände von Dino, die beiden Sprengungen hätten nichts gebracht und weitere würden das auch nicht, ließ Detlef nicht gelten. Er beharrte darauf, so lange weiterzusprengen, bis etwas Zählbares herauskomme.

Um ihrer Erpressung Nachdruck zu verleihen, beschloß Detlef, wie im zweiten Erpresserbrief angedroht, in einem Frankfurter Wohnhaus Sprengstoff zu deponieren. Das mehrgeschossige Wohnhaus in der Mainzer Landstraße 25 schien für das Vorhaben geeignet. Am 13. Februar 1991 gegen 20 Uhr fuhren beide zum genannten Wohnhaus und stellten erleichtert fest, daß die mit einem Summer ausgestattete Haustür offen stand. Detlef und Dino gingen durch das Treppenhaus in einen der oberen Flure und entdeckten an einer Wand eine Metallklappe, die sich öffnen ließ. Hinter dieser befand sich ein Löschwasseranschluß. Detlef legte eine Plastiktüte mit etwa zwei Kilogramm Sprengstoff in den Schacht und verschloß die Tür wieder. Eine scharfe Ladung hatte er nicht hergestellt, es sollte nur die Ernsthaftigkeit der Drohung unterstrichen werden. Beim Hinausgehen begegnete ihnen im Treppenhaus ein etwa 30 Jahre altes Pärchen. Hoffentlich würden sich die beiden später nicht an sie erinnern.

Was Detlef und Dino nicht wußten: In diesem Haus wohnten zahlreiche Übersiedler aus der ehemaligen DDR. Nach Auffinden des Sprengstoffs durch die Polizei wurden die Ermittlungen zunächst in eine falsche Richtung gelenkt. Zum Glück verdächtigten die Ermittler nicht die Hausbewohner selbst, sondern ehemalige Berufssoldaten der DDR. Alle Übersiedler aus der ehemaligen DDR im Raum Frankfurt a. M. wurden sodann von einer Sonderkommission überprüft.

Sprengstoffanschlag im Bereich Mörfelden

Am 14. Februar 1991 kurz nach Mitternacht holte Dino Detlef an dessen Wohnung in Pforzheim ab. Er fuhr dieses Mal den gestohlenen und zum Double umgearbeiteten Lancia. Auf Anweisung von Detlef hatte Dino auch die Reiseschreibmaschine mitgenommen, um den Erpresserbrief im Pkw zu schreiben. Über die E52 und E35 gelangten sie zum Darmstädter Kreuz und von dort über die E451 in Richtung Mörfelden (Mörfelden-Walldorf, Doppelstadt im südhessischen Kreis Groß-Gerau). Auf einem Parkplatz kurz vor der Abfahrt diktierte Detlef den dritten Erpresserbrief:

»Das ist die letzte Warnung! Veröffentlicht in der ›Bildzeitung‹ eine kurze Notiz mit einer Telefonnummer, über welche wir unsere Forderungen übermitteln können. Im Wohnhaus Mainzer Landstraße 25 in Frankfurt ist Sprengstoff deponiert. Gruppe Manila"

An der Abfahrt Mörfelden verließen sie die Autobahn und fuhren die B44 weiter. Nachdem sie die Bundesbahnstrecke Frankfurt – Großgerau unterquert hatten, fuhren beide noch etliche Kilometer parallel zum Bahngleis. Detlef ließ anhalten, und Dino parkte den Pkw am Straßenrand. Es war kurz vor drei Uhr und auf der B44 herrschte absolute Ruhe. Sie überquerten eine verschneite Wiese, auf der sie deutliche Spuren im tiefen Schnee hinterließen: Detlef Schuhgröße 45, Dino Schuhgröße 42.

Als sie am Bahndamm angelangt waren, lud Detlef seine mitgeführte Pistole Kaliber 7,65 Millimeter durch, wobei sich versehentlich ein Schuß löste. Das Projektil schlug in das Gleisbett ein. Auch die Patronenhülse verblieb am Tatort, da für ihre Suche keine Zeit veranschlagt war.

Am Gleis brachte Detlef die Sprengladung an und rollte den Klingeldraht auf eine Länge von 30 bis 40 Metern aus. Wie bei den beiden vorangegangenen Sprengungen zündete Detlef die Sprengladung elektrisch mit einer Flachbatterie. Nach dem Detonationsknall konnten beide im Mondlicht eine mächtige Rauchwolke sehen. Dino lief zum Pkw, während Detlef an der Detonationsstelle den Erpresserbrief hinterlegte. Aus Zeitgründen ließ er dieses Mal den ausgerollten Klingeldraht am Tatort zurück. Bei Mörfelden fuhren sie wieder auf die Autobahn auf und rasten dieselbe Route zurück. Dino setzte Detlef in Pforzheim ab und traf gegen sechs Uhr zu Hause ein.

Am 14. Februar 1991 brachte der Südwestfunk eine Sondermeldung der Polizei. Es habe insgesamt drei Sprengstoffanschläge auf Gleise der Deutschen Bundesbahn gegeben, zuletzt vergangene Nacht. Die Ermittlungen der Polizei würden in vollem Umfang laufen; Hinweise zu möglichen Tätern nehme jede Polizeidienststelle entgegen.

So lautete die erste offizielle Information über die Sprengstoffanschläge, und sie löste bei den Akteuren unterschiedliche Reaktionen aus. Dino zeigte sich erschrocken und bekundete, er werde nicht weitermachen. Detlef sah das völlig anders, er wertete den Bericht als Schritt in die richtige Richtung. So dicht vor dem Ziel dürfe man nicht aufgeben. Beide einigten sich, noch einen weiteren Sprengstoffanschlag zu verüben.

Sprengstoffanschlag im Bereich Neuendettelsau

Am 5. März 1991 gegen zwei Uhr holte Dino Detlef wie vereinbart mit seinem Lancia in Pforzheim ab. Über die E52, E41 und E50 fuhren sie nach Neuendettelsau (Landkreis Ansbach), wo sie von der Autobahn abfuhren. Auf einem nahe gelegenen Parkplatz stand ein alter Trabant, den ein Übersiedler offensichtlich seinem Schicksal überlassen hatte. Detlef kam auf die Idee, den Pkw zu sprengen. Er wollte die neue Zündung ausprobieren. Im Gegensatz zur elektrischen Zündung bei den vorangegangenen Sprengungen hatte er dieses Mal eine Direktzündung durch eine etwa einen Meter lange Zündschnur vorgesehen.

Sie fuhren ihren Pkw an das äußerste Ende des Parkplatzes und Detlef begab sich mit der Sprengladung zurück zum Trabant. Er brachte sie im Radkasten eines der beiden Vorderräder an und setzte mit einem Feuerzeug die Zündschnur in Brand. Dann entfernte er sich auf schnellstem Weg. Die Detonation zerriß den DDR-Volkswagen vollständig – und der explodierende Tank des Fahrzeugs erledigte den Rest.

Detlef war mit seiner neuen Zündmethode zufrieden. Er und Dino fuhren auf der Bundesstraße weiter, bis diese die Bundesbahnstrecke Stuttgart – Nürnberg kreuzte. Vor einem unbeschrankten Bahnübergang mit Warnblinkanlage befand sich links ein tiefer gelegener Parkplatz, auf welchem Dino den Lancia abstellte. Beide begaben sich zum etwa 20 Meter entfernten Bahnübergang, wo Dino stehenblieb, um die Straße zu beobachten. Detlef ging ungefähr 20 Meter das Gleis entlang und schob dann die zweite Sprengladung mit Zündschnur unter eine der beiden Schienen. Dino sah im nächtlichen Dunkel, wie Detlef sein Feuerzeug anmachte und mit diesem die Zündschnur in Brand setzte. Dann kam er angerannt, sprang in den Pkw und Dino fuhr in rasendem Tempo los, ohne daß sie die Sprengung abgewartet hatten. Auch einen Erpresserbrief ließen sie dieses Mal nicht am Tatort zurück, die Deutsche Bahn wußte ja Bescheid. Es war genau 05.03 Uhr am Morgen des 5. März 1991.

Eine Meldung über diese Sprengung veröffentlichten die Medien nicht. Detlef und Dino zogen eine nüchterne Bilanz; die erpresserischen Sprengstoffanschläge auf die Deutsche Bundesbahn waren erfolglos. Sie hatten vier befahrene Gleise der Bahn gesprengt, Sachwerte zerstört und Menschenleben gefährdet, jedoch dabei keine müde Mark erpreßt – von 150 Millionen ganz zu schweigen.

Bereits am 1. März 1991 hatten sie eine neue Methode praktiziert, um schnell an Geld zu kommen. Der Erfolg beim Verüben bewaffneter Banküberfälle tröstete über die Pleite mit den Sprengstoffanschlägen hinweg.

Detlef unterbreitete Dino bereits Ende des Jahres 1990 den Vorschlag, seine Beziehungen nach Jugoslawien über seine Lebensgefährtin Marija zu nutzen, um sich Schußwaffen und Sprengstoff zu besorgen. Das wäre dort aufgrund der zerrütteten politischen Verhältnisse kein Problem.

Er besorgte sich mit Hilfe vom Bruder seiner Lebensgefährtin Marija eine Pistole Kaliber 7,65 mm, eine Maschinenpistole (MPi) »Kalaschnikow« mit etwa 500 Patronen sowie zahlreiche Sprengstoffpatronen mit Zündschnur und Zündern.

Im Februar 1991 hielten sich Detlef und Dino zu Besuch bei den Eltern von Marija B. in Jugoslawien auf. Der Bruder von Marija, mit Vornamen Mirco, und dessen Bekannter Petr vermittelten ihnen einen erneuten Kontakt zu zwei jugoslawischen Waffenhändlern. Das Zusammentreffen fand in einer kleinen Ortschaft in der Nähe von Split statt. Der eine, etwa 25 Jahre alt, 1,80 bis 1,85 Meter groß, kräftige untersetzte Statur mit dunkelblonden kurzen Haaren, verkaufte Detlef einen Revolver 357 Magnum sowie ein Päckchen Munition mit abgeflachten Projektilen für 3.000 DM. Weil Detlef über eine solche Summe aktuell nicht verfügte, half Dino ihm mit 10.000 Dinar aus. Der andere Waffenhändler, ebenfalls etwa 25 Jahre alt, 1,60 bis 1,70 Meter groß, schlank, schwarze lockige schulterlange Haare und Oberlippenbart, verkaufte Dino einen Revolver Spezial 38 mit etwa 50 Patronen, sowohl Normalprojektile als auch Dum-Dum-Geschosse. Plötzliche erhitzten sich die Gemüter, weil die Waffenhändler keine jugoslawischen Dinar, sondern nur DM nehmen wollten. So viel deutsches Geld hatten Detlef und Dino aber nicht dabei. Als der Kauf daran zu scheitern drohte, lenkten die Waffenhändler ein und nahmen doch ihre Landeswährung.

Banküberfall in Kahla

Schon während der Sprengstoffanschläge unterbreitete Detlef den Vorschlag, Banküberfälle in Ostdeutschland zu verüben. In den Medien waren Meldungen erschienen, die Zahl der bewaffneten Raubüberfälle in Ostdeutschland wäre angestiegen und die dortige Polizei sei mit diesen Straftaten scheinbar überfordert. Detlef argumentierte, das Geld liege dort förmlich auf der Straße, und »handfeste Kerle« bräuchten es nur aufzuheben. Nachdem Dino zugesagt hatte, sich an den Überfällen zu beteiligen, kauften beide in einem Böblinger Sportgeschäft zwei schwarze Anzüge mit Kopfhauben und Unterarmschonern für eine asiatische Stockzweikampfsportart.

Am 28. Februar 1991 gegen Mittag fuhren Detlef und Dino mit dessen Lancia über Hirschberg und das Hermsdorfer Kreuz auf der Autobahn in den ehemaligen DDR-Bezirk Gera. Auf der Suche nach einer für einen Banküberfall geeigneten Sparkasse fiel ihnen die unmittelbar an der Hauptstraße gelegene Sparkasse in Kahla auf. Detlef betrat diese, wechselte einen Geldschein und erkundete die Lage. Das Objekt schien ihm für einen Überfall geeignet. Beide legten fest, diese Sparkasse am folgenden Tag zu überfallen. Bei der Suche nach einem geeigneten Hotel für die Übernachtung kamen sie durch Oppurg und bemerkten eine etwas abseits der Hauptstraße liegende Filiale der Raiffeisenbank. Auch diese hielt Detlef für einen Banküberfall geeignet, begab sich hinein und klärte beim Wechseln eines Geldscheins die Örtlichkeit auf. Nach seiner Rückkehr unterbreitete er Dino den Vorschlag, unmittelbar nach dem ersten Überfall noch einen zweiten zu unternehmen. Mit so einer Dreistigkeit würde die ostdeutsche Polizei auf keinen Fall rechnen. In Triptis fanden sie ein Hotel für die Übernachtung und mußten die obligatorischen Hotelanmeldungen ausfüllen.

Mit Einbruch der Dunkelheit fuhren sie nach Gera, wo sie auf einem Parkplatz die Kennzeichentafeln eines abgestellten Pkw abschraubten: NDF 1 – 24. Sollten sich eventuelle Zeugen das Kennzeichen des Fluchtautos einprägen, könnte die Polizei lange suchen.

Am 1. März 1991 gegen sieben Uhr verließen beide das Hotel und fuhren mit ihrem Pkw in Richtung Kahla. In einem Waldgebiet bei Orlamünde wechselte Detlef die amtlichen Kennzeichen am Pkw. Anschließend zogen sie die schwarzen Kampfanzüge an und setzten die Kopfhauben auf. Mit dieser Maskierung fuhren sie vor die Sparkasse in Kahla, die sie gegen 08.40 Uhr betraten. Detlef betrat als

Sparkasse Kahla, die vom Räuberduo am 1. März 1991 überfallen wurde.
Fotosammlung KHK Wolfgang Tanner.

erster mit gezogenem Revolver den Schalterraum. Er übergab den beiden Sparkassenangestellten weiße Müllbeutel, in die sie das Geld hineinstecken sollten. Dino blieb an der Tür zum Schalterraum stehen und sicherte ab. Nach etwa zwei Minuten hörte er die äußere Tür klappen und begab sich in den Flur, wo er eine ältere Frau und einen jungen Mann bemerkte. Es könnte sich um eine Großmutter mit ihrem Enkelsohn gehandelt haben. Mit vorgehaltenen Revolver forderte er die völlig überraschten Besucher auf, sich ruhig zu verhalten und in den Schalterraum zu kommen. Weil der junge Mann auf Detlef zuging, richtete dieser drohend seinen Revolver auf ihn. Als der

Mann eine weitere kurze Bewegung machte, schoß Detlef zweimal; der erste Schuß ging in die Decke und der zweite traf den Mann am rechten Unterarm. Unter Mitnahme der Geldbeutel rannten beide Bankräuber aus der Sparkasse, bestiegen ihren Pkw und rasten in Richtung Oppurg (Saale-Orla-Kreis) davon. Während der Fahrt brüstete sich Detlef mit seinen Schießkünsten. Er habe, wie beabsichtigt, den Mann genau in seinen rechten Unterarm geschossen. Die Kopfhauben hatten sie abgesetzt und trafen nach rasanter Fahrt gegen 09.05 Uhr bei der Raiffeisenbank in Oppurg ein.

Bewaffneter Überfall auf die Raiffeisenbank Oppurg

Dino fuhr den Lancia auf den Parkplatz hinter der Bank. Er und Detlef setzten Sonnenbrillen auf und betraten den Schalterraum. Detlef bedrohte die beiden Schalterangestellten mit seinem Revolver und Dino sprang mit einem artistischen Satz über den Schaltertisch.

Gebäude, in welchem sich 1991 die Filiale der Raiffeisenbank Oppurg befand, die vom Räuberduo zweimal überfallen wurde.
Fotosammlung KHK Wolfgang Tanner.

Jeder übergab den Angestellten einen Plastikbeutel und ließ sie Geld einfüllen. In dem Moment kam ein Mann zur Tür herein, der die Situation erfaßte und den Schalterraum schnellstens wieder verließ. Detlef und Dino ergriffen sofort die Flucht. Sie rafften die Beutel mit dem Geld zusammen, rannten zu ihrem Wagen und fuhren Richtung Orlamünde. In einem Waldstück vor der Ortschaft trafen sie gegen zehn Uhr ein, versteckten den Pkw und warteten bis zum Abend. Während dieser Zeit wechselte Detlef wieder die Kennzeichentafeln. Insbesondere Dino war sehr aufgeregt und lauschte nach jedem Motorengeräusch in der Ferne. Es blieb ruhig. Nicht einmal eine Polizeisirene war zu hören. In den Abendstunden schätzten beide ein, daß eine Ringfahndung der Polizei sicherlich aufgehoben worden sei, und fuhren aus dem Wald hinaus. Während der gesamten Fahrt zur Autobahn begegnete ihnen kein Polizeifahrzeug. Unbehelligt gelangten sie nach Sindelfingen, wo sie in Dinos Büro die Beute teilten. Es hatte sich gelohnt! Jeder steckte sich 78.000 DM ein. Detlef nutzte die Gelegenheit, Dino zu motivieren. Wenn er seine Angst überwinde, würde er enorm schnell zu Geld kommen, wie heute. Anschließend fuhr Dino Detlef nach Hause. Detlef schlug vor, für kommende Banküberfälle lieber ein Motorrad als Fluchtfahrzeug einzusetzen. Damit seien sie auf der Flucht variabler.

Fatale Grenzkontrolle

Am 8. März 1991 fuhr Dino von Jugoslawien aus, wo er Detlef abgesetzt hatte, nach Rumänien, um seine Bekannte Violetta B. zu besuchen. Im Stile eines Maffiosi hatte er den Revolver unter dem Fahrersitz seines Lancia versteckt. Die Einreise verlief ohne Probleme.

Als Dino am 23. März 1991 über Torno Severin aus Rumänien ausreisen wollte, wurden in seiner Handgelenktasche, in welcher sich sein Reisepaß befand, Patronen gefunden. Daraufhin durchsuchten die Ermittler auch den Pkw und stellten den Revolver sicher. Dino wurde festgenommen und sollte für seine Freilassung eine Kaution von 15.000 DM bezahlen.

Über einen Dolmetscher kontaktierte er seine Freundin Monika H. in Sindelfingen. Er erklärte ihr, daß er in ihrer Wohnung am Bett einen Briefumschlag mit 15.000 DM festgeklebt habe. Es handle sich um 75 200-DM-Scheine. Detlef holte das Geld bei Monika ab und erklärte ihr, der Betrag stamme aus »Schwarzverkäufen« ihres gemeinsamen Baumaschinenhandels.

Dinos Vater geriet wegen seines Sohnes in Sorge und wollte die Polizei einschalten. Das versetzte Detlef in große Aufregung, denn er war der Annahme, daß Dino einen Koffer mit Sprengstoff in der elterlichen Wohnung abgestellt habe, in der er noch ein Zimmer bewohnte. Der Koffer stand jedoch sicher und mit einem Sack zugedeckt im Keller von Monika, die nichts ahnte. Als Detlef nach dem Koffer fragte, suchte Monika danach und fand ihn sogleich. Zum Inhalt befragt, erklärte Detlef, er beinhalte Sprengstoff. Monika erschrak sich und forderte Detlef auf, den Koffer sofort mitzunehmen, sonst übergäbe sie ihn der Polizei. Detlef nahm die 15.000 DM und den Sprengstoffkoffer an sich, stellte den Sprengstoff zu Hause ab und fuhr nach Rumänien

Nachdem Detlef die Kaution von 15.000 DM bei den rumänischen Behörden hinterlegt hatte, wurde Dino aus der Haft entlassen und durfte aus Rumänien ausreisen. Den Revolver zogen die rumänischen Behörden ein.

Detlef machte Dino auf der Heimfahrt heftige Vorwürfe. Was ihn geritten habe, mit einer Schußwaffe über Grenzen zu fahren! Mit seinem leichtfertigen Verhalten würde er sich in das Blickfeld der Sicherheitsbehörden bringen und die gemeinsamen Vorhaben gefährden. Wie wolle er den Schußwaffenbesitz erklären, wenn die Rumänen die deutsche Polizei informierten? Dino gab kleinlaut zu, daß das eine blödsinnige Aktion von ihm gewesen sei.

Nach seiner Rückkehr aus Rumänien beruhigte Dino seine Freundin Monika wegen des abgestellten Sprengstoffs. Diesen brauche Detlef für seinen Landschaftsbau, log er. Er habe ihn nur kurzzeitig für Detlef aufbewahren wollen, da der ihn für Erdarbeiten an einem Objekt in der unmittelbaren Nähe benötige.

Mit dieser Erklärung gab sie sich zufrieden, verlangte aber von Dino, es zukünftig zu unterlassen, solch gefährliches Zeug bei ihr zu lagern. Er versicherte es.

Aufklärungsfahrt mit Hindernissen

Anfang April 1991 kaufte sich Detlef ein Motorrad »Suzuki« für 2.500 DM und vereinbarte mit Dino eine Aufklärungsfahrt für einen weiteren Banküberfall in Thüringen.

Am 12. April 1991 fuhren beide in Pforzheim los, Dino mit dem Motorrad, Detlef mit einem roten Porsche. Über Frankfurt und Eisenach gelangten sie nach Gotha, wo sie die Autobahn verließen und nach Suhl fuhren.

Auf einem Parkplatz schräg gegenüber einer Polizeidienststelle parkten sie den Pkw und das Motorrad. Nach dem Mittagessen entdeckte Detlef im Steinweg die Suhler Stadt- und Kreissparkasse, die sofort sein Interesse weckte. Das Team diskutierte das Für und Wider eines Überfalls. Nachteilig erschien ihnen, nicht mit dem Pkw vorfahren zu können, ständig viele Menschen in der Fußgängerzone vor der Sparkasse und vor allem die Nähe zur Polizeiinspektion. Für den Fall, daß die Bankangestellten den Alarm betätigten, rechneten beide damit, daß die Polizisten in ein bis zwei Minuten – zu Fuß! – am Tatort sein könnten. Somit kam die Sparkasse für einen Überfall nicht in Frage.

Am Ende der Fußgängerzone gelangten sie zum Suhler Marktplatz mit einem Waffenschmied-Denkmal. Unweit vom Markt lag in einer kleinen Seitengasse eine Filiale der Deutschen Bank. Detlef ging hinein und erklärte nach seiner Rückkehr, das Objekt wäre optimal für einen Überfall. Die beiden übernachteten in einem Suhler Hotel und sahen sich Tags darauf noch einmal die Sparkasse sowie die Deutsche Bank an. Sie schätzten die Situation wie am Vortag ein.

Gegen 15 Uhr traten sie die Heimfahrt an. Aus Unkenntnis fuhren sie aber nicht in Richtung Gotha, sondern nach Schleusingen. Nachdem sie den Irrtum bemerkt hatten, bogen sie in Richtung Schmiedefeld ab. Dino fuhr mit der Suzuki vorneweg, Detlef folgte in sehr kurzem Abstand mit dem Porsche. Mit dieser halsbrecherischen Fahrweise bogen sie nach Hinternah in eine Linkskurve ein, in welcher Dino die Maschine übersteuerte und aus der Kurve getragen wurde. Er flog im hohen Bogen über den Lenker und landete in einem Graben. Sein rechter Arm prallte dabei gegen einen großen Stein. Ihm wurde augenblicklich schwindlig. Der Sturzhelm und die Lederkombination hatten ihn jedoch vor schlimmeren Verletzungen geschützt. Detlef half seinem Kumpel wieder auf die Beine. Das Motorrad sah bei flüchtigem Betrachten nach Totalschaden aus. Detlef schlug vor, Dino ins nächstgelegene Krankenhaus zu fahren. Das lehnte dieser energisch ab. Er hätte in den Medien von katastrophalen Zuständen in ostdeutschen Krankenhäusern erfahren und wolle trotz starker Schmerzen in seiner rechten Hand lieber zu Hause ärztlich behandelt werden.

Das Motorrad ließen sie am Unfallort zurück und meldeten den Unfall nicht bei der Polizei. Detlef entfernte das amtliche Kennzeichen, um die Ermittlungen zur Unfallflucht zu erschweren. (Sie wurden zu diesem Unfall später auch nicht von der Polizei befragt. Möglicherweise fanden Unbekannte das Motorrad und nahmen es einfach an sich. So wurden die Personalien der Verunfallten wenigstens nicht aktenkundig.)

Detlef fuhr auf schnellstem Weg nach Sindelfingen und lieferte Dino – nach kurzem Aufenthalt in dessen Wohnung – im Krankenhaus ab. Bei der Krankenhausaufnahme gab er an, in Ostdeutschland einen Motorradunfall gehabt zu haben. Die Untersuchung ergab einen Bruch der rechten Mittelhandknochen. Deshalb mußte der rechte Arm von den Fingerspitzen bis zur Schulter eingegipst werden.

Am 18. April 1991 wurde Dino aus dem Krankenhaus entlassen. Die Aufklärungsfahrt nach Suhl war zu einer Reise mit Hindernissen geworden. Für die Durchführung weiterer Banküberfälle stellte der Gipsarm ein ernstes Handicap dar. Detlef bezweifelte, daß Dino den zweiten Fluchtwagen fahren konnte. Er sei bei weiteren bewaffneten

Banküberfällen ohne Gebrauch der rechten Hand nur noch eine »halbe Kraft«. Dino zerstreute Detlefs Bedenken. Er könne mit der eingegipsten Hand problemlos Auto fahren und eine Pistole auch in der linken Hand halten.

Zweiter Banküberfall in Oppurg

Am 22. April 1991 startete das Räuberduo zum dritten Banküberfall. Sie fuhren mit einem weißen und einem schwarzen Golf GTI nach Triptis, wo sie den weißen Pkw abstellten. Mit dem anderen Fahrzeug führten sie in den umliegenden Städten und Gemeinden Aufklärungsfahrten durch, ohne jedoch ein geeignetes Geldinstitut zu finden. Aus diesem Grund wurde auf Vorschlag von Detlef festgelegt, nochmals die Raiffeisenbank in Oppurg zu überfallen. In Triptis bezogen sie ein Doppelzimmer im selben Hotel wie beim vorangegangenen Banküberfall und organisierten in den Abendstunden Kennzeichentafeln, die sie von einem im Gelände abgestellten Trabant abschraubten.

Am folgenden Tag verließen beide gegen sieben Uhr das Hotel, wechselten in einem Waldstück die Kfz-Kennzeichen und trafen kurz vor acht Uhr in Oppurg an der Raiffeisenbank ein. Dino parkte den Golf wieder auf dem Platz hinter der Bank. Sie vereinbarten, daß Dino diesmal als erster in den Schalterraum gehen sollte, wozu ihm Detlef den großkalibrigen Revolver übergab. Er wollte ihm mit der Pistole Kaliber 7,65 Millimeter Rückendeckung geben.

Absprachegemäß betrat Dino den Schalterraum, in dem sich noch keine Kunden befanden. Er erklärte den Bankangestellten, daß es sich um einen Banküberfall handle, übergab weiße Plastikmüllsäcke und forderte auf, das Geld in diese zu packen. Scherzhaft fügte er hinzu, er wüßte genau, wo das Geld sei, sie wären schon einmal hier gewesen. Nachdem Dino die gefüllten Beutel erhalten hatten, verließen beide das Bankgebäude und flüchteten mit ihrem schwarzen Golf GTI zum Waldstück, wo sie den weißen Golf abgestellt hatten. Unterwegs schüttelten sie erfolgreich einen Verfolger ab, der Zeuge des Überfalls gewesen war. Auf dem Waldweg setzte Dino den schwarzen Golf so heftig auf, daß dieser nicht mehr fahrtüchtig war und zurückgelassen werden mußte. Beide überdeckten den Pkw mit einer Tarnplane und Zweigen. Dabei wurden sie von einem Mann beobachtet. Detlef vergrub in der Nähe des Pkw einen türkisfarbenen Koffer mit Sprengstoff, damit er bei einer möglichen Fahndungskontrolle nicht gefunden würde.

Als Dino und Detlef nach ihrer Rückkehr das Geld zählten, machten sie lange Gesichter, denn die Beute betrug nur 4000 DM, quasi die Spesen der Aktion.

Banküberfall in Suhl

Detlef und Dino kamen überein, die Deutsche Bank in Suhl zu überfallen, deren Lage sie ja bereits aufgeklärt hatten. Ein entscheidender Fakt war die Beschaffung eines schnellen Fluchtautos. Detlef hatte in Pforzheim bei einem Gebrauchtwagenhändler einen Golf GTI gesehen, der für das Vorhaben wie gemacht schien. Am 27. April 1991 vormittags begaben sich beide zu diesem Autohändler und bekundeten ihr Kaufinteresse. Da Detlef dem Händler bekannt war, gestattete er eine unbeaufsichtigte Probefahrt, womit beide auch gerechnet hatten. Sie fuhren zu einem Warenhaus in Pforzheim. Detlef ließ sich in der Serviceabteilung zu den Fahrzeugschlüsseln entsprechende Nachschlüssel anfertigen. Anschließend fuhren sie zum Autohändler zurück. Dino zahlte 500 DM an und erklärte, den Pkw am 2. Mai 1991 abholen zu wollen. Der Händler notierte sich noch Dinos Personalien.

In den frühen Morgenstunden des 29. April 1991 entwendeten beide den Golf GTI vom Parkplatz des Autohändlers. Detlef montierte die amtlichen Kennzeichen von Dinos Golf an das Fahrzeug. Anschließend fuhren sie mit dem gestohlenen Golf GTI und dem Lancia nach Pößneck, wo sie den Lancia abstellten und mit dem Golf nach Suhl weiterfuhren.

Kurz nach Mittag trafen sie in Suhl ein und parkten den Pkw unterhalb des Kaufhauses an einer großen Digitaluhr. Detlef begab sich in die Deutsche Bank und wechselte einen Geldschein. Dabei machte er sich mit den Örtlichkeiten vertraut. Anschließend fuhren sie nach Oberhof und mieteten sich in einer Pension ein. Mit Einbruch der Dunkelheit begaben sie sich auf die Suche nach einheimischen Kfz-Kennzeichen. In Hinternah stand vor einem Metallaufbereitungsbetrieb ein alter Trabant. Detlef schraubte die beiden Kennzeichenschilder OR 47 – 52 ab. Daraufhin fuhren sie nach Oberhof zurück.

Am Morgen des 30. April 1991 verließen Detlef und Dino die Pension und fuhren von Oberhof in Richtung Suhl. Unterwegs bogen sie in einen Waldweg ein, wo Detlef die Kennzeichentafeln austauschte. So wurde für eventuelle Zeugen aus einem Böblinger Golf ein Suhler Golf. Da sie die Öffnung der Bankfiliale verpaßt hatten, entschieden sie sich für einen Überfall kurz vor der Mittagspause. Sie hielten sich bis dahin im Stadtgebiet von Suhl auf und erkundeten das äußere Umfeld der Filiale sowie geeignete Fluchtwege. Detlef wechselte gegen zehn Uhr in der Bank noch einmal einen Geldschein.

Gegen 11.30 Uhr stellte Dino den Golf unmittelbar vor der Deutschen Bank ab und beide betraten etwa fünf Minuten später das Gebäude. Im Treppenhaus zog sich Detlef eine schwarze Haube mit Sehschlitzen über den Kopf und entnahm seiner blauen kastenförmigen Sporttasche zudem eine Kalaschnikow. Anschließend betrat er durch die linke Glastür den Schalterraum. Er stieß am linken Schalter neben dem Eingang einen Kunden zur Seite und bedrohte diesen sowie die Bankangestellten mit der MPi. Er übergab den Bankangestellten mehrere weiße Plastiksäcke und forderte sie auf, alles Geld hineinzupacken.

Inzwischen war Dino im Treppenhaus bis in die zweite Etage gelaufen. Er wollte nachsehen, ob von dort oben Gefahr drohe, und gleichzeitig seine Angst unterdrücken. Über den Gips an der rechten Hand hatte er einen Strumpf gezogen und die Hand zusätzlich in die rechte Jackentasche gesteckt. Er ging von der Überlegung aus, daß sein eingegipster rechter Arm für die Polizei ein wichtiger Fahndungshinweis sein könnte. Mit der linken Hand zog er sich eine Perücke über den Kopf und setzte eine Sonnenbrille auf. Beim Hinunterlaufen sah er durch die Glastür Detlef mit der MPi im Schalterraum stehen und dachte sich, es werde höchste Zeit, ihm Unterstützung zu geben. Dino stürmte mit der Pistole in der linken Hand ebenfalls in den Schalterraum und drehte zur Einschüchterung einen Kreis durch den Raum. Dann begab er sich zum Schalter links neben der Tür und klopfte mit der Pistole an die Schalterscheibe, um die Kassiererin zur Eile aufzufordern. Anschließend warf er den mit Geld gefüllten Plastiksack Detlef zu, der ihn in der Sporttasche verstaute. Dieser hatte bereits einen Sack mit Beute in die Sporttasche gesteckt und legte nun die MPi hinzu. An ihrer Stelle zog er aus seiner schwarzen Lederjacke einen langläufigen Revolver. Dann verließen beide Bankräuber mit schnellen Schritten den Schalterraum. Sie hatten nicht bemerkt, daß einer der Bankangestellten zu Beginn des Überfalls heimlich einen Überfallmelder betätigt hatte.

Der Notruf war direkt auf die Polizeiinspektion Suhl geschaltet. Der Diensthabende alarmierte über Funk sofort alle im Stadtgebiet einsatzfähigen Polizeikräfte. Eine Streifenwagenbesatzung mit einem Opel befand sich in der Nähe des Tatortes und ging der Meldung sofort nach. Mit Blaulicht eilten sie zur Deutschen Bank und erfaßten sofort die Situation. Vor dem Gebäude stand verkehrswidrig ein weißer Golf und an der Fahrerseite fingerte ein Mann nervös am Türschloß.

Die Einsatzkräfte fuhren mit ihrem Streifenwagen direkt vor den Golf, um den Fluchtweg abzuschneiden. Beide Polizisten sprangen rechts und links aus ihrem Fahrzeug und zogen ihre Dienstwaffen; der Streifenpolizist seine Pistole und der Streifenführer seine kleine Maschinenpistole. Zwischenzeitlich hatte Dino den Golf gestartet und fuhr eilig rückwärts. Durch die ersten Schüsse der Polizisten erschreckt, verriß er das Lenkrad, fuhr scharf nach links auf den Bürgersteig und gegen einen großen steinernen Blumenkübel. Die Hinterräder hatten keine Bodenhaftung mehr und der Motor ging aus. Detlef schoß mit seinem großkalibrigen Revolver durch die Front-

Ein Kriminalist hatte auch militärische Ausbildung.
Fotosammlung KHK Wolfgang Tanner.

Wolfgang Tanner als Polizeivizemeister im Judoschwergewicht,
Bezirksmeisterschaft Suhl 1979. Fotosammlung KHK Wolfgang Tanner.

135

scheibe auf die Polizisten. Der Streifenposten gab seinem Streifenführer Feuerschutz. Dieser versuchte, den Golf zu umgehen und von hinten anzugreifen. Detlef erkannte die Situation, entnahm der blauen Tasche die Kalaschnikow und hielt mit Schüssen durch die zersplitternde Heckscheibe den Streifenführer nieder. Dieser lag hinter einer großen Uhr flach auf dem Boden. Das war ihm in seiner langen Dienstzeit noch nicht passiert – eine Schießerei mit Bankräubern mitten in Suhl zur Mittagszeit neben etwa 100 wartenden Busfahrgästen. Diese hatten offensichtlich die Gefahr gar nicht erkannt, denn sie standen regungslos da. Als erster schaltete ein junger Tischler, der mit zwei Kollegen an einem Pavillon wenige Meter neben dem Golf arbeitete. Er stürzte in den Pavillon und rief seinen Kollegen zu, sie sollten sich flach auf den Boden legen.

Dino war es nach einigen Versuchen gelungen, den Golf zu starten und mit Vollgas vom Blumenkübel loszukommen.

Er raste zur Wilhelm-Pieck-Straße, bog bei Rot an der Ampel nach rechts ab und entfernte sich Richtung Zella-Mehlis. Die Polizisten bestiegen eilig ihren durch die Schießerei ebenfalls beschädigten Streifenwagen und verfolgten die flüchtenden Bankräuber. Im dichten Verkehr verloren sie den Golf zunächst aus den Augen. Am Stadtrand von Suhl erkannten sie das Fluchtfahrzeug plötzlich im Gegenverkehr. Als es ihnen endlich gelungen war, im dichten Straßenverkehr zu wenden, war der Golf verschwunden.

Auf Weisung von Detlef bog Dino mit dem Golf an einer größeren Tankstelle in Richtung Ilmenau ab. Es ging steil bergauf und nach dem Stadtrand von Suhl war die Straße äußerst kurvenreich. Detlef machte Dino Vorwürfe, weil er so spät in den Schalterraum gekommen sei. Sicherlich sei es nur deshalb einem Bankmitarbeiter möglich gewesen, heimlich die Polizei zu alarmieren.

Während der Fahrt stellte Dino fest, daß sich der Golf immer schwerer lenken ließ. Detlef war dafür, so lange wie möglich weiterzufahren. In Schmiedefeld, an der Kreuzung nach Ilmenau, hatte sich ein Stau gebildet. Dino befürchtete, der Streifenwagen der Polizei könnte hinter ihnen auftauchen. Detlef entschied instinktiv, nach rechts abzubiegen, in Richtung Hinternah. Am Bahnübergang war es mit dem linken Vorderreifen endgültig aus; sie fuhren praktisch auf der Felge. Kurz entschlossen bog Dino nach rechts ab. Ein Schild verwies auf Silbach, das drei Kilometer entfernt lag. Im Rückspiegel bemerkte er einen Pkw, der ihnen offensichtlich folgte. Vielleicht war dem Fahrer die kaputte Heckscheibe des Golfs aufgefallen und er vermutete eine Fahrerflucht nach einem Verkehrsunfall. In einer scharfen Linkskurve mitten im Wald bog Dino nach rechts in einen Waldweg ein. Der mögliche Verfolger fuhr weiter. Hinter der nächsten Wegbiegung hielt Dino den Pkw an und lief zur Straße zurück. Vom Verfolger keine Spur. Er lächelte verschmitzt und kehrte zum Fahrzeug zurück. Zwischenzeitlich hatte Detlef den schwarzen Kimono, den er bei vorangegangenen Banküberfällen getragen hatte, im Wald unter Zweigen versteckt.

Sie fuhren zur Straße zurück und suchten im Schritttempo in Richtung Silbach nach einem geeigneten Versteck für den fahruntüchtigen Golf. In einer großen Rechtskurve bog ein Waldweg ab, der durch Niederwald führte. Diese Stelle bot vermutlich ein gutes Versteck und Dino und bog nach rechts in den Jungwald ein. Unter einer Fichte stellten sie das Fahrzeug ab. Detlef lud den Kofferraum aus und versteckte den Inhalt im Wald. Bis zur Abholung des Pkw wollten sie kein Risiko eingehen. Gleich neben der Beifahrertür vergrub Detlef die beiden Hauben und Unterarmstulpen von den schwarzen Kampfanzügen. Das Fahrzeug bedeckten sie mit Zweigen.

Beide begaben sich zu Fuß nach Schleusingen, wo sie gegen 18 Uhr ankamen. Detlef trug die Sporttasche mit den Waffen und dem erbeuteten Geld. Unterwegs trafen sie mehrere Meliorationsarbeiter, welche sie nach dem Weg fragten. Detlef sah sich die Stadt an und Dino kümmerte sich um ein Taxi. Er suchte eine Gaststätte auf, trank eine Cola und bat die Wirtin, ihm ein Taxi zu rufen. Kurz nachdem Detlef eingetroffen war, meldete sich auch ein Taxifahrer. Sie gaben als Fahrtziel Pößneck an und bezahlten sogleich. Vorschriftsmäßig benachrichtigte der Fahrer seinen Chef über die Fernfahrt, dann fuhr er los. In der Nähe des Pößnecker Friedhofs ließ Detlef halten.

Sie seien an der Wohnung des Bekannten, den sie besuchen wollten, angelangt. In Wahrheit wollten sie vermeiden, daß der Taxifahrer sieht, wie sie in ihren Lancia einstiegen. Zur Sicherheit gingen sie deshalb noch ein ganzes Stück zu Fuß zum Fahrzeug. Über Hirschberg fuhren sie nach Sindelfingen zurück.

In Dinos Büro wurde das erbeutete Geld geteilt. Es hatte sich dieses Mal gelohnt. Für jeden gab es etwa 42.000 DM und zahlreiche Devisen im Wert von 10.000 bis 15.000 DM. Dino erhielt noch den großkalibrigen Revolver, Detlef nahm die Pistole Kaliber 7,65 Millimeter an sich. Ob er schon daran gedacht hatte, daß in Suhl aus dem Revolver – nicht aus der Pistole! – auf die Polizisten geschossen worden war?!

Den Tätern auf der Spur

Nach dem Überfall war kaum eine Stunde vergangen, als eine Einsatzgruppe der Kriminalpolizeiinspektion Suhl unter Leitung von Kriminalhauptkommissar Wolfgang Tanner die Ermittlungen vor Ort aufnahm.

Es galt, 15 Zeugen zu vernehmen. Die erarbeiteten Täterbeschreibungen wichen teilweise erheblich voneinander ab, was infolge der Aufregung nicht ungewöhnlich war.

Die Räuber wurden folgendermaßen beschrieben:

Täter 1:
Zirka 35–40 Jahre alt
Kräftige, untersetzte Statur, breitschultrig
Tiefe ruhige Stimme
Bekleidung: schwarze Lederlacke, dunkle Jeanshose, Turnschuhe, schwarze Kopfmaske
Bewaffnung: Maschinenpistole »Kalaschnikow« mit hellen Holzteilen, langläufiger Revolver
Mitgeführte Gegenstände:
blaue kastenförmige große Sporttasche

Täter 2:

Zirka 25–30 Jahre alt

Sportliche Statur

Schnelle Sprechweise, wirkte ziemlich nervös

Asymmetrische Frisur, eventuell schiefsitzende Perücke

Bekleidung: blaue Jeans, helle, eventuell beige Jacke, Sonnenbrille

Südländischer Typ

Bewaffnung: Pistole

Das amtliche Kennzeichen des Fluchtwagens OR 47 – 52 wurde zeitnah ermittelt und einem Trabant zugeordnet. Der Halter hatte ein lupenreines Alibi: Er wollte sein Fahrzeug verschrotten. Da er die Öffnungszeit der Metallverarbeitung in Hinternah verpaßt hatte, ließ er den Wagen am Abend des 29. April 1991 vor dem Objekt stehen, um ihn am nächsten Tag abzugeben. Zeugen für das Abschrauben der Kennzeichentafeln wurden nicht gefunden.

Kurz vor Silbach mußte das Räuberduo den Fluchtwagen stehen lassen und versteckte ihn im Wald. Fotosammlung KHK Wolfgang Tanner.

Aufgrund der Fahndungsmeldung in der Presse gingen Hinweise zum Tatfahrzeug mit der Fahrtrichtung Schmiedefeld ein. Mit Funkstreifenwagen und über Ortsfunk wurden auf Veranlassung der Ermittler ständig Fahndungsmeldungen zum Fluchtfahrzeug durchgegeben.

Am Nachmittag des 2. Mai 1991 lief ein Jugendlicher von seinem Wohnort Silbach quer durch den Wald nach Hinternah und entdeckte zufällig im Niederwald einen weißen Golf GTI mit kaputter Heckscheibe, der mit Zweigen zugedeckt war. Bei näherem Betrachten bemerkte er im Fahrzeuginnenraum noch zwei MPi-Patronenhülsen. »Das muß das Fluchtfahrzeug der Bankräuber sein!« schoß es ihm durch den Kopf. Der junge Mann rannte so schnell er konnte zum Ortsbürgermeister und berichtete von seiner Entdeckung. Dieser rief hastig die Polizei an.

Unter Leitung von KHK Wolfgang Tanner untersuchte am Abend ein Ermittlerteam den Fundort des Fluchtwagens, der von zwei Streifenwagen der Polizeiinspektion Suhl abgesichert worden war.

Nach Fotodokumentation der Auffindesituation wurde die Motorhaube geöffnet und mit Freuden festgestellt, daß das Metallschild mit den Fahrzeugdaten noch vorhanden war. Über die Fahrgestellnummer ließ sich in Flensburg der Halter des Pkw zweifelsfrei ermitteln. Daran hatten die Bankräuber in der Eile nicht gedacht.

Auch der Fährtenhund leistete einen wesentlichen Beitrag zur Aufklärung. Er fand einen etwa 800 Meter entfernt vergrabenen schwarzen Kimono, welcher zu zwei neben dem Kfz versteckten Kopfhauben und Unterarmstulpen paßte.

Am 2. Mai 1991 begaben sich Detlef und Dino zum Autohändler in Pforzheim, um den Verdacht des Diebstahls von sich abzulenken. Der Händler fragte sie, ob sie die vereinbarten 14.000 DM für den Golf dabei hätten. Problemlos streckte Detlef die Kaufsumme vor. Der GTI sei nach ihrer Probefahrt nachts gestohlen worden, fauchte der Händler, aber das brauche er ihnen ja nicht zu sagen, das wüßten sie ja bereits. Detlef wies diesen Verdacht empört von sich, damit hätten sie nichts zu tun! Scheinbar enttäuscht kauften sie bei ihm einen roten Jaguar.

Zu Hause kamen ihnen ernste Zweifel. Was, wenn der Händler Anzeige erstattet und bei der Polizei den Verdacht gegen sie wiederholt? Oder wenn der Golf mit seinen in der Nähe versteckten Böblinger Kennzeichen gefunden würde? Eilig fuhr das Duo mit dem neuen Jaguar nach Hinternah, um den Flucht-Pkw zu holen bzw. alle Spuren gründlich zu vernichten.

Am Nachmittag des 2. Mai 1991 fuhren sie gegen 15 Uhr los und gelangten über Nürnberg, Coburg und Eisfeld nach Hinternah, wo sie gegen 20 Uhr ankamen.

Als sie sich auf der Ortsverbindungsstraße nach Silbach der Stelle näherten, wo sie den Pkw zurückgelassen hatten, stockte ihnen förmlich das Blut in den Adern. Zwei Polizeistreifenwagen standen am Waldrand und mehrere Polizisten liefen umher. Die Situation war eindeutig: Sie waren zu spät gekommen!

Detlef gewann als erster die Fassung zurück und hinderte Dino daran, zu wenden und nochmals zu der Fundstelle zurückzufahren. Vielleicht hatte die Polizei jemanden eingeteilt, den Straßenverkehr zu beobachten und die Kennzeichen der vorbeifahrenden Fahrzeuge zu notieren. Dann wäre der in beiden Fahrtrichtungen vorbeifahrende Jaguar selbst dem dümmsten Polizisten aufgefallen. Über Suhl, Gotha, Hermsdorfer Kreuz und Hirschberg fuhren sie wieder zurück.

Tags darauf berieten Detlef und Dino, wie sie sich verhalten sollten, wenn die Polizei zu ihnen käme. Selbst eine Flucht ins Ausland zogen sie in Erwägung. Detlef hatte vorsorglich über einen Griechen namens Tsarnos italienische Pässe und Führerscheine zum Preis von 4.000 DM besorgt. Eine Flucht ins Ausland käme aber einem Geständnis gleich und wurde deshalb verworfen. Dino deponierte seine Reiseschreibmaschine bei seiner Freundin Monika und verstaute seinen Computer im Pkw. Beide sprachen ein Alibi ab, welches ihnen Detlefs Bekannte Brigitte Sch. geben würde.

Detlef begab sich am 4. Mai 1991 vormittags mit seiner Lebensgefährtin Marija zu deren jugoslawischen Freunden Eljoga in Pforzheim und ließ die blaue Sporttasche dort aufbewahren. Sie wurde zunächst im Keller versteckt und nach Detlefs Verhaftung im Kleingarten vergraben.

Die Verdächtigen werden festgenommen

Die Überprüfung der Daten des Fluchtfahrzeugs führte zum Halter des Golfs. Es war ein Bürger aus Pforzheim, der sein Fahrzeug einem Autohändler in Pforzheim zum Verkauf übergeben hatte. Dieser teilte den Kriminalbeamten auch seinen Verdacht mit, Detlef R. und Dino K. könnten den Golf nach der Probefahrt gestohlen haben.

Die aus Suhl übermittelten Personenbeschreibungen der Bankräuber paßten. Also wurde die Festnahme der Verdächtigen vorbereitet. Man ging davon aus, daß sie bewaffnet und gewaltbereit waren. Die Schießerei mit der Polizeistreife in Suhl ließ an dieser Einschätzung keine Zweifel. Die Festnahme war also eine Aufgabe des Sondereinsatzkommandos Baden-Württemberg.

Dino wurde am 6. Mai 1991 auf dem Weg zu seinem Büro festgenommen. Als er an einem BMW mit abgedunkelten Scheiben vorbeiging, öffneten sich blitzartig die Türen und mehrere maskierte Polizeibeamte zogen ihn ins Wageninnere. Er saß noch nicht richtig, als schon die Handschellen klickten.

Detlef lag am selben Morgen in seiner Pforzheimer Wohnung noch im Bett, als er im Treppenhaus einen dumpfen Schlag hörte. Er dachte noch im Halbschlaf, welcher Trottel so einen Lärm mache. Plötzlich spürte er an den Schläfen kalte metallische Gegenstände und öffnete die Augen. Mehrere Maskierte mit Sturmgewehren umzingelten sein Bett. Widerstand gegen Beamte des SEK schien zwecklos. Nachdem sich der erste Schreck gelegt hatte, spielte er den Ahnungslosen, der nur durch einen Irrtum in Verdacht geraten sein könne.

Dino und Detlef wurden auf die Polizeidienststellen Böblingen bzw. Pforzheim gebracht und durch Kriminalbeamte vernommen. Ihnen wurde zur Last gelegt, dem Autohändler in Pforzheim den

Golf GTI gestohlen, ihn beim Banküberfall in Suhl als Fluchtwagen genutzt und bei Silbach versteckt zu haben. Beide Verdächtige bestritten die Vorwürfe und beteuerten, noch nie in Ostdeutschland gewesen zu sein.

Nach mehreren Stunden rief der Leiter der Ermittlungen in Suhl an und teilte mit, den Festgenommenen sei eine Tatdurchführung nicht nachzuweisen. Man käme nicht umhin, sie in absehbarer Zeit wieder auf freien Fuß zu setzen. Die Suhler Kriminalisten berieten sich kurz mit ihrem Leiter und unterbreiteten den Kollegen aus Pforzheim den Vorschlag, mit allen gesicherten Beweisen nach Pforzheim zu kommen und gemeinsam den Ersten Angriff weiterzuführen. Bis dahin müßten die Verdächtigen in Polizeigewahrsam bleiben. KHK Wolfgang Tanner und sein Kollege Bernd G. fuhren nach Pforzheim. Kurz vor Dienstschluß trafen die Suhler Kriminalisten ein und berieten sich mit den Kollegen über das weitere Vorgehen. Unter den Beweisen vom Fundort bei Silbach befanden sich zwei Perücken. Bei der Durchsuchung der Wohnung des Detlef R. war eine Quittung eines Perückenverleihs aus der Nähe von Pforzheim gefunden worden.

Nach einigen Stunden kam Kriminalrat Bernd G. mit einem Pforzheimer Kollegen von der Perückenverleiherin zurück. Die ältere Dame identifizierte die vorgelegten Perücken als ihr Eigentum. Sie hatte sich sogar die Ausweisnummer von Dino K. notiert, der ihr Geschäft besucht hatte. Neben dieser Spur gab es noch eine weitere. Im Wald bei Silbach wurde ein Pkw-Zündschlüssel mit einem Lederband gefunden. In Detlefs Wohnung hing am Schlüsselbrett haargenau der gleiche Zündschlüssel. Weiterhin war im Fluchtauto ein Schlüsselbund mit mehreren Schlüsseln gefunden worden. Eine sofortige Überprüfung ergab, daß diese zur Wohnung des Dino K. paßten. Am Abend des 6. Mai 1991 informierte KHK Gerald W. telefonisch aus Suhl darüber, daß der Taxifahrer aus Schleusingen ermittelt worden sei, der am 30. April 1991 zwei Männer von Schleusingen nach Pößneck gefahren hat, von denen der eine den rechten Arm in Gips trug.

Die Beweislage war erdrückend und ein Haftbefehl – auch ohne Geständnis – so gut wie sicher. Detlef wurde am Abend des 6. Mai 1991 nochmal zur Vernehmung vorgeführt. Ihm fiel sofort auf, daß ein Mann anwesend war, den er noch nicht gesehen hatte: mittleres Alter, dunkle Haare, sportliche Statur. Er sprach auch nicht den einheimischen Dialekt. Detlef spielte den Gelangweilten und gab nur banale Antworten. Dann stellte der Pforzheimer Kriminalkommissar Klaus B. den Unbekannten vor: einen Kriminalhauptkommissar aus Suhl! Detlef zwang sich äußerlich zur Gelassenheit, war aber innerlich total angespannt. Das bedeutete nichts Gutes.

Detlef wurde der von seinem Schlüsselbrett sichergestellte Zündschlüssel vorgelegt. Auf die Frage, zu welchem Pkw dieser gehöre, sah er sich diesen genau an und erklärte schließlich, er kenne den Zündschlüssel nicht, vielleicht gehöre er dem Exmann seiner Lebensgefährtin, der ihn beim Auszug aus der Wohnung vergessen habe. Wie richtig diese Ausflucht war, zeigte sich bei der nächsten Frage. Der Suhler Polizist hielt ihm einen genau gleichen Zündschlüssel mit einem Lederband vor und fragte, wie ein Duplikat vom Schlüssel aus seiner Wohnung zum Tatort nach Suhl gelange. Detlef zuckte mit den Schultern und entgegnete, das könne er sich auch nicht erklären. Er war innerlich aufgewühlt und dachte sich zur Beruhigung: »Von dem Ossi laß ich mich nicht aufs Kreuz legen!« Sogar vorgelegte Bekleidungsstücke, die ihm gehörten, bewegten ihn nicht zu einem Geständnis. Die Vernehmung wurde beendet. Detlef trieb die Sorge, ob Dino sich angesichts der Beweise, die der ostdeutsche Kommissar mitgebracht hatte, an die abgesprochene Linie halten würde.

Eine parallel mit Dino durchgeführte Beschuldigtenvernehmung verlief zunächst ebenfalls ohne Geständnis. Der Partner hielt sich an den Plan.

Die Lebensgefährtin von Detlef behauptete, er wäre zur Tatzeit bei ihr gewesen. Allerdings identifizierte sie einige am Tatort gesicherte Gegenstände, wie beispielsweise eine Kaffeekanne, als ihr Eigentum.

Am 7. Mai 1991 entschied der Leiter der Suhler Polizeidirektion, Polizeioberrat Robert R., die Beschuldigten nach Suhl zu überführen und dort dem Haftrichter vorzuführen. Das Tatortprinzip gehe vor das Wohnortprinzip. Zwei Funkstreifenwagen wurden losgeschickt.

Gegen Mittag wurde Dino in Pforzheim nochmals vernommen. Er schien nicht so eine harte Nuß wie Detlef. Kriminalkommissar Klaus B. und KHK Wolfgang Tanner erhofften sich von ihm ein Geständnis.

Kriminalhauptkommissar Tanner teilte Dino mit, er käme aus Suhl und leite die Ermittlungen zum Überfall auf die dortige Filiale der Deutschen Bank am 30. April 1991. Dino war wie vom Blitz getroffen. Er konnte seine Erregung kaum noch verbergen. Dann hielt ihm der ostdeutsche Kriminalist auch noch sein beiges Jackett, das er bei Banküberfällen getragen hatte, vor die Nase.

Der nächste Hammer folgte sofort. Der Suhler erklärte, sie hätten den Taxifahrer ermittelt, der sie am 30. April 1991 von Schleusingen nach Pößneck gefahren hatte. An seinen Gipsarm könne dieser sich noch genau erinnern. Dinos Puls war am Anschlag! Was sollte er tun? Weiter leugnen oder ein Geständnis ablegen? Der Suhler Kommissar war unerbittlich. Dann folgte der entscheidende Tiefschlag. Die Perückenverleiherin habe ihre zwei Perücken, die am Tatort sichergestellt wurden, identifiziert und die Personalausweisnummer von Dino vorweisen können.

Jetzt war weiteres Leugnen sinnlos. Wie von weitem hörte er den Suhler Kriminalisten sagen, er solle mit einem Geständnis Reue zeigen und seine Situation verbessern. Dino bat um ein Glas Wasser. Nach einigen kräftigen Schlucken erzählte er zunächst stockend, dann immer fließender, wie sich der Überfall auf die Deutsche Bank in Suhl abgespielt hatte. Nachdem Dino das Vernehmungsprotokoll gelesen und unterschrieben hatte, wurde er in einem im Hof wartenden Funkstreifenwagen der Suhler Polizei gesetzt und nach Suhl gefahren. Während der mehr als dreistündigen Fahrt sah er Detlef in einem zweiten Streifenwagen sitzen. Sie kehrten gewissermaßen

Gericht in Suhl, wo am 7. Mai 1991 die Haftbefehle gegen die Räuber erlassen wurden. Etwa 100 Meter rechts befand sich das inzwischen abgerissene Gebäude der Deutschen Bank Suhl. Fotosammlung KHK Wolfgang Tanner.

zum Tatort zurück, denn das Gericht, wo die Haftbefehle verkündet wurden, lag nur etwa 100 Meter von der Filiale der Deutschen Bank entfernt. Der Richter erklärte beiden Beschuldigten unabhängig voneinander den Tatbestand des Raubes, daß sie dieser Tat dringend verdächtig wären und er deshalb Haftbefehl erlasse.

Anschließend wurden Dino und Detlef nach Untermaßfeld in das dortige Untersuchungsgefängnis gefahren. Es handelte sich um eine mittelalterliche Burg mit meterdicken furchteinflößenden Mauern. Während Detlef als mehrfach Vorbestrafter die Haftaufnahme mit einer gewissen Routine über sich ergehen ließ, war es für Dino ein Schockerlebnis. Als er in seiner Zelle auf der Pritsche lag, wurde ihm erst richtig bewußt, in welche »Scheißsituation« er sich hatte von Detlef hineinziehen lassen.

Aufklärung der Banküberfälle

Am 8. Mai 1991 in den Vormittagsstunden wurde Dino in das Vernehmungszimmer vorgeführt. Dort erwartete ihn KHK Wolfgang Tanner. Er hatte eine hübsche Protokollantin, etwa Ende 30, mitgebracht. Wenn die Lage nicht so ernst gewesen wäre, hätte Dino bestimmt mit ihr geflirtet.

Der Kriminalist klärte mit Dino nach einem vorgefertigten Plan alle Details des Überfalls vom 30. April 1991 ab und diktierte der Protokollantin seine Aussagen. Zwischendrin fragte er Dino mehrfach, ob das Diktierte richtig und von ihm so ausgesagt worden sei. Außerdem lief während der gesamten Vernehmung ein Tonband mit. Mehrfach mußte Dino während der Vernehmung nach depressiven Phasen beruhigt und wieder aufgebaut werden.

Der Kriminalhauptkommissar redete beruhigend auf ihn ein und versuchte ihm klarzumachen, daß echte Reue sich in Geständnisbereitschaft äußert und vom Gericht bei der Urteilsfindung auf jeden Fall berücksichtigt werde. Nachdem Dino das umfangreiche Vernehmungsprotokoll gelesen und unterschrieben hatte, wurde er wieder in seine Zelle geführt. Er hatte die Hoffnung, den KHK Tanner mit seiner Aussagebereitschaft zufriedengestellt und so von Fragen zu den anderen Straftaten abgehalten zu haben.

Am 13. Mai 1991 wurde Dino erneut in den Vernehmungsraum gebracht. Er blickte in dieselben Gesichter. Der Kriminalhauptkommissar fragte, inwieweit Dino an weiteren Banküberfällen beteiligt gewesen sei. Er entgegnete, keine weiteren Banküberfälle begangen zu haben, der von Suhl sei schon schwer genug gewesen. Außerdem wolle er seinen Rechtsanwalt sprechen – das sei sein Recht. Der Kriminalist reagierte darauf gelassen und entgegnete, das könne er, aber vorher wolle er ihm noch etwas zeigen. Es wäre doch fatal, wenn er jetzt das Vertrauen seines Rechtsanwaltes verspiele. Mit einem feinen Lächeln legte er Dino ein Foto der Raumüberwachungskamera vom Überfall am 1. März 1991 in Oppurg vor. Dino erkannte sich sofort! Detlef hatte ihm doch gesagt, im Osten gäbe es noch keine

Kameras in den Geldinstituten! Jetzt lag hier sein gestochen scharfes Foto auf dem Tisch. Auch wenn er eine Sonnenbrille trug, war er klar zu erkennen. Der Kriminalhauptkommissar erläuterte, daß sein Team den schwarzen Kimono, den Dino auf dem Foto trug, am Fundort sichergestellt hätten.

Dino kämpfte mit sich. Würde er es leugnen, verspielte er den Bonus, ehrlich auszusagen. Gäbe er es zu, erhöhte sich die Strafe wegen weiterer Straftaten. Sein Gegenüber schien das zu ahnen und legte ihm ein weiteres Foto vor. Darauf waren er und Detlef abgebildet, ebenfalls einwandfrei zu erkennen. Dino gab seinen Widerstand auf und sagte zu den weiteren Banküberfällen wahrheitsgemäß aus. Er habe mit Detlef am 1. März 1991 die Sparkassen in Kahla und Oppurg überfallen. Er gestand sogleich bereitwillig den Überfall vom 23. März 1991, ebenfalls in Oppurg. Nach einer detaillierten Protokollierung wurde Dino wieder auf seine Zelle gebracht. Er war einerseits erleichtert, endlich umfassend ausgesagt zu haben, andererseits befürchtete er eine härtere Strafe infolge mehrerer Vergehen.

Geständnis zu den Sprengstoffanschlägen

Am 15. Mai 1991 saß Dino erneut KHK Tanner gegenüber. Dieses Mal ging es nicht um die Banküberfälle. Der Kriminalist wollte wissen, was es mit dem Sprengstoffkoffer auf sich habe, der am Fundort des Golfs vom 23. März 1991 vergraben wurde. Dino spielte den Ahnungslosen; von Sprengstoff wisse er nichts. Man erklärte ihm, daß dieser Sprengstoff aus Jugoslawien stamme und bei Sprengstoffanschlägen auf die Deutsche Bundesbahn verwendet worden ist. Dino entgegnete, im Großraum Frankfurt lebten tausende Jugoslawen. Jeder hätte die Möglichkeit gehabt, sich aus dem Heimatland Sprengstoff zu besorgen. Er erschrak innerlich, wieso hatte er Frankfurt ins Gespräch gebracht. Dort hatten sie doch in einem Wohnhaus Sprengstoff deponiert. Glücklicherweise reagierte der Kriminalist nicht auf seine unüberlegte Äußerung. Entweder wußte er nichts darüber oder er spielte den Ahnungslosen. KHK Tanner traute er alle

Winkelzüge zu. Dieser fuhr jedoch ein anderes Manöver und erfragte, ob Dino eine Reiseschreibmaschine besitze. Dino ging davon aus, daß ihm diese Frage nur gestellt wurde, weil seine Reiseschreibmaschine gefunden wurde. Er gab zu, eine solche zu besitzen. Jetzt wollte Tanner wissen, inwieweit andere Personen auf dieser Maschine geschrieben hätten. Dino verstand den Hintergrund dieser Frage nicht, erklärte aber wahrheitsgemäß, daß nur er auf der Maschine geschrieben habe. Sein Gegenüber erklärte ihm nun, daß es in der Kriminalistik die Möglichkeit gebe zu untersuchen, ob ein Schreibmaschinentext auf einer bestimmten Schreibmaschine geschrieben worden sei. Ein solches Gutachten sei auch anerkanntes Beweismittel vor Gericht. KHK Tanner sah Dino fest in die Augen und forderte ihn mit eindringlicher Stimme auf zu erklären, wie es sein kann, daß auf seiner Reiseschreibmaschine, die nur er benutzt habe, Erpresserbriefe an die Deutsche Bundesbahn im Zusammenhang mit Sprengstoffanschlägen geschrieben wurden.

Dino brach förmlich zusammen. Jetzt mußte auch noch der größte Brocken auf den Tisch. Er überlegte fieberhaft, wie er sich verhalten sollte. Wenn er es trotz eindeutiger Beweise bestreite, verspiele er eventuell den Bonus der Reue und Geständnisbereitschaft. Gäbe er es zu, würde sich das Strafmaß bestimmt deutlich erhöhen. Dann hätte Detlef mit den 15 Jahren Haft doch Recht. Nachdem er sich eine Zigarette erbeten und einige Züge geraucht hatte, legte er ein umfassendes Geständnis zu den Sprengstoffanschlägen ab.

Während der Untersuchungshaft gelang es Detlef und Dino, sich gegenseitig mit Kassibern Nachrichten zukommen zu lassen. Dino attackierte Detlef, der KHK Tanner habe ihm Fotos von der Raumüberwachungskamera in Oppurg vorgelegt, auf denen sie beide gestochen scharf abgebildet seien. Detlef habe ihm doch versichert, im Osten gebe es solche Technik nicht! Wegen der klaren Beweislage habe er die Banküberfälle gestanden, um eine geringere Strafe zu bekommen.

Detlef schrieb an Dino einen mehrseitigen Kassiber voller Vorwürfe und Drohungen. Wehe, er belaste ihn weiter! Er müsse unbedingt seine Aussagen widerrufen. Er solle sich wie ein Freund und nicht wie ein »Charakterschwein« verhalten. Detlef habe immer als ein Freund gehandelt, sei sogar nach Rumänien gefahren und habe ihn aus dem Knast geholt. Er schlug Dino vor auszusagen, es müßte sich bei den Personen auf den Fotos der Überwachungskameras um Doppelgänger handeln. Wenn er allerdings auf einem Foto eindeutig zu erkennen wäre, dann könne man ihm eben nur diesen einen Banküberfall beweisen. Detlef wollte Dino glauben machen, daß dieser auch als Ersttäter nicht unter 15 Jahren Haft wegkäme. Auf Haftentlassung nach der Hälfte der Zeit könne er ebensowenig nicht bauen. Sollte Dino bei seinen Aussagen bleiben, würde Detlef die Aktion »Manila« zugeben, nur um zu vermeiden, daß Dino eine geringe Strafe bekäme. Detlef ging es vor allem darum, seine wegen Beihilfe inhaftierte Lebensgefährtin Marija wieder auf freien Fuß zu bekommen. Würde Dino nicht zu ihm stehen, würde er notfalls aussagen, seine Eltern und Freundin seien am Bau der Sprengladungen beteiligt gewesen, damit auch Dinos Angehörige in Haft kämen.

Dino übergab den Kassiber während einer Vernehmung an KHK Tanner. So konnte das Schreiben von Detlef als Beweismittel und indirektes Geständnis Verwendung finden.

Suche nach den Schußwaffen

Eine äußerst wichtige Frage stand noch ungeklärt im Raum: Wo waren die beim Banküberfall eingesetzten Schußwaffen, insbesondere die Kalaschnikow, abgeblieben? Detlef hatte die Tasche mit der MPi an sich genommen, sagte aber nicht aus. Dino wußte lediglich, daß Detlef seine Devisen bei Bekannten namens Eljoga in Pforzheim deponierte.

Mit einem Hausdurchsuchungsbefehl für Frau Eljoga fuhr ein Ermittlerteam unter Leitung von KHK Wolfgang Tanner nach Pforzheim. Gegenüber dem Ehepaar Eljoga entschloß er sich zu einer Überraschungstaktik. Er erklärte, sie kämen im Auftrag von Detlef und sollten die blaue Sporttasche holen. Nicht mit einer Silbe war jemals die Rede davon gewesen, daß Detlef die blaue Sporttasche zu den Eljogas gebracht hatte. Bekannt war hingegen, daß er in so einer Tasche seine MPi und seine Pistolen transportierte und zuletzt auch seinen Beuteanteil vom 30. April 1991 gesteckt hatte. Devisen wurden nur am 30. April 1991 erbeutet. Wenn Dinos Aussage der Wahrheit entsprach und Geld bei den Eljogas versteckt wurde, warum nicht die gesamte Tasche?

Die Eheleute Eljoga sahen einander verstohlen an, was dem erfahrenen Kriminalisten nicht entging. Er redete auf sie ein. Wenn sie die Tasche freiwillig herausgäben, müßte nicht stundenlang die Wohnung durchsucht werden. Außerdem würde berücksichtigt, inwieweit sie sich wegen Begünstigung oder gar Beihilfe zu verantworten hätten. Frau Eljoga bat, eine Zigarette rauchen zu dürfen. Das Ehepaar wurde getrennt weiterbefragt. Unabhängig voneinander sagten beide aus, Anfang Mai von Detlef eine blaue Sporttasche übernommen zu haben. Diese hatten sie zunächst im Keller aufbewahrt, später in ihrem Kleingarten vergraben.

Die Ermittler fuhren mit dem Ehepaar Eljoga zu ihrem Kleingarten, der sich im Stadtgebiet von Pforzheim an einem Bahndamm befand. Frau Eljoga zeigte bereitwillig neben den Komposthaufen. KHK Wolfgang Tanner ließ sich von ihr einen Spaten geben und begann zu graben. Ein Pforzheimer Kollege gab über Funk an seine Dienststelle durch, er sehe zum ersten Mal einen Hauptkommissar »schaffen«, also körperlich arbeiten. Nachdem etwa 25 bis 30 Zentimeter Erde abgetragen waren, wurde eine Asbestplatte mit mehreren Latten als Abdeckung sichtbar. Der Kriminaltechniker Kriminalkommissar Detlef H. fotografierte die einzelnen Etappen des Ausgrabens. Als KHK Tanner ein etwa 40 x 80 Zentimeter großes Bündel freigelegt hatte, zog er sich Gummihandschuhe an, um keine Fingerabdrücke zu hinterlassen. Nachdem das Bündel aus dem Erdreich herausgezogen worden war, wurde der sorgfältig mit Paketband verklebte blaue Müllsack entfernt und es kam eine blaue Sporttasche zum Vorschein. Der Kriminalist öffnete den Reißverschluß und erkannte als erstes den Lauf der Kalaschnikow. Dann förderte er eine scharfe geballte Sprengladung zutage. Drei Sprengstoffpatronen waren mit Klebeband zusammengefügt und eine Sprengkapsel mit einer etwa zehn Zentimeter langen Zündschnur dazwischengeschoben und ebenfalls mit Band verklebt. Glücklicherweise war Kriminalkommissar H. Sachkundiger für sprengstoffverdächtige Gegenstände und entfernte fachgerecht die Sprengkapsel mit Zündschnur aus der Sprengladung. Diese Ladung hätte wie eine Handgranate mit erheblicher Sprengkraft explodieren können. KHK Tanner schauderte bei dem Gedanken, Detlef hätte diese bei der Schießerei in Suhl gezündet.

Weiterhin befand sich in der Sporttasche die Pistole Kaliber 7,65 mm, welche Dino beim Banküberfall am 30. April 1991 benutzt hatte. Im eingeführten Magazin befanden sich vier Patronen, zwei weitere lagen lose in der Tasche. Von den insgesamt vier ausgeliehenen Perücken waren die restlichen zwei ebenfalls vorhanden, wie auch die schwarze Kopfhaube, die Detlef am 30. April 1991 getragen hatte. Zwei Sonnenbrillen waren dem Banküberfall vom 1. März 1991 zuzuordnen. Neben Werkzeug und Kleinteilen enthielt die Tasche über 400 MPi-Patronen, die sowohl in Stangenmagazine eingeführt waren als auch sich in Pappschachteln mit jugoslawischer Beschriftung befanden.

Der Fund war in doppelter Hinsicht äußerst wichtig. Einerseits wurden Sprengstoff und Schußwaffen einem möglichen unbefugten Zugriff von Personen entzogen, andererseits wurden sehr wichtige Beweismittel sichergestellt. Das Ehepaar Eljoga sagte unabhängig voneinander aus, Detlef sei mit seiner Lebensgefährtin Marija B. am 4. Mai 1991 zu ihnen gekommen und hätte sie gebeten, seine blaue Reisetasche sicher für ihn aufzubewahren. Da sie mit Marija befreundet seien, hätten sie sich hierzu bereit erklärt. Geld habe er nicht zur Aufbewahrung übergeben. KHK Tanner übernahm von den Pforzheimer Kollegen noch Dinos Aktenkoffer mit einem Revolver und Geld. Am Abend waren alle Übernahmeformalitäten bei den Kollegen aus Pforzheim erledigt und die Rückfahrt nach Suhl konnte angetreten werden.

KHK Tanner gräbt eine versteckte Sporttasche mit Schußwaffen
und anderen Beweismitteln in einer Pforzheimer Kleingartenanlage aus.
Fotosammlung KHK Wolfgang Tanner.

In den Abendstunden des 31. Mai 1991 fuhr das Suhler Ermittlerteam mit dem brisanten Fund bei Pforzheim auf die Autobahn auf. Auf der Autobahn E41 zwischen den Abfahrten Ravenstein und Ahorn verabschiedete sich am ihrem Pkw Lada die Zylinderkopfdichtung. KHK Tanner ließ über den Autobahnnotrufdienst die nächstgelegene Dienststelle der Autobahnpolizei informieren. Schon nach kurzer Zeit traf eine Streife der Autobahnpolizeidienststelle Tauberbischofsheim am Pannenfahrzeug ein. KHK Tanner wies sich aus und informierte die Kollegen, sie führten Sprengstoff und Schußwaffen im defekten Fahrzeug mit sich, sie müßten sicher zu ihrer Behörde nach Suhl gelangen. Die Kollegen aus Tauberbischofsheim entschlossen sich nach Rücksprache mit ihrem Einsatzleiter, das defekte Kfz mit ihrem Mercedes-Streifenwagen zu ihrer Dienststelle abzuschleppen. Von dort informierte KHK Tanner den Diensthabenden der Polizeidienststelle in Suhl von der Panne. Dieser sicherte ein

Abschleppfahrzeug zu. Bis zu dessen Eintreffen am 1. Juni gegen 02.45 Uhr genoß das Ermittlerteam die Gastfreundschaft der Kollegen von Tauberbischofsheim bei Bier und Erbsensuppe. Am 1. Juni 1991 gegen 06.30 Uhr traf das Team übermüdet, aber sehr zufrieden über den sensationellen Fund in der Suhler Dienststelle ein.

Am nächsten Tag machte Kriminalkommissar H. die Schußwaffen für die ballistische Untersuchung im Landeskriminalamt Berlin versandfertig. Die sichergestellte Sprengladung wurde an das Hessische Landeskriminalamt übergeben, welches die Sprengstoffanschläge auf die Deutsche Bundesbahn bearbeitete.

Das sichergestellte Geld wurde in aufwendiger Kleinarbeit nach registrierten Seriennummern überprüft. Eine Reihe festgehaltener Seriennummern befand sich unter der Beute der Bankräuber, womit weitere Beweise vorlagen. KHK Gerald W. und KHK Tanner übergaben das Geld der Leitung der Deutschen Bank Suhl.

Wegen der erpresserischen Sprengstoffanschläge und der Banküberfälle wurde Detlef. R. zu zwölf Jahren, Dino K. zu acht Jahren Haft verurteilt.

Die Aufklärung dieser schweren Straftaten war das Ergebnis der kameradschaftlichen Zusammenarbeit von Kriminalisten aus Suhl, Pforzheim, Wiesbaden, Gera und den Kollegen aus Tauberbischofsheim.

AUS DER KRIMINALTECHNIK

LUTZ HARDER

RAUCHEN BRINGT DICH INS GEFÄNGNIS

(Ilm-Kreis, 1997)

Jeder kennt die Warnhinweise auf Zigarettenschachteln und Tabakwaren. Es wird davor gewarnt, daß Rauchen tödlich enden kann, das Risiko erhöht zu erblinden und die Potenz beeinträchtigt. Daß Rauchen aber auch bedeuten kann, ins Gefängnis zu wandern, ist noch nicht als Warnhinweis zu lesen gewesen.

Das Jahr 1997 war gerade erst ein paar Wochen alt, doch einige Leute plagte bereits wieder die Geldnot. Ob diese allzu teuren Weihnachtsgeschenken oder einer übermäßigen Feier ins neue Jahr geschuldet war, bleibt wohl das Geheimnis der Täter. Sie gingen davon aus, daß Banken generell zu viel Geld vorrätig hielten und dieses ruhig teilen könnten. Sie suchten nach einer Filiale, die abgelegen lag, aber trotzdem genügend Bares verwahrte. Beinahe wichtiger als die Bank an sich war die Frage, wie sie unbemerkt hineingelangen würden. Ein Einbruch barg das Risiko, daß man zwar in die Schalterhalle vordringen, nicht aber bis zum Tresor gelangen konnte. Banken haben ihre Sicherheitseinrichtungen deutlich erhöht; es bedeutet mehr Aufwand, diese zu umgehen. Ein Überfall bei Tag schien zu gewagt, schließlich bewegten sie sich unter Kunden und Bankangestellten, die einen Alarm auslösen konnten. Entdeckt oder gar erkannt zu werden war keine Option. Sie wollten das Überraschungsmoment nutzen.

Das Objekt der Begierde fanden sie in einem Dorf im Ilm-Kreis. Idyllisch lag der Schnee an diesem Morgen in dem kleinen Örtchen. Wenn die Masse an Polizeifahrzeugen nicht gewesen wäre, hätte man sich wie im Winterurlaub fühlen können. Die Filiale der Spar-

155

kasse war im Erdgeschoß eines Hauses untergebracht, welches zentral im Ort lag. Auf der gleichen Etage nebenan befand sich der Sitz einer Versicherung. In der sorgsam geplanten und vorbereiteten Nacht brachen nun die Täter in das Versicherungsbüro ein. Im Schutz der Dunkelheit erwarteten sie den neuen Tag und die Angestellten der Sparkasse. Sie vertrieben sich die Zeit, indem sie eine Zigarette nach der anderen rauchten. Vielleicht beruhigten sie sich auch damit.

Endlich war es so weit. Am Morgen ging die Haustür auf, und eine Frau betrat das Treppenhaus. Rasch zogen sich die Täter ihre Sturmhauben übers Gesicht, zückten eine Spielzeugpistole und überwältigten die Ahnungslose. Doch sie hatten sich nur die Putzfrau geschnappt, die leider keinen Schlüssel zum Tresor besaß. Sie war nutzlos, doch laufen lassen war nicht Teil des Plans. Gefesselt und unter Schock mußte sie in Gewahrsam der Täter bleiben, bis der Spuk vorüber war.

Einige Zeit später dann erneut das Geräusch der Haustür. Diesmal war es die Person, auf die die Täter sehnlichst gewartet hatten: die Kassiererin. Die Täter überwältigten sie auf dieselbe Weise wie die Putzfrau, drohten ihr und zwangen sie, den Tresor zu öffnen. Mit einer Beute von zirka 50.000 DM ergriffen die Täter die Flucht.

Zu der Zeit versah ein Praktikant seinen Dienst in der entsprechenden Abteilung (und sollte an der Tatortarbeit mitwirken). Schon bei der Abfahrt aus Gotha drängte dieser darauf, das Blaulicht einzusetzen, um schneller voranzukommen. Da die BAB 71 noch nicht fertiggestellt war, ging die Fahrt durch Dörfer und Städte über Landstraßen – und das im Berufsverkehr. Aus der Erfahrung heraus wußte man, daß das Fahren mit Blaulicht und Sirene nicht unbedingt Spaß macht, wenn man sich im Anschluß noch auf die Untersuchung eines Tatortes konzentrieren muß. Also wurden die Anregungen des Praktikanten immer wieder verworfen. »Ohne uns fangen die dort nicht an«, raunte ihm der fahrende Kollege zu. So war es auch. Alles wartete gespannt, bis die Kriminaltechnik endlich eintraf und mit der Tatortarbeit begonnen werden konnte.

Bei der Untersuchung des Tatortes fiel auf, daß das gesamte Erdgeschoß Tatort war. Die Filiale der Bank wurde mit Originalschlüssel geöffnet, wohingegen in das Versicherungsbüro nebenan eingebrochen wurde. Die Putzfrau sagte aus, daß sich die Täter bereits im Haus befanden, als sie das Gebäude betreten habe. Alles sei aber so schnell gegangen, daß sie sich nicht mehr erinnern könne, wo die Täter plötzlich hergekommen waren.

Vermutlich bestand ein Zusammenhang zwischen beiden Taten. Die Sicherung und Dokumentation aller Spuren an beiden Tatkomplexen nahm viele Stunden in Anspruch. Die Ermittler begannen in der Bank, da ja die Kunden wieder an ihr Geld wollten. Nicht nur Kundengespräche waren terminiert, auch die Inventur stand bevor, ehe der normale Betrieb eingeleitet werden konnte.

Im Ergebnis war das Spurenaufkommen überschaubar. Die Täter waren recht umsichtig zu Werke gegangen. Die Kriminaltechniker fanden einige Schuhspuren, was für eine Bankfiliale nicht ungewöhnlich ist. Im Tresorraum sicherten sie ebenfalls Schuhspuren. Von Fingerabdrücken, die nicht zu den Angestellten gehörten, keine Spur. Dafür Abdrücke von textilem Gewebe, was die Vermutung nahelegte, daß die Täter mit Handschuhen gehandelt hatten.

Der Versicherungsmakler brauchte an diesem Tag sehr viel Geduld, denn seine Agentur war erst nach der Filiale an der Reihe. Typische Einbruchspuren wie Werkzeug- und Schuhspuren konnten sichergestellt werden. Der Vorteil der herrschenden Witterung bestand darin, daß sich außerhalb des Gebäudes der Weg, den die Täter genommen hatten, abzeichnete. Gefunden wurden Schuheindruckspuren im Schnee, die sowohl zum Objekt hin als auch wieder weg führten. Leider endeten sie auf einem in der Nähe befindlichen Platz, wo – nach den Spuren im Schnee zu urteilen – ein Pkw des Nachts gestanden haben mußte. Aber die Schuhspuren verrieten – abgesehen von der Laufrichtung der Personen – ein noch weit wichtigeres Detail: Es handelte sich um zwei Täter.

Im Versicherungsbüro sicherte das Team Schuhabdrücke, die von der Profilierung mit denen aus dem Schnee vor dem Haus übereinstimmten. Die Vielzahl an Fingerabdrücken, die sich auf den unterschiedlichsten Oberflächen befanden, schienen unauffällig, zumindest für ein Büro. Dennoch wurden allesamt mit den für die Oberflächen geeigneten Spurensicherungsmitteln bearbeitet und die Abdrücke mit Folie gesichert. Auch hier fanden sich Abdrücke von textilem Gewebe, was wiederum den Schluß zuließ, daß die Täter Handschuhe getragen hatten. Der aufmerksame Versicherungsmakler konnte sich die große Anzahl an Zigarettenresten im Aschenbecher nicht erklären. Diese könnten unmöglich von ihm stammen, betonte er. Sodann wurden sämtliche Zigarettenreste aus dem Ascher einzeln verpackt, beschriftet und mit zur Dienststelle genommen.

Im Spurensicherungsbericht wurden alle gesicherten Spuren aufgelistet, ehe sie zur weiteren Untersuchung an das LKA geschickt wurden. Da Zigarettenreste als biologische Spuren definiert werden, durfte man sie zu dieser Zeit nur mit einem richterlichen Beschluß untersuchen lassen. Ob dieser Beschluß beantragt worden war, kann aus heutiger Sicht nicht genau gesagt werden. Die Spuren sind jedoch nie verloren gegangen.

Acht Jahre später vermeldete die örtliche Presse, daß die damals gesicherten Zigarettenreste bestimmten Personen zugeordnet werden konnten. Die zwei Täter mußten sich 2005 für den Bankraub vor einem Gericht verantworten. Da sie sich zu dieser Zeit bereits in staatlicher Obhut befanden, erhöhte sich das Strafmaß noch einmal.

HOCHZEITSREISE IN DEN TOD

(Gotha, 1997)

Juni 1997, die Sonne strahlte. Die Vorfreude auf den Sommer stand den Menschen im Gesicht. Sie waren ausgelassen, trafen sich abends im Biergarten und besprachen den in Aussicht stehenden Urlaub. Derlei Gespräche setzten sich auch im Dienst fort. Teilweise waren die ersten Kollegen, die keine schulpflichtigen Kinder hatten, bereits verreist. Die Einsatzlage ließ sich als überschaubar und leistbar einschätzen. »Kommt mal rüber, ich habe da was und brauche euch«, teilte uns der Dezernatsleiter Leben und Gesundheit am Telefon mit. Er telefonierte noch und schrieb eifrig mit, als wir – ebenfalls mit Schreibblock und Stift bewaffnet – ins Geschäftszimmer traten. Nach einiger Zeit beendete er das Gespräch und wies uns in den gegenwärtigen Sachstand ein.

Ein frisch vermähltes Pärchen aus Gotha verbrachte seine Flitterwochen in der Türkei. Dort brach es zu einer Wanderung auf, von der es nicht wiederkehrte. Das Hotel, in dem die beiden wohnten, gab eine Vermißtenmeldung heraus, und die örtliche Polizei begann mit der Suche. Zur gleichen Zeit etwa waren andere Wanderer in der Gegend unterwegs. Sie fanden einen Toten und verständigten die Behörden. Diese setzten ihre intensive Suche in diesem Bereich fort und fanden eine weibliche Leiche etwas weiter abwärts; sie lag in einem Gewässer. Infolge der beiden Leichenfunde wurden die Staatsanwaltschaft der Region, der Polizeichef und die Gerichtsmedizin zu den Fundorten gerufen. Die Verunglückten befanden sich in schwer zugänglichem Gelände, so stand es in dem Bericht. Der Troß der Ermittler konnte den eigentlichen Fundort nicht aufsuchen, weshalb die Leichen zu den Ermittlern gebracht wurden – eine Methode der Tatortuntersuchung, die in Deutschland nicht vorstellbar ist. Die beiden Toten konnten als das vermißte Ehepaar aus Deutschland identifiziert werden. Nach der in der Türkei vorgenommenen Sektion sollten die Leichen in die Bundesrepublik überführt werden.

Am Tag der Ankunft in Deutschland, einem Sonntagabend, war eine Nachsektion durch die Staatsanwaltschaft angeordnet worden. Der Bestatter war bestellt und der Termin zur Abholung vom Flughafen Frankfurt am Main stand fest. Im Vorfeld hatte das Konsulat in der Türkei die entsprechenden Unterlagen nach Deutschland gefaxt. Sie lagen vor, aber in türkischer Sprache. Die zuständige Staatsanwaltschaft verfügte daraufhin, daß diese Dokumente für die deutschen Behörden zu übersetzen seien, ehe die Leichen in Deutschland ankämen.

Ein Dolmetscherbüro in Gera nahm sich der Übersetzung an. Nun ist allgemein bekannt, daß die Qualität von gefaxten Dokumenten mit jeder Übertragung schlechter wird. Um nichts zu riskieren, fuhr ein Kollege nach Gera, überbrachte persönlich die Unterlagen zur Übersetzung und wartete, bis der Dolmetscher fertig war. Wieder zurück, gaben die Dokumente zwar Auskunft über die Ermittlungen vor Ort und die durchgeführten medizinischen Untersuchungen, jedoch waren unsere Phantasie und Logik gefragt, um folgerichtige Schlüsse daraus zu ziehen.

Sonntagabend gegen 21 Uhr kamen die Leichen in Erfurt in der Prosektur[42] auf dem Friedhof an. Das Sektionsteam und die ermittelnden Beamten standen bereit, als der Holzdeckel des ersten Sarges geöffnet wurde. Darunter befand sich ein weiterer Deckel aus Metall, der mit der Wanne im Sarg verlötet war. Die Kollegen benötigten einen Trennschleifer. Nachdem der Metalldeckel geöffnet worden war, durchzog der strenge Geruch von Formalin den gesamten Raum und nahm uns die Luft zum Atmen. Trotz dieser Widrigkeiten wurde die Öffnung des Sarges und des darin liegenden Inhalts fotografisch dokumentiert. Um auf Nummer sicher zu gehen erfolgte gleichzeitig die Anfertigung von Videoaufnahmen. Die Leiche war in Tücher gehüllt, die mit der Konservierungsflüssigkeit durchtränkt war. An eine Sektion zu diesem Zeitpunkt war aufgrund des Geruchs

---

42 Pathologisch-anatomische Abteilung.

überhaupt nicht zu denken. Alle mußten den Raum verlassen. Die Abluft wurde eingeschaltet.

In der Zeit des Lüftens erfolgten die Absprachen zum weiteren Vorgehen. Wir waren uns rasch darüber einig, den zweiten Sarg ebenfalls an diesem Abend zu öffnen. Die ausgepackten Leichen sollten bei eingeschalteter Abluftanlage bis zum nächsten Abend in der Prosektur auslüften. Die Staatsanwaltschaft verfügte zudem, die Leichen vor der Sektion röntgen zu lassen. In Absprache mit dem Klinikum sollten die Leichen am nächsten Tag um 18 Uhr der Radiologie übergeben werden. In der Fachklinik war man »unheimlich begeistert« darüber, als nach der eigentlichen Sprechstunde noch ein Bestattungsfahrzeug an der Liegenden-Anfahrt vorfahren sollte.

Natürlich kam wieder alles anders als geplant. Der Termin der radiologischen Untersuchung verschob sich aus Gründen, die heute nicht mehr nachvollzogen werden können, um eine Stunde nach hinten. Also hieß es warten und zum festgelegten Termin wieder nachfragen. Als der Inhalt des Laderaumes vom Bestattungsfahrzeug in das Untersuchungszimmer getragen wurde, stand den Ärzten und Schwestern der Klinik das Entsetzen im Gesicht. Der Zustand der beiden Leichen war trotz gleicher Witterungsbedingungen und nachfolgender Lagerung recht unterschiedlich. Die weibliche Leiche war relativ gut erhalten, da sie in einem Bach gelegen hatte. Die männliche Leiche hingegen wies bereits starke Fäulnisveränderungen auf, die sich auch im Geruch bemerkbar machten. Für die radiologische Untersuchung einer Leiche waren zirka 60 Minuten veranschlagt worden. Das bedeutete, daß der geplante Termin für die zweite Sektion um 20 Uhr auch nicht mehr zu halten war. Diese begann entsprechend später. Die Leichen rochen noch immer nach dem Konservierungsmittel. Hinzu mischte sich nach und nach auch noch der Fäulnisgeruch, so daß es in der Prosektur erbärmlich stank. Diesen Gestank nahmen nicht nur die Haare und die Bekleidung, sondern auch die Ausrüstungsgegenstände aller Beteiligten an. Darum nahmen wir den Geruch sprichwörtlich wieder mit nach Hause, als die Sektion in den frühen Morgenstunden endlich beendet war.

161

Die Ergebnisse der Röntgenuntersuchung konnten in die Untersuchung der Leichen einfließen. Bei der weiblichen Person fand sich im Schädel ein Metallstück, was bei der ersten Sektion in der Türkei nicht beachtet worden war. Ein zirka vier Millimeter großes goldfarbenes nichtmagnetisches Stück Metall konnte aus dem Schädel der Leiche präpariert werden. Es befand sich unmittelbar in der Nähe des Schußkanals, der im Kopf sondiert wurde. Da die Frau ehemals eine Brillenträgerin war, lag der Verdacht nahe, daß es sich bei dem Metall um ein Stück des Brillengestells handeln könnte. Durch eine weitere Untersuchung in der Folge konnte der bestätigt werden.

Beide Personen waren gezielt durch Kopfschüsse getötet worden. Anhand der Schußbeschädigungen am knöchernen Schädel ließ sich das Kaliber 9 Millimeter ermitteln – ein durchaus gängiges Kaliber. Zur Bestimmung der Schußentfernung wurden die Einschußöffnungen präpariert und zur weiteren Untersuchung an das BKA geschickt. Mit welchem Ergebnis, läßt sich heute nicht mehr verifizieren.

Die Sektion an sich war etwas Besonderes, da es sich um eine sogenannte Nachsektion gehandelt hat, bei der die Organe nicht an den Stellen im Köper liegen, wo sie eigentlich hingehören. Ob die türkischen Behörden das Verbrechen je aufgeklärt haben, kann nicht mehr nachvollzogen werden. Über die Motive der Tat spekulierten die Kollegen noch lange Zeit nach dem Verbrechen.

FÜR FÜNF FLASCHEN BIER GETÖTET

(Kreis Gotha, 2004)

Im südlichen Teil des Landkreises Gotha gibt es einige beschauliche Dörfer. So wohlgefällig wie die Bauten sind auch die Einwohner. Man kennt sich und weiß, was der andere so treibt.

Im September 2004 versäumte die Stammkundin eines kleinen Ladens, ihren Einkauf zu erledigen. Die Vermutung lag nahe, daß sie Urlaub mache oder spontan verreist sei. Doch im Laden weiß man, wann wer mit wem wohin wegfährt – man meldet sich ja schließlich ab. Die Ladenbesitzerin wurde vor allem unruhig, weil ihre Kundin alleinstehend und schon fast 70 Jahre alt war. Sie entschloß sich, die Polizei zu informieren und eine Vermißtenanzeige zu erstatten.

Den Hinweisen der Inhaberin wurde nachgegangen. Man entschied sich in dem Fall sogar, die Öffentlichkeit über das Verschwinden der Dame zu informieren. Am Samstag, dem 25. September 2004, erschien eine entsprechende Meldung in der Tagespresse.

Da es aus der Einraumwohnung der Dame etwas merkwürdig roch, entschloß man sich, die Tür in der siebenten Etage des Hauses zu öffnen. Die Ermittler sahen sich in der Wohnung um, fanden aber weder die Frau noch Hinweise zu ihrem Verbleib. Für den darauffolgenden Montag war eine größere Absuche mit zirka 20 Polizisten in dem Waldstück geplant, der an das Wohngebiet angrenzt. Die erste Suche verlief ohne Erfolg. Am späten Vormittag des 27. September entdeckte ein Pilzsammler, der von der Vermißtenmeldung Kenntnis hatte, eine Frauenleiche im Wald. Seiner Aussage nach, sei diese »übel zugerichtet gewesen«.

Kurz vor dem Mittag klingelte das Telefon. Wir hatten eine Spur und fuhren zum Tatort. Es regnete in Strömen. Solches Wetter ist für die Spurensuche und -sicherung an Außentatorten nachteilig, gerade bei derartigen Delikten. Besonders schwierig gestalten sich die Suche und Sicherung sogenannter »Mikrospuren«. Dazu gehören

Haare, Fasern, Hautschuppen und andere kleine Partikel. Manchmal sind es eben die unscheinbarsten Teilchen, die Hinweise auf den Täter geben, ihn überführen oder den Tatablauf rekonstruierbar machen.

Die weibliche Leiche lag auf dem Boden auf dem Rücken, die Beine waren ausgestreckt, die Arme lagen an den Körperseiten an. Um den Hals der Leiche befand sich ein Strick, der wiederum um einen nebenstehenden Baum gewickelt und verknotet worden war. Die Leiche war vollständig bekleidet. Die Kleidung war sowohl der Witterung angepaßt als auch von ihrem Sitz her regelgerecht. Aufgrund der herrschenden Witterungsbedingungen wurden als erstes Fasern von der Oberseite der Kleidung, also von der Vorderseite der Toten, gesichert. Dann galt es, den Strick zu sichern, und dies so, daß eventuell anhaftende Hautschuppen nicht verloren gingen und die Besonderheiten vom Knoten erhalten blieben. Nachdem die Leiche in Bauchlage auf eine Plane gelegt worden war, erfolgte die Sicherung von Fasern auf der Rückseite der Kleidung. Schließlich konnten wir mit der Untersuchung auf eventuelle Verletzungen beginnen.

Bei der äußeren Untersuchung der Verstorbenen stieß man auf knöcherne Verletzungen des Mittelgesichtes, die sich bereits ertasten ließen. Im Gesicht fanden sich neben einigen Anzeichen von Fäulnis auch Ablaufspuren einer blutig tingierten Flüssigkeit. Auch am Oberkörper und an den Oberschenkeln der Leiche waren Spuren stumpfer Gewalt erkennbar. Diese zeichneten sich in der Oberhaut der Verstorbenen so ab, als wäre mit einem dünnen Schlagwerkzeug auf sie eingewirkt worden. Die gesamte Untersuchung des Tatortes wurde fotografisch als auch in Berichtsform dokumentiert. Genauere Untersuchungen folgten in der angeordneten gerichtlichen Sektion.

Im Obduktionsbefund war als Todesursache »Erdrosselung« vermerkt. Da die beschriebenen Verletzungen allesamt in der Muskulatur unterblutet waren, lieferten sie den Hinweis darauf, daß der alten Dame zu Lebzeiten sowohl Schläge auf den Körper sowie ins Gesicht beigebracht worden waren. Wer macht denn so etwas?

Bei unseren Ermittlungen zur Person stellte sich heraus, daß die 70jährige ab und an bei Bekannten, die im selben Wohngebiet ganz in der Nähe wohnten, auf ein Bier vorbeigeschaut hat. Als sich der Verdacht erhärtete, daß diese Bekannten etwas mit dem Tod der Frau zu tun gehabt haben könnten, wurde deren Wohnung untersucht. Dabei handelte es sich um eine Dreiraumwohnung in einem Neubaublock. Die gesamte Untersuchung zog sich über zwei Tage.

In den Vernehmungen, die in der Zwischenzeit geführt wurden, berichtete ein in der Wohnung lebendes Kind, daß es in einer Nacht von Schreien und Lärm munter geworden sei. Als sich das Kind aus seinem Zimmer wagte, sah es, wie einer der Erwachsenen mit einem Stock auf die Oma einschlug. Sie blutete im Gesicht. Als die Schläger das Kind wahrnahmen, ließen sie von der Frau ab und erzählten ihm, daß die Frau wohl gestürzt sei und sich nun in ihrem Bad das Blut aus dem Gesicht waschen würde. Ein Bekannter der Familie, der ebenfalls zugegen war, sollte die Frau anschließend nach Hause bringen. So wurde es dem Kind zumindest gesagt. In Wahrheit führte sie der körperlich überlegene Mann in das nahe gelegene Waldstück und tötete sie dort. Nachdem er zurückgekehrt war, brüstete er sich damit, daß die Alte ihnen kein Bier mehr wegtrinken würde.

Bei der Untersuchung des Badezimmers konnten im Siphon des Waschbeckens sowohl Haare als auch Blut des Opfers gesichert werden. Auch in anderen Räumen der Wohnung konnten Blutspuren der Getöteten gesichert werden, teils augenscheinlich an Wänden und Decken. Hinzu kamen ihre Fingerabdrücke an zahlreichen Gegenständen, u. a. an den Bierflaschen – und das waren einige. Letztlich konnte nachgewiesen werden, daß die alte Dame dort getrunken hatte und vor Ort verletzt worden war.

Als es an jenem Abend in der Wohnung kein Bier mehr gab, der Durst aber wohl noch groß war, erhitzten sich die Gemüter. Die 70jährige weigerte sich, nach Hause zu laufen, um Nachschub zu holen. Ihre Peiniger wußten vermutlich, daß sie für sich selbst immer einen kleinen Vorrat von fünf Flaschen Bier angelegt hatte. Die Auseinandersetzung um den Alkohol endete schließlich tödlich für die

Rentnerin. Um auszuschließen, daß sich einer der Schläger doch in die Wohnung der Frau begeben hatte, um die Reserven zu plündern, mußte die Einraumwohnung ebenfalls mit aller Sorgfalt auf Spuren hin untersucht werden. Insgesamt nahmen die Untersuchungen 14 Tage vor Ort in Anspruch. Hinzu kamen die notwendigen schriftlichen Arbeiten, die ebenfalls mehrere Tage andauerten. So schnell, wie im Fernsehen dargestellt, ging und geht es in der Realität nicht.

Die beiden männlichen Täter wurden wegen Totschlags zu Freiheitsstrafen verurteilt. Einer der beiden starb während der Haft eines natürlichen Todes.

AUS DEM GERICHTSSAAL

Sieglinde Schwarzer

KRIEGSWAFFENSAMMLER HOLT GRANATEN AUS DER SAALE

(Kahla, 1973–1998)

Ich habe die Sprengkapseln aus der Saale geholt, poliert, lackiert und in die Schrankwand gestellt – wie andere ihre Biergläser«, erklärte Jan S. am 23. September 1998 in einem Strafverfahren vor dem Schöffengericht beim Amtsgericht Jena. Die Staatsanwaltschaft legte dem 46jährigen Angeklagten einen Verstoß gegen das Kriegswaffenkontrollgesetz und das Sprengstoffgesetz zur Last.

Nach anfänglichem Sträuben sagte der aus Kahla stammende gelernte Montageschlosser aus, er habe die Patronen und Granaten in der Saale gefunden. Er gab an, erfahren zu haben, daß in der Nähe von Eutersdorf amerikanische Besatzungssoldaten kurz vor Verlassen des Gebietes nach dem Krieg im Juni 1945 Unmengen von Munition in der Saale versenkt hätten. Und da er nicht beabsichtigt habe, nur leere Hülsen zu sammeln – Jan S. grinste –, habe er während seiner Armeezeit bei der NVA 1973/74 Sprengkapseln, TNT-Sprengkörper und Sprengzünder »mitgehen« lassen. Vor zirka zwei Jahren habe er dann noch von zwei Bekannten aus Kahla, die Ostern 1990 in das Stollensystem des ehemaligen NVA-Munitionslagers Eichenberg eingebrochen waren (OTZ berichtete darüber am 20. Juni 1998), zwei elektrische Zünder bekommen.

Das vor Gericht verlesene Sicherungsprotokoll der Hausdurchsuchung bei Jan S. vom 12. Januar 1996 führte diverse Kriegswaffen aus dem zweiten Weltkrieg auf, von einer Panzergranate über vier Wurfgranaten bis hin zu 185 Stück Infanteriemunition. Hinzu kamen Alarmpatronen, Gewehrpatronen, Sprengkapseln und Sprengschnur. Auf das in mehreren Blechdosen enthaltene Sprengpulver angesprochen, entgegnete Jan S., er habe sich das selbst zusammengemischt – aus Silvesterknallern und gefundener Munition. An diesem 12. Januar wurde der Haftbefehl gegen Jan S. vollstreckt, der fünf Wochen später, am 16. Februar 1996, außer Vollzug gesetzt wurde.

Nachdem sich das Gericht, die Staatsanwältin Christina Fesser und der Verteidiger, Rechtsanwalt Ernst-Günter Popendicker, darauf geeinigt hatten, die Strafverfolgung auf den Zeitraum nach dem Tag der deutschen Einheit, dem 3. Oktober 1990, zu begrenzen, forderte die Staatsanwältin wegen tateinheitlich begangenen Verstoßes gegen das Kriegswaffenkontrollgesetz und das Sprengstoffgesetz eine Freiheitsstrafe von einem Jahr mit einer Bewährungszeit von zwei Jahren und einer Auflage von 80 Stunden gemeinnütziger Arbeit. Der Verteidiger schloß sich diesem Antrag an und plädierte ebenfalls für die Mindeststrafe. Es sei zwar kein Kinderkram, wenn man scharfe Munition und scharfe Sprengsätze mit nach Hause brächte, aber sein Mandant habe diese Dinge nicht benutzen wollen; es könne ihm nur der Besitz zur Last gelegt werden. Eine Gefährdung Dritter habe nicht bestanden.

Das Gericht, mit dem Vorsitzenden Richter Frank Hovemann, erkannte jedoch in der Funktionsfähigkeit des Sprengstoffs eine Gefährdung für die Allgemeinheit. Es verurteilte den Angeklagten deshalb zu einer Freiheitsstrafe von einem Jahr und zehn Monaten, ausgesetzt für vier Jahre zur Bewährung mit einer Auflage von 160 Stunden gemeinnütziger Arbeit, abzuleisten binnen sechs Monaten. Zudem hatte Jan S. die Verfahrenskosten und alle notwendigen Auslagen zu tragen. Richter Hovemann begründete das Verhängen eines höheren als beantragten Strafmaßes mit der Vielzahl der Sammlerstücke und der erheblichen Gefährdungslage: Das seien keine Silvester-Spielzeuge. Ihre Gefahr dürfe nicht außer Acht gelassen werden. In Bezug auf die zu leistenden Arbeitsstunden räumte das Gericht dem damals arbeitslosen Jan S. ein, diese auch in eine Geldauflage (10 DM je Stunde) umwandeln zu lassen, falls er in den nächsten Monaten in ein festes Arbeitsverhältnis einträte.

MIT DER POLIZEI
KATZ UND MAUS GESPIELT

(Jena, 2000)

Gott sei Dank, daß da gerade eine Straßenausbuchtung war und wir rechts ausweichen konnten, sonst hätte uns der Audi frontal erwischt. So rammte er unser Auto nur am hinteren Kotflügel«, schilderte die Beifahrerin des Funkstreifenwagens das nächtliche Geschehen vom 9. Dezember 2000 auf der B88 in Höhe der Siedlung »Himmelreich«. Der Fahrer des Fluchtautos, der zuvor mit der Jenaer Polizei Katz und Maus gespielt hatte, mußte sich nun vor Gericht verantworten.

In einem Strafverfahren des Schöffengerichts beim Amtsgericht Jena am 9. Mai 2001 legte die Staatsanwaltschaft dem aus der U-Haft vorgeführten Daniel W. gefährlichen Eingriff in den Straßenverkehr und Widerstand gegen Vollstreckungsbeamte zur Last.

Der 22jährige Angeklagte gab zu Protokoll, er habe am Leipziger Hauptbahnhof von einem ebenfalls Drogenabhängigen für 50 DM einen Audi gekauft, obwohl er wußte, daß der Wagen gestohlen war. Er sei mit seinem Kumpel nur so aus Spaß und ohne Ziel herumgefahren. Im Gewerbegebiet Jena-Nord hätte er mal austreten müssen und dabei in der Nähe ein Polizei-Auto gesehen. Da habe er Angst um seinen Führerschein bekommen und sei abgehauen. Nach dem Ortsausgang Jena sei er in einer S-Kurve ins Schleudern geraten und links auf einem Feld gelandet. Als er mit dem Auto wieder die Straße erreichte, habe er dem entgegenkommenden Polizeiwagen nicht mehr ausweichen können, weil sich der Audi plötzlich nur ganz schwer lenken ließ. Deshalb habe er dann auch den Wagen in einer Seitenstraße stehen gelassen und sei mit seinem Kumpel zu Fuß geflüchtet. Sie hätten sich an einem Einkaufsmarkt versteckt, seien aber entdeckt und gestellt worden.

Die Polizisten berichteten von einem halsbrecherischen Tempo, mit dem der Unfallverursacher zu entkommen versuchte. Sie hatten ihn schon aus den Augen verloren, als sie an der Ausfallstraße kreisende Scheinwerferkegel sahen. Als sie sich der Unfallstelle näherten, habe der Audi bereits wieder die Fahrbahn erreicht und sei genau auf sie zugefahren. Nur durch ein schnelles Ausweichmanöver wäre das Schlimmste verhindert worden. Über Funk hätten sie ihre Kollegen verständigt, die das Auto dann im Rautal fanden.

Staatsanwalt Jens Wörmann sah durch die Beweisaufnahme die Tatvorwürfe bestätigt und forderte deshalb eine Freiheitsstrafe von einem Jahr und vier Monaten – ohne Bewährung – sowie eine Fahrerlaubnissperre von zwei Jahren. Der Verteidiger, Rechtsanwalt Dr. jur. Luderer, plädierte auf ein geringeres Strafmaß. Es sei das Gutachten des Kfz-Sachverständigen zu berücksichtigen: Der Audi war im Straßengraben gegen einen Felsbrocken geprallt. Dabei wurde eine Felge verbogen und ein Reifen platzte, so daß die Lenkung des Fahrzeugs beeinträchtigt war. Sein Mandant sei in Panik geraten. Er habe nicht die Absicht gehabt, jemanden umzufahren, er habe nur entkommen wollen.

Das Gericht, mit dem Vorsitzenden Richter Frank Hovemann, befand den Angeklagten des gefährlichen Eingriffs in den Straßenverkehr zur Verdeckung einer Straftat in minderschwerem Fall in Tateinheit mit Widerstand gegen Vollstreckungsbeamte für schuldig. Es verhängte eine Freiheitsstrafe von einem Jahr und beschloß den Entzug der Fahrerlaubnis sowie eine Sperre für das Erteilen einer neuen Fahrerlaubnis für den Zeitraum von einem Jahr und sechs Monaten. Richter Hovemann begründete die Entscheidung des Gerichts: Auch wenn der Audi des Angeklagten nach dem Unfall nur mit Einschränkung lenkfähig war, so habe er dennoch nicht beim Entgegenkommen des Polizeifahrzeugs abgebremst, sondern beschleunigt und somit das Auto als Tatwerkzeug benutzt. Das sei als massive Gefährdung zu werten. Eine Aussetzung der Freiheitsstrafe zur Bewährung sei wegen der negativen Kriminalprognose nicht möglich. Daniel W. habe schon des öfteren durch Fahren ohne Fahrerlaubnis auf sich aufmerksam gemacht und war dafür zu Jugendstrafen verurteilt worden. Die letzte Freiheitsstrafe sei nach einem

Jahr Haft am 1. Juli 1999 auf eine dreijährige Bewährungszeit ausgesetzt worden; eine weitere Bewährung käme nicht in Betracht.

Die Prozeßbeteiligten akzeptierten die Entscheidung. Somit wurde das Urteil rechtskräftig.

MIT GEZÜCKTEM KÜCHENMESSER
25 EURO
IN DER BÄCKEREI ERBEUTET

(Jena, 2002)

Mit einem 20 Zentimeter langen Fleischmesser in der Hand und mit einer Wollmütze maskiert, schockierte Sven S. am 19. September 2002 die Verkäuferin eines Bäckereigeschäftes in Wenigenjena. Nun stand der 25jährige Arbeitslose am 8. Oktober 2003 vor dem Schöffengericht beim Amtsgericht Jena und mußte sich wegen schweren Raubes verantworten.

»Ich war damals gerade zur Entgiftung und habe es nach drei Tagen nicht mehr ausgehalten – der Entzugsdruck war zu groß«, gestand Sven unter Tränen. Er habe Geld für Heroin gebraucht und sei deshalb auf die Idee gekommen, den in der Nähe liegenden Bäckerladen zu überfallen. In seine Wollmütze habe er sich Sehschlitze geschnitten und das große Küchenmesser aus der Schublade genommen. Mit gezücktem Messer forderte Sven dann Geld von der Verkäuferin. Als diese seinem Begehren nicht gleich nachkam, öffnete er selbst die Kasse und griff nach den Euro-Scheinen. Die Verkäuferin wollte das verhindern und die Kasse schließen; dabei fielen einige Scheine zu Boden. Sven geriet in Panik und stürzte aus dem Laden – mit einer Beute von 25 Euro. »Ich war so aufgeregt, daß ich mit der Mütze im Gesicht losrannte. Erst als ein Passant mich staunend ansah, nahm ich sie vom Kopf«, berichtete Sven. Von dem Geld habe er sich dann in Erfurt Drogen gekauft.

Diese Straftat war jedoch nicht der einzige Punkt der Anklage durch die Staatsanwaltschaft. Sven wurde zudem vorsätzliche Körperverletzung zur Last gelegt. Er habe am 14. April 2002 – so der Vorwurf – seine Lebensgefährtin geschlagen, gegen die Wand gestoßen und gewürgt, so daß sie Hämatome im Gesicht bekam und Schluckbeschwerden hatte. Der Angeklagte bereute auch diesen Vorfall zutiefst und entschuldigte sich schluchzend bei der im Zuhörersaal anwesenden Zeugin: »Es tut mir leid, mein Schatz!« Durch seine Drogensucht habe er unter Stimmungsschwankungen gelitten und dabei sei ihm die Hand ausgerutscht.

Sven schilderte dem Gericht seine Suchtkarriere: Seit dem 16. Lebensjahr nahm er Drogen, beginnend mit Haschisch, zwei bis drei Jahre später kam Heroin hinzu, zuerst geschnupft, dann gespritzt; bis zu seiner Inhaftierung im April dieses Jahres. Zwischendurch versuchte er Entgiftungen und auch eine Therapie, die er jedoch abbrach. Wegen der Drogen habe er seine Lehre als Heizungsbauer nicht abgeschlossen, nun aber eine Ausbildung zum Sozialassistenten begonnen.

Nach der Beweisaufnahme forderte Staatsanwalt Günther Stephan eine Freiheitsstrafe von zwei Jahren und neun Monaten wegen vorsätzlicher Körperverletzung und schweren Raubs. Svens Verteidiger, Rechtsanwalt Ernst-Günter Popendicker, bat in seinem Plädoyer, die Drogenabhängigkeit seines Mandanten sowie dessen Reue und Schuldeinsicht beim Strafmaß zu beachten.

Das Gericht unter dem Vorsitzenden Richter Frank Hovemann berücksichtigte die Sucht des Angeklagten und erkannte beim schweren Raub (Freiheitsstrafe nicht unter fünf Jahren) auf minderschweren Fall (Strafmaß ein bis zehn Jahre). Es verurteilte den Angeklagten gemäß dem Antrag des Staatsanwaltes zu einer Gesamtstrafe von zwei Jahren und neun Monaten und beschloß, den Haftbefehl aufrechtzuerhalten. Sven S. bekam vom Gericht die Option, einen Teil der Strafe in Therapie verbringen zu können.

Staatsanwalt und Verteidiger verzichteten auf das Einlegen von Rechtsmitteln; damit wurde das Urteil rechtskräftig.

EHEFRAU BEI BESUCH VERGEWALTIGT

(Hartmannsdorf, 2003)

Es tut mir leid; ich habe sie doch immer noch geliebt«, äußerte sich der 24jährige Marcel L. am 31. März 2004 in der Verhandlung des Schöffengerichts beim Amtsgericht Jena zum Vorwurf der Vergewaltigung. Die Staatsanwaltschaft hatte ihm zur Last gelegt, am 20. November 2003 in seiner Wohnung in Hartmannsdorf von seiner von ihm getrennt lebenden und zu Besuch weilenden Ehefrau gewaltsam den Geschlechtsverkehr erzwungen zu haben.

Marcel schilderte dem Gericht sein Beziehungsdrama: Er habe Anne und ihre kleine Tochter Jeanette im Jahr 1999 kennengelernt. 2001 sei ihre gemeinsame Tochter Relia zur Welt gekommen. Vor einem Jahr hätten sie in Eisenberg geheiratet und auch dort gewohnt. Doch schon einige Wochen nach der Hochzeit habe Anne ihn verlassen und sei zu ihrem Neuen gezogen. Er siedelte mit Relia nach Hartmannsdorf um, Jeanette kam zu den Großeltern. Im August habe Anne sich von ihrem Freund getrennt und sei zu ihm zurückgekommen. Doch das Glück währte nicht lange. Zunächst sei sie an den Wochenenden abgeholt worden und später wäre sie ganz weggeblieben. Einen Tag vor dem 20. November traf er sie bei ihren Eltern. Anne habe ihm heulend zu verstehen gegeben, daß sie Geld brauche, um für die neue Wohnung die Kaution zahlen zu können. Sie glaubte, auf den Strich gehen zu müssen. Er habe sie beruhigt, sie solle das nicht tun, er werde ihr helfen. Am nächsten Tag habe er sie von ihrer Freundin aus Gera abgeholt und sie mit nach Hartmannsdorf genommen. Zunächst hätten sie in der Küche Kaffee getrunken und über ihre Beziehung gesprochen. Dann habe sie nach dem Geld gefragt und er sei mit ihr ins Schlafzimmer gegangen, weil er es dort im Schrank aufbewahrte. Im Schlafzimmer habe er sie umarmt und dann aufs Bett gelegt, ihr die Hose ausgezogen, sich auf sie gelegt, sie gegen ihren Willen festgehalten und den Geschlechtsverkehr vollzo-

174

gen. Auf Nachfrage des Richters berichtete Marcel weiter: Er habe anschließend seine Frau mit dem Auto nach Gera gefahren, weil sie noch zu ihrem Freund wollte. Bevor sie ausstieg, habe er ihr 200 Euro für die Mietkaution gegeben und sich bei ihr entschuldigt.

Im Rahmen der Beweisaufnahme wurde auch die vom Angeklagten getrennt lebende Ehefrau im Zeugenstand befragt. Sie bestätigte die von Marcel gemachten Angaben. Eine Schöffin fragte sie, wann ihr der Gedanke gekommen sei, ihren Mann anzuzeigen. Anne L. antwortete: »Erst im Nachhinein, ich wußte nicht, was hinten und vorne ist. Was hätten Sie denn gemacht?« Auf die Frage des Richters, ob die Idee der Anzeige von ihrem Freund stamme, entgegnete sie, im Endeffekt von beiden, von ihr und dem Freund.

Nach den Plädoyers von Staatsanwaltschaft und Verteidigung verhängte das Gericht gegen den Angeklagten die laut § 177 (6) Strafgesetzbuch festgelegte Mindeststrafe von zwei Jahren, ausgesetzt auf eine zweijährige Bewährungszeit. Als Auflage erhielt Marcel L. die Weisung, innerhalb von vier Monaten 90 Stunden gemeinnützige Arbeit zu leisten. In der Urteilsbegründung sprach der Vorsitzende Richter Frank Hovemann von einer Beziehungstat; es sei kein fremdes Opfer willkürlich ausgesucht worden. Die Tat wurde vom Angeklagten nicht beschönigt, er habe Einsicht und Reue gezeigt. Marcel L. sei nicht vorbestraft – im Bundeszentralregister lag kein Eintrag vor –, deshalb könne die Strafe zur Bewährung ausgesetzt werden. Da der Angeklagte zur Zeit arbeitslos sei, seien Arbeitsstunden als Auflage angebracht, eine Geldbuße würde keinen Sinn machen und nur das Kind treffen.

Die Prozeßbeteiligten akzeptierten die Entscheidung des Gerichts; somit wurde das Urteil gleich rechtskräftig.

VON 17JÄHRIGER SEXUELLE BEFRIEDIGUNG VERLANGT

(Jena, 2004)

Tatort: ein Waldstück bei Jena-Isserstedt; Tatzeit: 25. August 2004, kurz vor Mitternacht; Täter: ein 37jähriger Handelsvertreter im Baugewerbe aus Freienorla; Opfer: eine 17jährige; Straftat: sexuelle Nötigung.

Zehn Monate später, am 15. Juni 2005, mußte sich Martin R. vor dem Schöffengericht beim Amtsgericht Jena verantworten. Aus der Anklageschrift der Staatsanwaltschaft war zu erfahren, daß Martin die 17jährige Gracia gegen ihren Willen umarmt und unter der Kleidung ihre Brust angefaßt sowie ihre Genitalien berührt hatte. Dann habe er sein Geschlechtsteil entblößt und von ihr verlangt, ihn zu befriedigen. Aus Angst sei sie ihm zu Willen gewesen, denn er hatte ihr gedroht, sie zu vergewaltigen und allein im Wald zurückzulassen.

Das erfülle den Straftatbestand der sexuellen Nötigung nach § 177 (1) (2) Strafgesetzbuch (Freiheitsstrafe von sechs Monaten bis zu fünf Jahren), so Staatsanwalt Jens Wörmann. Der Vorsitzende Richter Frank Hovemann wollte der jungen Frau eine peinliche Befragung nach Einzelheiten der sexuellen Nötigung ersparen und führte deshalb zu Beginn der Verhandlung ein Rechtsgespräch mit den prozeßbeteiligten Juristen. In dieser Verfahrensabsprache wurde dem Angeklagten im Falle seiner geständigen Einlassung eine Strafobergrenze von einem Jahr und sechs Monaten zugesichert.

Martin R. ließ über seinen Verteidiger, Rechtsanwalt Andreas Wiese, erklären, er räume den Anklagevorwurf ein und sei auch freiwillig damit einverstanden, eine Speichelprobe für die Aufnahme in die DNA-Kartei abzugeben. Er bedauerte die vorgefallene Tat.

Das Gericht verurteilte Martin R. gemäß dem Antrag des Staatsanwaltes zu einer Freiheitsstrafe von einem Jahr und sechs Monaten, ausgesetzt für drei Jahre zur Bewährung, da dem Angeklagten eine positive Sozialprognose gestellt werden könne. Er lebe mit seiner Partnerin und den gemeinsamen zwei Kindern in einem Haushalt und habe sich seit der Verurteilung wegen einer vergleichbaren Tat vor 16 Jahren derartiges nicht mehr zuschulden kommen lassen.

Neben den Verfahrenskosten mußte Martin R. 600 Euro als Bewährungsauflage an die gemeinnützige Einrichtung »Frauenhaus Jena e. V.« zahlen. Das Urteil wurde von den Verfahrensbeteiligten angenommen und ist somit rechtskräftig.

DIE GERÜCHTEKÜCHE BRODELT, DER EHEMANN WÜTET

(Jena, 2005)

Ich wollte sie nur zur Rede stellen, weil sie überall erzählte, daß meine Frau eine Schlampe sei und mit der ganzen Fußballmannschaft rumgevögelt hat. Ich habe sie am Schlafittchen gepackt und geschüttelt – mehr nicht«, rechtfertigte sich Axel L. am 8. Dezember 2005 in einem Strafverfahren beim Amtsgericht Jena. Dem 35jährigen Angeklagten wurde von der Staatsanwaltschaft vorgeworfen, am 21. Mai 2005 in einem Jenaer Lokal Angela H. Faustschläge versetzt und sie mit dem abgebrochenen Stumpf eines Bierglases bedroht zu haben – strafbar als gefährliche Körperverletzung und Nötigung. Die von einem Gast herbeigerufenen Polizeibeamten hätten in der Folge eine Blutabnahme veranlaßt, die um 01.50 Uhr noch eine Blutalkoholkonzentration von 1,86 Promille ergeben habe.

Durch die Beweisaufnahme wurde der Hintergrund dieser tätlichen Auseinandersetzung aufgehellt: eine brodelnde Gerüchteküche. Axel war wütend über die Verleumdungen seiner Frau und wollte die vermeintliche Verbreiterin der rufschädigenden Äußerungen zur Rede stellen. Mit Kumpel Ronaldo R. als Flankenschutz betrat er die Gaststätte, in der Angela zeitweilig angestellt war.

»Er hat mich am Hals gepackt und gegen die Heizung geschleudert«, berichtete die 22jährige. Dann habe er sie in den angrenzenden Raum geschleift, ihr einen Faustschlag verpaßt, sie mit Bier begossen, das Glas zerschlagen, ihr den scharfkantigen Stumpf an den Hals gehalten und sie mit den Worten bedroht: »Wenn du den heutigen Tag überleben willst, dann hör auf, solchen Scheiß zu erzählen!« Sie habe unter Schock gestanden und noch in der Nacht die Notaufnahme der Uniklinik aufgesucht; der ärztlichen Bescheinigung seien Fotos von den Würgemalen an ihrem Hals beigefügt.

Karla K., die an diesem Abend an der Bar Bier ausgeschenkt hatte und unmittelbare Augenzeugin des Geschehens geworden war, bestätigte die Darstellungen der Geschädigten: Angela sei von Axel direkt ins Gesicht geschlagen worden. Dann habe er ihr das abgebrochene Bierglas an den Hals gehalten. Es ging wohl um das Gerede über seine Frau ... Daß sie es mit vielen Männern getrieben hat. Es soll im Chat-Forum des Fußballclubs Carl Zeiss gestanden haben.

Axels Kumpel dagegen wollte nichts gesehen haben: Die beiden hätten sich nur angebrüllt. Axel habe die Frau nicht geschlagen, er habe auch kein abgebrochenes Glas in der Hand gehabt. Nur beim Reinstolpern seien zwei Gläser zu Bruch gegangen.

Aufgrund dieser Zeugenaussage beschränkte Staatsanwalt Mayk Reimann die Anklage nur auf vorsätzliche Körperverletzung und beantragte eine Freiheitsstrafe von fünf Monaten. Obwohl der Auszug des Bundeszentralregisters für Axel L. 15 Einträge auswies, darunter auch einschlägige mit Haftstrafe, plädierte der Staatsanwalt auf drei Jahre Bewährung, da die letzte Straftat schon fünf Jahre zurückliege. Als Bewährungsauflage forderte er die Zahlung von 1.000 Euro an eine gemeinnützige Einrichtung. Der Verteidiger, Rechtsanwalt Cord Hendrik Schröder, fand »diese Art von Selbstjustiz nicht in Ordnung«, gab aber zu bedenken: »Die Auflage von 1.000 Euro könnte die kleine Familie gefährden.« Sein Mandant befände sich im Erziehungsjahr, ihm stünden deshalb nur 300 Euro monatlich zur Verfügung.

Richter Dr. Gerhard Litterst-Tiganele verurteilte den Angeklagten wegen vorsätzlicher Körperverletzung zu fünf Monaten Freiheitsstrafe mit einer dreijährigen Bewährungszeit und setzte die Höhe des Betrages, die Axel L. an die »Elterninitiative für das seelisch erkrankte und verhaltensauffällige Kind Thüringen e. V.« zu berappen hatte, auf 600 Euro fest, zahlbar in monatlichen Raten zu je 100 Euro. Es sei nachzuvollziehen, daß der Angeklagte wütend gewesen war. Er hätte eine Unterlassungsklage einreichen oder eine verbale Auseinandersetzung führen können, statt dessen hat er sich für die denkbar schlechteste Variante entschieden, so der Richter.

RENTNER STOPPT BIKER MIT EINER HOLZSTANGE

(Bad Klosterlausnitz, 2007)

Ein schönes Wochenende im August 2007. Naturfreund Siegmar C. verbringt es im Garten, freut sich über den Besuch seines Sohnes aus München. Da knattern Motorräder vorbei, verursachen höllischen Lärm. Verärgert ergreift der Rentner einen Holzstab, will damit für Verkehrsberuhigung sorgen. Was dann passiert, wurde Gegenstand einer Verhandlung vor dem Schöffengericht beim Amtsgericht Jena.

Die Staatsanwaltschaft legte dem 77jährigen Angeklagten zur Last, am 4. August 2007 auf einer Zufahrtsstraße bei Bad Klosterlausnitz mit einem zweieinhalb Meter langen und zehn Zentimeter dicken Rundholz einen Motorradfahrer zur Vollbremsung veranlaßt und ihn mit dieser Stange auf den rechten Arm geschlagen zu haben – strafbar als gefährlicher Eingriff in den Straßenverkehr und gefährliche Körperverletzung (§§ 224 und 315 b StGB).

Der Geschädigte, ein Restaurantfachmann aus Weißenborn, schilderte dem Gericht, er sei auf der Heimfahrt von einem Bikertreffen mit 80 bis 90 km/h außerorts unterwegs gewesen (100 km/h waren hier erlaubt). Er habe eine ältere Person am Straßenrand gesehen und das Gas weggenommen. Der Mann habe ein Kantholz auf das Kopfsteinpflaster gelegt, bei einer Entfernung von 40 bis 50 Metern sei er dadurch zur Vollbremsung gezwungen worden. »Hätte ich kein ABS gehabt, wäre ich gestürzt. Das war ein Anschlag auf mein Leben«, empörte sich der Biker. Zum Stehen gekommen sei er zirka einen Meter vor dem Holz. Der Mann habe danach gegriffen und ihn damit geschlagen, so daß er eine Schwellung am Oberarm erlitt.

Ein Augenzeuge dieser Szene, ein Krankenpfleger aus Eisenberg, sagte aus, er sei mit dem Pkw unterwegs gewesen und habe das Motorrad im Gegenverkehr näherkommen gesehen. Der jetzt Angeklagte habe hinter einem Baum mit einem Stock gelauert und, kurz bevor ihn der Motorradfahrer erreichte, die Stange wie eine Schranke gehalten. »Ich habe gesehen, wie er dann ausgeholt hat und das Holz mit ziemlicher Wucht auf den rechten Oberarm schlug.«

Siegmar wiegelte ab: Das sei nicht so eine riesige Stange gewesen, wie in der Anklage beschrieben. Er habe einen alten Tomatenstab genommen, der wäre höchstens 1,70 Meter lang gewesen. Diesen habe er nur geschwenkt, um den Motorradfahrer zu stoppen, weil er mit ihm reden wollte. Kann sein, daß er beim Anhalten den Stab mit seiner rechten Schulter gestreift hat. Er habe niemanden zu Fall bringen wollen und sich auch bei dem Biker entschuldigt.

Staatsanwalt Axel Katzer wertete die Einlassung des Angeklagten als Ausrede. Er unterstellte Siegmar die Absicht, einen Unglücksfall herbeigeführt zu haben, und sah bei ihm auch während der gesamten Verhandlung keinerlei Einsicht oder Reue. Er beantragte gegenüber dem Rentner eine Freiheitsstrafe von einem Jahr und zwei Monaten, die noch zur Bewährung ausgesetzt werden könne, und ein Schmerzensgeld an den Geschädigten in Höhe von 350 Euro. Rechtsanwalt Dr. Hans-Peter Richter als Verteidiger plädierte auf Geldstrafe unter 90 Tagessätzen. Die Absicht seines Mandanten, einen Unfall herbeizuführen, sei durch die Beweisaufnahme nicht zweifelsfrei erbracht worden. Hätte er diese gehabt, dann hätte er das Holz nicht nur hingehalten, sondern in die Speichen des Motorrads geworfen.

Das Schöffengericht, mit dem Vorsitzenden Richter Frank Hovemann, kam zu dem Ergebnis, daß Siegmar C. zwar kein Unglück herbeizuführen beabsichtigt, es aber billigend in Kauf genommen hatte. Mit der Holzstange habe er ein Hindernis bereitet – dadurch bestand die Gefahr der Körperverletzung oder gar des Todes. Das Gericht verhängte gegen den Angeklagten eine Freiheitsstrafe von acht Monaten mit einer zweijährigen Bewährungszeit. Siegmar C. hatte die Verfahrenskosten und seine notwendigen Auslagen zu tragen sowie binnen zwei Monaten 400 Euro an die »Rettungsstiftung Jürgen Pegler e. V.« zu zahlen.

FILMREIFE
»HALTET DEN DIEB!«-SZENE
IM BURGAUPARK

(Jena, 2012)

Wie ein Häufchen Unglück saß Sven H. auf der Anklagebank im Amtsgericht Jena. Der kleine schlanke Mann wirkte sehr jugendlich, man konnte den 33jährigen auf ein Alter von 20 Jahren schätzen. Als Sven gefragt wurde, was er in seinem Leben bisher gemacht habe, brach er in Tränen aus und gestand schluchzend, er sei aufgrund seiner Drogenabhängigkeit oftmals straffällig geworden.

Schon als Kind habe er sich außergewöhnlich verhalten: Aus panischer Angst vor seinem Stiefvater sei er von zu Hause ausgerissen und in einem Heim untergebracht worden. Die Schule habe er mit dem Abgangszeugnis der 6. Klasse verlassen, eine Berufsausbildung nicht begonnen. Bezüglich Drogen hätte er zunächst Haschisch und Ecstasy ausprobiert, später sei Heroin dazugekommen, von dem er sehr schnell abhängig wurde. Um seine Sucht zu finanzieren, habe er öfter einen Diebstahl begangen und die geklauten Sachen dann verhökert. Im letzten Maßregelvollzug sei er zu der Erkenntnis gekommen, sein Leben zu ändern. Nach der Haftentlassung habe er den Drogen abgeschworen und eine Lehre angefangen. Doch ein paar Wochen später, nachdem er sich durch einen Betriebsunfall verletzt hätte, sei er rückfällig geworden und habe sich wieder Heroin gespritzt. In diese Zeit fielen auch die Straftaten, die ihm jetzt vorgeworfen wurden.

Die Staatsanwaltschaft legte ihm räuberischen Diebstahl, gefährliche Körperverletzung und Sachbeschädigung zur Last. Über diese Straftaten verhandelte am 1. und 15. August 2012 das Schöffengericht mit dem Vorsitzenden Richter Frank Hovemann.

In der Beweisaufnahme wurde das Szenarium vom 30. März 2012 im Burgaupark rekonstruiert, es mutete an wie ein filmreifer Actionkrimi: Sven betritt die Nebenräume eines Geschäftes in der oberen Etage, sucht nach Wertgegenständen, steckt sich Handy, Digital-kamera und Geldbörse in seine Taschen und nimmt noch einen Laptop mit. Da wird er von einer Verkäuferin überrascht, stammelt etwas von Praktikum, verbirgt sich in der Damentoilette und ver-steckt dort das gestohlene Portemonnaie hinter dem Klobecken. Ein weiterer Mitarbeiter kommt und will die Polizei verständigen. Sven nimmt Reißaus; der Mann rennt hinterher. Während des Laufens stößt Sven dem Verfolger einen Einkaufswagen vor die Füße und rast die Rolltreppe hinunter. Durch den Ruf »Haltet den Dieb!« auf-merksam geworden, stellt sich der Angestellte einer Firma im Erdge-schoß mit ausgebreiteten Armen dem Flüchtenden in den Weg. Beim Ausweichen gerät Sven an einen Brillenständer, wirft diesen um und verletzt dabei sich und den Verfolger mit dem gesplitterten Glasspie-gel. Wachdienstleute überwältigen schließlich den Täter.

Ein forensischer Sachverständiger, Dr. med. Sebastian Lemke, Facharzt für Psychiatrie und Neurologie, der Sven H. schon in der Justizvollzugsanstalt Gera am 7. Juni 2012 besucht hatte, sprach in seinem Gutachten von einer »polytoxischen Sucht«, einer gleichzei-tigen Abhängigkeit von Alkohol, Drogen und Medikamenten. Zum Tatzeitpunkt habe der Angeklagte unter enormem Druck gestanden, sich ein Suchtmittel zu beschaffen. Eine Aufhebung der Steuerungs-fähigkeit sei nicht gegeben, jedoch wären Voraussetzungen für § 21 des Strafgesetzbuches (Verminderte Schuldfähigkeit) vorhanden.

Staatsanwalt Rolf Bach sah die Tatvorwürfe bestätigt und forderte für den mit 20 Einträgen im Bundeszentralregister vorbelasteten Angeklagten eine Freiheitsstrafe von drei Jahren. Der Verteidiger, Rechtsanwalt Andreas Wiese, vertrat die Ansicht, daß es sich nicht um einen räuberischen Diebstahl gehandelt habe, da eine Beute-sicherungsabsicht nicht belegbar sei. Er plädierte für eine Strafe un-ter zwei Jahren auf Bewährung, um seinem Mandanten eine Thera-pie zu ermöglichen.

Das Gericht befand den Angeklagten für schuldig des Diebstahls, der gefährlichen Körperverletzung und der Sachbeschädigung. Es verurteilte ihn zu einem Jahr und zwei Monaten ohne Bewährung und beschloß, den Haftbefehl vom 7. Mai 2012 aufrechtzuerhalten. Die Strafe sei gemildert worden, weil Sven H. aufgrund der Drogenabhängigkeit verminderte Schuldfähigkeit besäße, begründete Richter Hovemann die Entscheidung des Gerichts.

AN DER AMPEL
RABIAT DAS AUTO GEKAPERT

(Jena, 2019)

Wie in einen Filmkrimi fühlte sich der Autofahrer versetzt: Da hält er bei Rot an der Ampel und plötzlich wird die Beifahrertür aufgerissen, ein junger Mann wuchtet sich auf den Sitz neben ihm und brüllt ihn an: »Fahr mich irgendwohin, sonst bring ich dich um!« Diese rabiate Inbesitznahme des Pkw wurde am 4. September 2019 vor dem Schöffengericht beim Amtsgericht Jena verhandelt.

Die Staatsanwaltschaft hatte dem 28jährigen David F., der jetzt mit Hand- und Fußfesseln aus dem Maßregelvollzug des Fachkrankenhauses Leipzig vorgeführt wurde, zur Last gelegt, am 6. März 2019, gegen 20.15 Uhr, an der Ampel zur Karl-Marx-Allee in Jena-Lobeda/West in das Fahrzeug des Christian S. gestiegen zu sein und ihm »mit Gefahr für Leib und Leben« gedroht zu haben. Das sei strafbar als räuberische Erpressung gemäß § 255 des Strafgesetzbuches.

Der Geschädigte schilderte im Zeugenstand die damalige Situation: Er sei an diesem Abend gerade aus der Tiefgarage des Kauflands gekommen und habe an der roten Ampel halten müssen, als der jetzt Angeklagte ziemlich ruppig die Beifahrertür aufriß und ihn anschrie, er solle ihn irgendwohin fahren, sonst bringe er ihn um. »Der war ganz schön durch den Wind, war unberechenbar, hatte die Hände in den Taschen, so daß ich Angst bekam«, schilderte Christian das Kapern seines Pkw. Er wäre bis an die Bushaltestelle gefahren, habe zu ihm gesagt: »Kannst mein Auto haben« und sei ausgestiegen. Der Täter hätte dann mehrfach versucht, den alten Renault zu starten. Als ihm das nicht gelang, habe er sich rasch entfernt.

Diese Straftat war nicht die einzige am 6. März. David ging anschließend zu seiner Schwester und wollte Geld von ihr. Als er keines bekam, schlug er sie mit der flachen Hand ins Gesicht und versetzte ihrem Lebensgefährten einen Kopfstoß. Dieser berichtete nun als

Zeuge vor Gericht: »Er wollte Geld und wir sollten auch einen Notarzt rufen, weil es ihm nicht gut ging. Er hat mir eine Kopfnuß verpaßt und ist abgehauen. Den Notarzt habe ich dann gebraucht – mein Nasenbein war gebrochen.«

Zu diesem Strafverfahren wurden noch vier weitere hinzuverbunden, so daß die Staatsanwältin eine lange Liste an Tatvorwürfen vorzutragen hatte: Körperverletzung und Beleidigung von Mitarbeitern des Netto-Marktes und von Polizeibeamten, Hehlerei bezüglich eines gestohlenen Fahrrads, Besitz von Betäubungsmitteln.

Der Vorsitzende Richter Frank Hovemann führte mit den prozeßbeteiligten Juristen ein Rechtsgespräch, in welchem der Verteidiger, Rechtsanwalt Peter Kindermann, eine im wesentlichen geständige Einlassung seines Mandanten in Aussicht stellte. Daraufhin räumte David von den insgesamt 19 Tatvorwürfen neun Handlungen ein, für die Staatsanwältin Sylvia Reuter eine Gesamtstrafe von drei Jahren und drei Monaten forderte.

Das Gericht befand den mit 13 Einträgen im Bundeszentralregister einschlägig vorbelasteten Angeklagten für schuldig der räuberischen Erpressung, der vorsätzlichen Körperverletzung in drei Fällen, der Hehlerei, der Beleidigung und des unerlaubten Besitzes von Betäubungsmitteln in drei Fällen. Es verhängte gegen David F. eine Freiheitsstrafe von drei Jahren, ordnete die Unterbringung in einer Entziehungsanstalt an und beschloß, den Haftbefehl vom 7. März 2019 aufrechtzuerhalten.

TATORT ERFURT

UDO BRILL

WAS EIN KIND ERTRAGEN MUSSTE
(Erfurt, 2005)

Dieser Einsatz ist etwa 15 Jahre her und war in unserem Thüringer Land, in unserer Landeshauptstadt, leider traurige Realität. Die Tat, die verübt wurde, dürfte es in einem zivilisierten Land nicht geben. Doch immer wieder hören wir in Rundfunk und Fernsehen, daß es Eltern gibt, die mit ihren Kindern kaltherzig und menschenunwürdig umgehen. Beinahe wäre auch in diesem Fall nichts an die Öffentlichkeit gelangt.

Der kleine Junge, nennen wir ihn Henry, hatte mit seinen zweieinhalb Jahren schon manche körperliche Pein erlebt. Zunächst besuchte er den Kindergarten und spielte dort mit seinen gleichaltrigen Freunden. Sie tobten im Außenbereich oder spielten in den Gruppenzimmern unter der Aufsicht der Erzieherinnen. Die Entwicklung des Kleinen verlief problemlos. Doch mit der Zeit sonderte sich der kleine Henry von den anderen Kindern ab. Er weinte oft und saß abwesend in einer Ecke. Die Erzieherinnen wußten keinen Rat.

Der Grund für seine Veränderung lag im häuslichen Milieu. Was der Kleine da erlebte, können sich nur die wenigsten vorstellen. Das Elternhaus bestand aus Mutter Ivonne, dem älteren fünfjährigen Bruder Marcel und dem Stiefvater Christoph. Daß dieser Mann nicht der leibliche Vater der Brüder war, machte sein Verhalten ihnen gegenüber deutlich. Sie hatten nichts zu lachen! Den kleinen Henry traf es besonders hart. Nachbarn berichteten, daß der Jüngste Schläge mit einer solchen Gewalt und Brutalität bekommen habe, die man sich nur schwer vorstellen könne. Ein Schlag von rechts, und der kleine Henry flog zur Seite, konnte aber nicht zu Boden fallen, denn da kam auch schon ein Schlag von links, und er flog wieder in die

187

andere Richtung. (Jeder kennt das Spiel mit den beiden Stöcken: Devilstick. Der Jongleur hält mit Hilfe der Handstöcke den Devilstick durch Hin- und Herschlagen in der Luft. Der dritte Stock, der Devilstick, war im vorliegenden Fall Henry.) Der kleine Junge tat den Nachbarn leid, aber keiner unternahm etwas gegen den gewalttätigen Mann. Auf die Idee, die Polizei oder das Jugendamt zu verständigen, kam niemand. So mußte der Kleine die Torturen seines Peinigers weiter ertragen.

Infolge der gewalttätigen Handlungen wurde dem Kind der – wenn ich mich richtig entsinne – rechte Arm ausgekugelt. Wer sich schon einmal den Arm ausgekugelt hat, kennt die Schmerzen. Und wer nicht, kann sich sicher vorstellen, wie der Junge sich quälte. In dieser Situation durchzieht ein stechender Schmerz die Schulterpartie zwischen den zwei Gelenkflächen; der Kontakt geht kurzzeitig verloren. Heftige Gewalteinwirkung auf den Körper kann dazu führen, daß ein Teil der knöchernen Gelenkpfanne am Schulterblatt abbricht, wenn der Oberarmkopf aus dem Gelenk gestoßen wird. Henry klagte über schlimme Schmerzen, die ihn plagten, und konnte den Arm nicht bewegen. Er saß oft zu Hause in seinem Zimmer in der Ecke und weinte. Das war auch schon seinem älteren Bruder Marcel aufgefallen, der zu seiner Mama sagte: »Der Henry weint immer.« Doch die Mama winkte nur ab. Sie wußte genau, was mit Henry los war. Bei der Tatortarbeit in der Wohnung der Familie fanden wir einen Zettel mit einer Notiz auf dem Wohnstubentisch: mit Henry zum Arzt gehen (Arm). Doch zu dem Arztbesuch sollte es nicht kommen.

Der kleine Junge wurde regelrecht in sein Bett geworfen, trotz seiner Schmerzen. In dem Kinderbett lag eine Matratze, noch immer in der Folie eingeschweißt, in der sie gekauft worden war. Kalt und ungemütlich war das kleine Kinderbett, und bei den Schmerzen, die Henry plagten, unangenehm. Henry kletterte aus seinem Bett, kauerte sich wieder in seine Ecke und weinte. Das Schluchzen des Jungen weckte seinen drei Jahre älteren Bruder Marcel auf. Da er den kleinen Bruder nicht beruhigen konnte, ging er in das Schlafzimmer der Eltern, wo Mutter und Stiefvater bereits schliefen. Als die beiden von Marcel geweckt wurden, waren sie schon emotional geladen und schrien das Kind an: »Mach dich in dein Bett und schlaf!« Marcel lief gehörig in sein Zimmer und legte sich wieder hin. Die Mutter ging mit ihrem Lebensgefährten in das Zimmer des kleinen Henry, der noch immer weinend und wimmernd vor Schmerzen in der Ecke kauerte. Anstelle das Kind zu trösten und nach der Ursache seines Verhaltens zu suchen, bekam Henry erneut Schläge und Tritte – von Mutter und Stiefvater. Im weiteren Verlauf starb der kleine Henry. Der Tod kam nach und nach ans Licht.

Neben Hämatomen, die durch Handflächen oder Fäuste entstanden waren, fanden sich auch Schlag- und Trittspuren, die von Schuhen herrührten und u. a. die Form des Absatzes eines Damenschuhs (Pumps) hatten: halbrund wie ein Hufeisen und die eine Seite gerade verlaufend. Wir untersuchten mehrere solche Hämatome, die über den gesamten zierlichen Körper verteilt waren, darunter ein Abdruck mitten auf der Stirn zwischen beiden Augen, wie ein Stempelabdruck, mit der geraden Fläche in Richtung Nase. Henry hatte zudem Tritte mit einem spitzen Schuh erhalten, dessen Sohle vorne hochgezogen, nach oben halbrund geschnitten und mit Noppen besetzt war.

Dieser Schuh und auch die Pumps konnten bei der Hausdurchsuchung als Vergleichsmaterial gesichert werden. Sie wurden in die Spurenliste ebenso aufgenommen wie mehrere leere Flaschen alkoholischer Getränke. Mutter und Stiefvater hatten rege konsumiert.

Als wir uns in der Wohnung umsahen, war Henry schon von der Pietät abgeholt und zum Hauptfriedhof verbracht worden. Die gesamte Wohnung (der Flur, die beiden Kinderzimmer, Küche, Bad, Wohnstube und Schlafstube) wurde untersucht und mit Foto und Video dokumentiert. Einige Kleidungsstücke vom Henry nahmen wir mit, um sie auf Beschädigungen und bluttypische Substanzen zu untersuchen. Es ist schwierig im häuslichen Bereich, DNA an der Bekleidung gerichtsverwertbar zu sichern. Allein die Äußerung: »Ich hatte das Kind auf dem Arm und habe es in den Kindergarten gebracht« zeigt, wie einfach es ist, als berechtigte Person Spuren zu übertragen.

Marcel wurde durch das Jugendamt bei einer Pflegefamilie untergebracht. Die Mutter und der Stiefvater wurden durch die Staatsanwaltschaft vorläufig festgenommen und in Untersuchungshaft verbracht.

Für uns ging die Arbeit auf dem Hauptfriedhof in Erfurt weiter. Zusammen mit einem Kollegen fuhr ich zum Kühlhaus des Friedhofs. Ein dortiger Mitarbeiter zog den kleinen Henry aus der Kühlzelle. Er war bereits für die Bestattung angezogen, doch wir mußten ihn noch einmal entkleiden, um die Hämatome an seinem Körper mit Maßstab zu dokumentieren. Die Gerichtsmediziner hatten bereits eine Sektion an dem Kind vorgenommen. Am Gesicht wurde eine Weichteilpräparation durchgeführt, um auch die Tiefe der Hämatome festzustellen, da diese nicht nur oberflächlich waren. Ich kann mich erinnern, daß der kleine Henry einen Biß am rechten Fuß hatte. Der Fuß wurde mit einer Silikonmasse abgeformt. Aus der Negativform wurde ein Positiv hergestellt und der Biß originalgetreu übertragen. Wir organisierten von Henry, der Mutter, dem Stiefvater und dem Bruder die Vergleichsabdrücke des Gebisses. Für Mutter und Stiefvater fuhren wir in die jeweiligen Strafvollzugsanstalten und sicherten zusammen mit einem Zahnarzt das Vergleichsmaterial. Das Ergebnis zeigte, daß Henry sich den Biß selber zugefügt hatte. Ein Kinderpsychologe erläuterte uns, daß Kinder manchmal Schmerz mit Schmerz kompensieren.

Alle Spuren wurden in einem Spurensicherungsbericht zusammengefaßt und an die entsprechenden Gutachter verteilt. Ich kann mich erinnern, die Fotos zusammen mit dem Vergleichsmaterial (Schuhe) in das Bundeskriminalamt (BKA) geschickt zu haben. Die Trassologen erstellten ein Gutachten, welches gerichtsverwertbar war.

Monate später wurde ich vom Gericht vorgeladen, um in einer Gerichtsverhandlung unsere Arbeit der Spurensicherung zu vertreten. Der Richter stellte Fragen zur Wohnung. Ich sollte bestätigen, daß eine Übereinstimmung zu den von uns gefertigten Fotos und Videos bestand. Er fragte mich unter anderem, welche Meinung ich zur Entstehung der Hämatome am Körper des kleinen Henry habe, speziell zu den Schlägen und Tritten, verursacht durch die Schuhe. Da ich es bereits erlebt hatte, daß Anwälte mich in der Verhandlung herausfordernd fragten, ob ich Gutachter sei bzw. kein Recht hätte, mich zu äußern, formulierte ich meine Aussage nun geschickter. Ich erklärte dem Richter, ich sei kein Gutachter, darum hätten wir alle Spuren an die entsprechenden Gutachter verschickt. Wenn er mich aber nach meiner persönlichen Meinung frage – schließlich bin ich schon einige Jahrzehnte in dem Bereich tätig –, wolle ich ihm diese gerne kundtun. Der Richter bestätigte, genau diese hören zu wollen. Nun mußte ich meine Aussage tätigen.

Bezüglich der Hämatome, die mit dem Schuh (Pumps) entstanden waren, konnte ich nur bekräftigen, daß der Schuh an der Schuhspitze angefaßt und wie mit einem Stempel auf das Kind eingeschlagen wurde. Wahllos auf Gesicht und Körper. Der Abdruck mit der Schuhspitze, der innere Verletzungen hervorgerufen und maßgeblich zur Todesursache beigetragen hat, könne nur durch einen Tritt verursacht worden sein. Der Richter wollte wissen, wie ich zu dieser Behauptung komme. Ich entgegnete, daß es sich bei dem Schuh um einen sehr weichen Schuh handle und durch Stoßen ein solches Hämatom nicht entstehen könne; er mußte stabilisiert werden. Beim Schlagen mit dem Schuh entstehe ein anders Spurenbild. Da der Richter den Schuh vor sich liegen hatte, versuchte er den Schuh in seine Hand zu stoßen. Er gab meinen Ausführungen recht und fragte, wie man den Schuh stabilisieren könne. Ich antwortete, indem der Schuh am Fuß getragen wird. »Aber wer hat den Schuh getragen?« fragte er mit Nachdruck. »Derjenige, dem der Schuh paßt, sonst würde der Schuh nicht stabilisiert. In dem Fall der Stiefvater.« Der Richter folgte meiner Schlußkette nickend. Auch er sehe das so, verkündete er und forderte den Beschuldigten auf, ein Geständnis abzulegen.

Beide, Mutter und Stiefvater, wurden zu einer Freiheitsstrafe von zwölfeinhalb Jahren verurteilt. Die Anwälte der Beschuldigten gingen in Revision, aber auch das nachfolgende Gericht hielt an dem Strafmaß fest. Beide mußten ihre Strafe absitzen. Der kleine Henry jedoch verlor mit zweieinhalb Jahren sein Leben.

KERSTIN KÄMMERER

DER SCHATTEN IM SCHULHAUS

(Erfurt, 2008)

Ist in Thüringen die Rede von Amok, sind die ersten Gedanken bei dem Massaker am Gutenberggymnasium in Erfurt, im Jahr 2002, den Opfern und dem daraus erwachsenen Trauma – eine Tat unbegreiflichen Ausmaßes und erbarmungsloser Sinnlosigkeit, welche die Stadt, das Land und vor allem die Menschen über die Landesgrenzen Thüringens und Deutschlands hinaus tief erschüttert hat. Es fällt deshalb schwer zu verstehen, wie ausgerechnet in Thüringens Landeshauptstadt Erfurt erneut eine schreckliche Tat verübt werden konnte und damit die schlimmsten Erinnerungen an den Todeslauf von 2002 mit enormer Wucht in das Jahr 2008 zurückkatapultierte. Alle Wunden, die noch heilten, wurden wieder aufgerissen. Angst und Schrecken verbreiteten sich aufs Neue.

Kaum zu glauben, daß es Menschen gibt, die sich geradezu für solche Taten begeistern, sie regelrecht fanatisch verfolgen und sich selbst in der Rolle des Verbrechers sehen. Glücklicherweise sind Nachahmer selten. Aber wenn, dann scheint das Ungeheuer auferstanden und die Tragödie nimmt aufs Neue ihren scheinbar unabwendbaren Lauf.

Am Montag, dem 24. November 2008, ging in der Integrierten Gesamtschule (IGS) Erfurt – eine Schule mit 800 Schülern – eine E-Mail mit bedrohlichem Inhalt ein, die sich gegen Beschäftigte der Schule richtete. Von »Rache und Vergeltung« war die Rede. Eine Gewalttat wurde prophezeit und ein brutales Vorgehen für den darauffolgenden Mittwoch angekündigt. Unterzeichnet hatte der Täter die E-Mail mit dem Pseudonym »Silas« – eine Figur aus dem Film »Da Vinci Code – Sakrileg«, ein dämonisch anmutender Albino-Mönch, der sich selbst bis aufs Blut geißelt und für seinen Glauben über Leichen geht. Rechtlich handelte es sich um eine Straftat nach

§ 126 StGB – Störung des öffentlichen Friedens durch Androhung von Straftaten. Solch eine Tat wird mit Freiheitsstrafe bis zu drei Jahren oder mit Geldstrafe bestraft.

In der Landespolizeidirektion Erfurt als örtlich zuständiger Dienststelle wurde unverzüglich eine Besondere Aufbauorganisation (BAO) »IGS« gebildet. Es galt, ein Blutbad zu verhindern, die Schüler, Lehrer und alle sonstigen Beschäftigten zu schützen. Mit Sprengstoffsuchhunden wurden die Schule und die unmittelbare Umgebung abgesucht. Sprengstoff oder andere verdächtige Gegenstände wurden nicht gefunden. Dennoch wurde die Schule dauerhaft unter einen aufwendigen Polizeischutz gestellt und am Tag der angedrohten Gewalttat geschlossen. Selbstverständlich mußten auch alle Anstrengungen unternommen werden, den Täter zu ermitteln. Im Einsatzabschnitt Ermittlungen nahmen die Kriminalisten der Kriminalpolizeiinspektion (KPI) Erfurt die Ermittlungen auf.

Anhand des Inhaltes der bedrohlichen Nachricht erstellte die Operative Fallanalyse (OFA) des Thüringer Landeskriminalamtes (TLKA) eine Gefährdungsanalyse. Diese bescheinigte Zweifel an der Ernsthaftigkeit der Umsetzung der angedrohten Tat. Allerdings handelt es sich bei einer solchen Analyse um eine Wahrscheinlichkeitsaussage, die einen gewissen Prozentsatz offen läßt. Wer konnte oder wollte riskieren, daß das Unwahrscheinliche eintritt?! Es gab keine andere Option, als die Maßnahmen wie begonnen fortzuführen.

Eine Woche später, am Montag, dem 1. Dezember 2008, legte der bis dahin immer noch unbekannte Täter nach. Wiederum ging eine E-Mail in der IGS ein, in der sich der Täter von der Polizeipräsenz unbeeindruckt zeigte und ankündigte, auf eine Gelegenheit warten zu können. Zwar war diese E-Mail weniger spezifisch, aber sie bedeutete, daß es vorläufig keinen Ausstieg aus den aufwendigen Schutzmaßnahmen geben konnte. Der Kräfteansatz war sehr hoch, was nicht nur die Landespolizeidirektion Erfurt, sondern die gesamte Thüringer Polizei stark forderte.

Ängste und Besorgnis der Schüler, Eltern, Lehrer und Beschäftigten an der Schule waren enorm. Die Bilder des Amoklaufs am Gutenberggymnasium waren tief verwurzelt, was die Reaktionen der Betroffenen auf die aktuelle Androhung erheblich beeinflußte. Manche Schüler blieben der Schule fern, weil die Furcht der Eltern größer war als die ihrer Kinder. Wer wollte sich schon auf eine Wahrscheinlichkeitsaussage verlassen? Das konnte und wollte auch die Thüringer Polizei nicht. Um die Situation zu entschärfen, gab es nur einen Weg: Die Suche nach dem Täter mußte forciert werden. Er mußte so schnell wie möglich ermittelt werden.

Das Thüringer Innenministerium beauftragte am 3. Dezember 2008 das TLKA, die Leitung der kriminalpolizeilichen Maßnahmen/Ermittlungen in der BAO »IGS« zu übernehmen. Binnen eines halben Tages war der Einsatzabschnitt aufgestellt und bereits am Folgetag arbeitsfähig. Die Besonderheit des Einsatzabschnittes bestand darin, daß neben den Kriminalisten und anderen Beschäftigten der KPI Erfurt und des TLKA auch Kriminal- und Ermittlungsbeamte aus allen sieben Polizeidirektionen zusammengezogen worden waren. Durchgängig waren es rund 50 Beschäftigte, in einer speziellen taktischen Einsatzsituation sogar fast 140. Die Zusammenarbeit der zur BAO abgeordneten Kollegen war bisher einzigartig in Thüringen.

Zu Anfang stand die Frage, wie es gelingen wird, die gemeinsame Arbeit erfolgreich zu gestalten. Allen Vorurteilen zum Trotz entstand eine sehr gute Arbeitsatmosphäre. Uns vereinte ein Ziel: Die Aufklärung einer schweren Straftat, die so viele Menschen, ja eine ganze Stadt in Atem hielt. Die Erwartungen und der Erfolgsdruck waren sehr hoch. Doch wir waren überzeugt, daß wir die Sache aufklären. Wir wollten zeigen, was wir gelernt hatten und was wir können. Die Kollegen zeigten enorme Einsatzbereitschaft. Tausende Arbeitsstunden wurden geleistet, davon knapp 2000 in Mehrarbeit. Unsere Dienstfahrzeuge rollten 23.500 Kilometer. Nüchterne Zahlen. Doch dahinter verbergen sich viel Arbeit, Eigeninitiative und der absolute Aufklärungswille.

Meine Aufgabe bestand in der Leitung des Unterabschnitts Kriminalpolizeiliche Auswertung. In diesem Abschnitt laufen die Informationen aus allen Einsatzabschnitten zusammen. Diese müssen gelesen, geordnet, systematisiert, elektronisch erfaßt und bewertet werden. Im Abschnitt Kriminalpolizeiliche Auswertung erfolgt die Untersuchungsplanung. Es werden Versionen/Hypothesen aufgestellt, Untersuchungsfragen gestellt und Ermittlungsaufträge zur Beantwortung der Fragen generiert – ein Informationsverarbeitungsprozeß durch überwiegend geistige Auseinandersetzung mit den Falldaten.

Die KPI Erfurt hatte bereits jede Menge Ermittlungsarbeit geleistet und dementsprechend viel Papier beschrieben. Es galt, die chaotische Phase, die in der Anfangsphase einer BAO mit hohem Informationsaufkommen und hohem Kräfteansatz auftritt, möglichst schnell zu überwinden. Dazu gehörte es, die schriftlichen Unterlagen durchzuarbeiten und sie in dem beschriebenen Informationsverarbeitungsprozeß zu verwenden. Gleichzeitig mußten auch die Ermittlungen in Gang gehalten werden. Dazu wurden die anderen Unterabschnitte kontinuierlich mit entsprechenden Aufträgen versorgt. Am Ende eines jeden Tages lagen die Ergebnisse und wieder ein riesiger Berg von Papier zur Auswertung vor.

Von Beginn an legte ich Wert darauf, daß von allen vernommenen Personen die Personenbeschreibung festgehalten wird. Nicht jeder Ermittler zeigte dafür Verständnis, hatten wir doch zu Beginn noch keine Beschreibung des Täters. Jedoch rechnete ich stark damit, daß wir bald einen Zeugen finden würden, der den Täter gesehen hatte. Außerdem war es noch aus einem anderen Grund wichtig: Es gab verschiedene Personengruppen, die wir in die Versionen zum Täter einbezogen. In einem gewissen Stadium der Ermittlungen wäre jede einzelne Person der Gruppen zu befragen. Deren signifikante Merkmale gelte es dann, mit der Täterbeschreibung abzugleichen. Diese Verfahrensweise erlaubt es, Personen mit abweichender Beschreibung als Täter auszuschließen.

Durch die gute Arbeit der KPI Erfurt wurde bereits sehr zeitig festgestellt, daß die E-Mail von einem Rechner der öffentlichen Bibliothek am Domplatz gesendet wurde. Die Ermittlungen setzten genau dort an und erbrachten eine Vielzahl von Erkenntnissen zur Tat und zum Täter. Insbesondere die technische Sicherung von elektronischen Spuren und Daten führte dazu, daß eine Vielzahl von Personen identifiziert werden konnte, die sich zur gleichen Zeit in der Bibliothek aufgehalten hatten wie der Täter – allesamt sehr wertvolle Zeugen. Auch hier war es wichtig, die Personenbeschreibungen festzuhalten, um Bewegungsbilder der einzelnen Besucher zu erstellen. So konnte nachvollzogen werden, wer sich wann, wo befunden hatte, wer an welchem Rechner saß und sogar, von welchem Rechner der Täter seine Droh-Mail versendet hatte. Tatsächlich fanden sich Zeugen, die zur gleichen Zeit in unmittelbarer Nachbarschaft zum Täter an einem Rechner saßen. Diese beschrieben ihn als einen jungen Mann um die 20, von mittlerer Größe und kräftiger Statur, mit dunklen kurzen Haaren und dunkler Kleidung. Somit erhielten wir recht zeitnah eine Täterbeschreibung, mit der wir arbeiten konnten. Allerdings hatte diese einen Haken, wie sich später herausstellen sollte.

Die Ermittlungen konzentrierten sich zu Beginn auf Personen, die in den engeren Kreis der zu Überprüfenden gerieten, u. a. durch Hinweise, Zeugenaussagen, durch die Ausrichtung auf Schüler, Lehrer und andere Beschäftigte der Schule, aufgrund von Erkenntnissen zu der Tat selbst, Erkenntnissen vom Tatort sowie der Spurenauswertung. Eine Ermittlungsrichtung führte uns nach Todendorf, eine Gemeinde in Schleswig-Holstein. Neben dem bizarr anmutenden Pseudonym »Silas« benutzte der Täter in seiner E-Mail-Adresse den Ort Todendorf. Diesem allzu offensichtlichen Hinweis gingen wir nach, allein um einen tatsächlichen Bezug auszuschließen.

Wir hatten einen konkreten Tatort (Bibliothek am Domplatz) und eine konkrete Tatzeit. Das waren gute Voraussetzungen für eine Alibiprüfung. Jede zu befragende Person sollte nun Angaben zu ihrem Alibi machen. Darüber hinaus hatte die OFA Persönlichkeitshinweise erarbeitet. Uns lagen also eine Personenbeschreibung, Persönlichkeitshinweise und Alibidaten vor – Grundlagen, um Personen auszuschließen oder aber in den engeren Kreis der zu überprüfenden Personen einzubeziehen. Eine Sisyphusarbeit, welche die Ermittlungen innerhalb des genannten Personenkreises jedoch zunächst nicht so recht zum Erfolg führen sollte.

Eine Ausweitung der Ermittlungen auf weitere Personengruppen erschien notgedrungen. Uns erreichte eine unerwartet hohe Datenflut aus den Funkzellen im Umfeld der Bibliothek und der Schule. Da wir noch keinen Durchbruch erzielt hatten, erlaubten wir uns nicht, die Ermittlungen auf eine bestimmte Richtung zu beschränken. Ungünstiger konnte die Entwicklung nicht verlaufen. Als nächstes wären wir in ein Stadium eingetreten, das mit hohem personellen und zeitlichen Ermittlungs- und Auswerteaufwand verbunden gewesen wäre. Möglicherweise hätten wir auf diese Art lange Zeit am Täter vorbei ermittelt.

Ich entschloß mich deshalb zu einer Prüfung aller bis zu diesem Zeitpunkt unternommenen Ermittlungsschritte, setzte noch einmal dort an, wo bereits materielle Beweismittel bzw. vage Hinweise vorlagen. Es wurde noch einmal konsequent nachermittelt und Hinweise zu bestimmten Personengruppen systematisch überprüft. Letztlich bewahrheitete sich eine Erfahrung aus Sonderkommissionen mit einem hohen Informationsaufkommen: Der Name des Täters steht schon irgendwo in den Akten, er muß »nur« erkannt und der Täter überführt werden.

Manchmal gehören auch das richtige Gespür, ein Quäntchen Glück und der richtige Ermittler dazu. Eine Kollegin aus der Polizeiinspektion (PI) Rudolstadt erwies sich als die richtige Ermittlerin. Am 22. Dezember 2008 beauftragte ich sie mit der Vernehmung der Freundin einer Schülerin der IGS. Die Schülerin war schon mehrfach in den Fokus geraten und immer wieder in den Protokollen aufgetaucht. Die Ermittlungen schienen mir nicht tiefgründig genug, die Ausschlußkriterien viel zu vage. Ich nahm mir die Fotos der Schüler aus der IGS vor. Und plötzlich war ich mir ziemlich sicher, daß wir auf der richtigen Spur waren. Auf dem Foto besagter Schülerin sah ich zwar ein etwas untersetztes Mädchen mit kurzen dunklen Haaren, doch schienen mir die Züge eher maskulin – eine Erklärung für die Beschreibung eines jungen Mannes in der Bibliothek. Ich war zuversichtlich, auch was meine Auswahl der Ermittlerin anbetraf. Hatte sie sich doch schon vorher durch akribische Arbeit ausgezeichnet. Ich versorgte sie mit allen wichtigen Fakten zur nunmehr Verdächtigen und ihrer Freundin. Und tatsächlich gelang es meiner Kollegin, eine Aussage der Freundin zu bekommen. Die junge Frau, ebenfalls Schülerin der IGS, gestand eine Beteiligung an der Tat und benannte ihre Freundin als Haupttäterin. Endlich der Durchbruch! Danach ging alles ganz schnell. Ich ließ beide Frauen zur Dienststelle verbringen. Noch war nicht klar, ob sich auch die Haupttäterin zur Sache äußern würde.

Die Vernehmung der Beschuldigten führte ich selbst durch. Eine junge Frau von 20 Jahren saß vor mir. Hatte sie tatsächlich die Absicht, ein Blutbad an ihrer Schule anzurichten? Was bewegte sie dazu? Es dauerte nicht lange und ich hatte bei ihr das Eis gebrochen. Während der obligatorischen Belehrung der Beschuldigten und während meines Appells an sie, daß sie zur Aufklärung der Sache beitragen könne, konnte ich schon am Anfang an den körperlichen Reaktionen erkennen, daß die junge Frau nicht lange schweigen würde. Nach der relativ kurzen Kontaktphase brach sie letztendlich in Tränen aus und legte ein Geständnis ab.

Wenige Tage vor der ersten Tat hätte sie zusammen mit ihrer 19jährigen Freundin einen Film über Amokläufe gesehen. Danach faßten sie den Entschluß, eine Amokdrohung zu verfassen und an die Schule zu senden. Sie hätten testen wollen, wie ihre Schule auf eine solche Drohung reagiere. Die eigentliche Tat wurde von der 20jährigen begangen, welche die E-Mail von der Bibliothek aus verschickte. Auch beim Verfassen der zweiten E-Mail unterstützte die 19jährige, soll aber vom Absenden beider Nachrichten angeblich nichts gewußt haben. Die 20jährige habe damit ihre Freundin beeindrucken wollen.

Im Anschluß an die Vernehmung führte ich zusammen mit Kollegen der BAO die Durchsuchung in der Wohnung der 20jährigen durch. In der schlicht möblierten Einraumwohnung wurden keine Gegenstände aufgefunden, die zur Umsetzung der angedrohten Tat geeignet gewesen wären. Ein Haftgrund wurde nicht bejaht, weshalb beide Frauen nach Ende der Untersuchung auf freiem Fuß blieben. Währenddessen war die Pressekonferenz bereits in vollem Gange. Die Nachricht machte schnell die Runde. Die Erleichterung bei Schülern, Eltern, Lehrern, den beteiligten Polizeikräften, den Mitarbeitern in den Krisenstäben u. a. war groß. Gerade noch rechtzeitig vor dem Weihnachtsfest war es gelungen, die Täter zu überführen.

TATORT GERA

DER KRIMINALBERICHT

Frank Richter, Hans Thiers und Michael Kirchschlager

HEIMTÜCKISCHER MORD IN GERA

(2017)

Zwei Vermißte – die Täter

Am 16. November 2017 gegen 23.40 Uhr wurde die seit dem 6. November 2017 Vermißte Sarah P. zusammen mit Johnny H. durch eine Polizeistreife in Frankfurt am Main aufgegriffen.[43] Die beiden waren im Besitz eines Pkw Golf, der durch die KPI Gera im Zusammenhang mit dem ebenfalls Vermißten Heiko H. zur Fahndung ausgeschrieben war. Sarah P. wurde noch in den Morgenstunden des 17. November 2017 ihrem Vater übergeben. Johnny H. wurde nach Auffinden von bluttypischen Anhaftungen im Pkw durch die Kriminalpolizei in Frankfurt am Main vernommen. Er räume ein, Heiko H. getötet zu haben, um an den Golf zu kommen. Sarah P. wurde zeitgleich dazu in Zwickau vernommen und gestand, von der Tötung gewußt zu haben, aber nicht beteiligt gewesen zu sein.

Da es sich bei Sarah P. um eine Jugendliche handelte, oblag die Sachbearbeitung dem jeweiligen Bundesland, in dem die Beschuldigte wohnhaft war. Aus diesem Grund und infolge des Verdachts eines Tötungsverbrechens wurden die weiteren Ermittlungen durch die Polizeidirektion Zwickau, Dezernat 1, Kommissariat 11/Moko übernommen. Der Tatort lag in der Plauenschen Straße/Einmün-

---

43 Die öffentliche Hauptverhandlung fand vor dem Landgericht Zwickau – Jugendkammer – am 25. April, 15. Mai, 30. Mai, 13. Juni, 21. Juni und 29. Juni 2018 statt. Die Namen des Opfers und der Täter wurden verfremdet bzw. gekürzt. Alle verwendeten Namenskürzel, wie Vornamen oder abgekürzte Nachnamen, wurden bereits in der Presse veröffentlicht.

dung Liebestraße in Gera. Bei dem Gebiet handelt es sich um eine gewachsene Wohnsiedlung aus mehrheitlich sanierter oder teilsanierter Altbausubstanz in Randlage.

Ein Spaziergänger fand die Leiche des Opfers am 2. Februar 2018, gegen 13.56 Uhr, in Bad Hersfeld, Ortsteil Beiershausen, Falkenbachstraße/Kreisstraße 29, Gemarkung »In der Lache« zwischen Beiershausen und Kerspenhausen, mittig im Flußbett der Fulda. Laut Angaben von Zeugen und Tätern lag die Tatzeit am 11. November 2017 zwischen 01.30 Uhr und zwei Uhr.

Ein weiterer Vermißter – das Opfer Heiko H.

Heiko H. wurde am 14. Januar 1972 in Gera geboren. Er war ledig, lebte mit seiner Lebensgefährtin Saskia D. zusammen und hatte keine Kinder. Sein nächster Angehöriger war sein pflegebedürftiger Vater. Heiko H. arbeitete als Anlagentechniker in einer Fensterbaufirma im Schichtdienst. Vor der Tat gab es keinerlei Kontakt zwischen ihm und den beiden Tätern. Sie kannten sich nicht.

Am 13. November 2017 erstattete die Lebensgefährtin des Geschädigten bei der Polizei in Gera eine Vermißtenanzeige. Darin teilte sie mit, daß sie ihren Lebensgefährten letztmalig am 10. November 2017 gegen Mittag gesehen hätte. Im Anschluß sei er auf seine Arbeitsstelle zur Spätschicht gefahren. Gegen 16.45 Uhr habe er ihr telefonisch mitgeteilt, daß er nach der Arbeit nicht erst nach Hause käme, sondern wegen eines Fußballspiels gleich in seine Stammkneipe »Tschirchschlößchen« ginge. Am 11. November 2017 sprach sie telefonisch mit den Wirtsleuten, die bestätigten, daß Heiko H. am 10. November 2017 gegen 23 Uhr in die Gaststätte gekommen sei und diese gegen 01.45 Uhr zusammen mit den Wirtsleuten verlassen habe. Er sei allein nach Hause gelaufen. Ebenfalls unauffindbar war dessen Pkw, ein VW Golf, Farbe silbergrau-metallic. Im familiären und beruflichen Umfeld waren weder Probleme noch Feinde bekannt. Heiko H. und der Pkw wurden im Rahmen der Vermißtenanzeige zur Fahndung ausgeschrieben.

Am 16. November 2017 gegen 23.40 Uhr wurden in Frankfurt am Main, auf dem Parkplatz Industriepark Höchst in der Leunastraße, zwei Personen an einem abgestellten VW Golf angetroffen und vom dortigen Wachschutz angesprochen. Es handelte sich um ein junges Mädchen und einen jungen Mann. Beide konnten keinerlei Ausweisdokumente vorweisen und verstrickten sich im Laufe des Gesprächs in Widersprüche, woraufhin der Mitarbeiter des Wachschutzes seinen Schichtleiter und dieser wiederum die Polizei informierte.

Als eine Frankfurter Funkwagenbesatzung des 10. Polizeireviers eintraf und die Personalien der jungen Leute nochmals erfragte, stellte sich bei deren Überprüfung heraus, daß Sarah P. infolge der Vermißtenmeldung zur Ingewahrsamnahme ausgeschrieben war. Über die Dienststelle wurde ihre Mutter, Michaela P., telefonisch verständigt, die in der Folge den Vater zum Abholen nach Frankfurt schickte. Außerdem wurde bei der Überprüfung des Fahrzeugs festgestellt, daß nach diesem gefahndet wurde, da der Halter, Heiko H., aufgrund einer Vermißtenfahndung zur Aufenthaltsermittlung ausgeschrieben war. Auf Befragen, wo sich Heiko H. aufhalte, erklärten die jungen Leute, daß dieser dem Johnny H. am Mittwoch, dem 15. November 2017, gegen Mittag an seiner Wohnanschrift in Gera seinen Pkw ausgeliehen habe. Sie machten jedoch weder Angaben zum möglichen Aufenthaltsort des Heiko H. noch hatten sie eine Idee, warum dieser abgetaucht sein könnte.

Die KPI Gera wurde im Anschluß zum Sachverhalt informiert. Da keinerlei Anhaltspunkte auf eine Straftat vorlagen, wurde Johnny H. im Pkw des Heiko H. belassen und Sarah P. zum 10. Polizeirevier verbracht. Dort wurde sie am 17. November 2017 um 04.10 Uhr ihrem Vater Daniel P. überstellt. Gegen zehn Uhr erfolgte durch die KPI Gera eine Nachfrage bezüglich des Fahrzeugs und zur Abklärung weiterer polizeilicher Maßnahmen. Da die bisherigen Ermittlungen der KPI Gera ergeben hatten, daß der Halter in keinerlei Beziehung mit Zwickau stand, baten die Geraer Kriminalisten darum, das Fahrzeug zu durchsuchen und Johnny H. bezüglich seiner Verbindung zu Heiko H. zu vernehmen.

Bei der Durchsuchung des Fahrzeugs durch die Streifenbeamten wurde ein blutverschmiertes Handtuch im Kofferraum aufgefunden. Daraufhin wurde Johnny H. vorläufig festgenommen und zum 10. Polizeirevier verbracht. Die weiteren Ermittlungen in Frankfurt übernahm die dortige Kriminaldirektion K 11/MK4.

Nach anfänglichem Leugnen räumte Johnny H. schließlich im Rahmen seiner Beschuldigtenvernehmung am 17. November 2017 die Tötung des Heiko H. ein, um in den Besitz des Golfs zu gelangen. Parallel dazu wurde Sarah P. durch Mitarbeiter des K 11 der PD Zwickau zur Sache vernommen. Mit dem Geständnis ihres Freundes Johnny H. konfrontiert, räumte sie ein, von der Tötung gewußt zu haben, aber nicht daran beteiligt gewesen zu sein.

Am 18. November 2017 erließ das Amtsgericht Zwickau gegen Johnny H. und Sarah P. Haftbefehl wegen gemeinschaftlichen Mordes gemäß §§ 211, 25 Abs. 2 StGB, 1, 3, 105 JGG.

Johnny H. wurde kriminalpolizeilich zweimal vernommen. Der Täter äußerte sich ausführlich zum gesamten Tatgeschehen und zur Beteiligung seiner Freundin Sarah P. in dieser Sache. Sarah P. wurde kriminalpolizeilich zweimal unter Anwesenheit ihrer Rechtsanwältin vernommen.

Zu den Tätern

Johnny H. und Sarah P. lernten sich im August 2017 in Zwickau kennen. Seit Mitte September waren sie ein Paar. Von diesem Zeitpunkt an hielt sich Sarah P. des öfteren über Nacht und später auch über mehrere Tage in der Wohnung ihres Freundes auf. Der Zeuge Eric W. ging in der Wohnung des H. ebenfalls ein und aus. Alle drei waren der Zwickauer Drogenszene zuzuordnen.

Johnny H. erklärte, daß die Idee, Zwickau am 3./4. November 2017 zu verlassen, spontan und halb von ihm gewesen sei. Sie sei quasi aus einer Geschäftsidee entstanden: Er und Eric W. hätten entschieden, daß sie nicht mehr nur Konsumenten und Kunden, sondern selbst Anbieter von Cannabis werden wollten. Er habe sich einen Neustart ausgemalt, und die anderen wollten mitziehen. Zu Hause bei Sarah P. habe es sowieso viel Streß und zu wenig familiäre Aufmerksamkeit gegeben. Die Berufsausbildung sei ihnen zu diesem Zeitpunkt egal gewesen. Sie hätten sich gesagt: »Wir haben jetzt uns!« und das Wichtigste zusammengepackt. Zunächst wollten sie mit Kommissionsware beginnen und aus dem Verdienst dann ihre Schulden bezahlen. Über einen Informanten habe Johnny H. kurzerhand erfahren, daß ihnen die Polizei im Nacken saß. Er hatte übers Internet (nicht das Darknet) in den USA 30 Gramm Cannabis bestellt. Das sollte ein Versuch sein. Später sollten es dann 30 Kilogramm werden. Angeblich scheiterte das Geschäft an der Bezahlung, da die Beschuldigten finanziell nicht in der Lage waren, den Zahlungsverpflichtungen in vollem Umfang nachzukommen. Es sei seine Idee gewesen, sich Richtung Schweiz aufzumachen und über die Schweizer Banken ins »Großgeschäft« einzusteigen. Diese Banken würden im Gegensatz zu deutschen Banken bei Einzahlungen größerer Geldbeträge nicht nach der Herkunft fragen.

Am 3. November 2017 brachen die Freunde von Zwickau-Eckersbach auf in Richtung Schweiz. Zu diesem Zeitpunkt verfügte Johnny H. gerade einmal über 50 Euro Bargeld und war bereits im Besitz eines Haushaltsmessers mit einer Klingenlänge von 22 Zentimetern und einer maximalen Klingenbreite von 4,5 Zentimetern – dem späteren Tatwerkzeug. Die Gruppe reiste nicht etwa mit einem Auto, sondern mit Fahrrädern, die Johnny H. und Sarah P. gestohlen hatten. Geographisch etwas desorientiert, gelangten sie über Crossen, Glauchau, St. Egidien, Hohenstein-Ernstthal, Limbach-Oberfrohna bis nach Burgstädt, wo sie am 5. November 2017 Station machten. Sie übernachteten entweder im Freien oder in leer stehenden Gebäuden. Eric W. hatte sich bereits in St. Egidien von den Freunden getrennt. Johnny H. und Sarah P. setzten ihre Fahrt von dort aus in Richtung Altenburg zu zweit fort. Sie wollten Sachsen verlassen, weil sie davon ausgingen, dort gesucht zu werden. Im Raum Altenburg ging es infolge einer Fahrradpanne nur noch zu Fuß weiter.

Tatsächlich wurden Sarah P. und Eric W. zwischenzeitlich als vermißt gemeldet.

Die Zeit vor der Tat

Als Johnny H. und Sarah P. von Altenburg nach Flemming kamen, brauchten sie dringend ein neues Transportmittel. Ihr Versuch, die Fahrradpanne zu beheben, war gescheitert. Der Diebstahl eines Pkw sei bereits direkt zu Beginn der Flucht Thema gewesen.

Sarah P. hielt die Autos an. Beim ersten Versuch war es Johnny H., der den Fahrer eines BMW nicht schädigen wollte, da sich im Fahrzeug ein Kindersitz befand und er Mitleid empfand. Beim zweiten Versuch hielt er sich im Hintergrund und wartete auf ein Signal seiner Partnerin, um in die Gewalt des Fahrzeugs zu kommen. Dieses Mal jedoch gab Sarah P. nach, die den Fahrer sympathisch fand. Der Opel-Fahrer nahm beide mit nach Ronneburg – Sarah P. auf dem Beifahrersitz, Johnny H. auf dem Rücksitz. Nachdem sie in Ronneburg abgesetzt worden waren, gingen sie zu Fuß in Richtung Gera, wo sie bei naßkaltem Wetter in den Nachmittagsstunden des 10. November 2017 eintrafen. Auf dem Fußweg von Ronneburg nach Gera thematisierten beide erneut die gewaltsame Beschaffung eines fremden Pkw mit Hilfe des von Johnny H. mitgeführten Messers, das er in seinem Rucksack aufbewahrte. Dabei wurde allerdings kein gemeinsames arbeitsteiliges Vorgehen abgesprochen, sondern ausschließlich ein Agieren des Johnny H.

In Gera liefen beide zunächst gemeinsam durch die Stadt, um sich zu orientieren und die Möglichkeiten zur Beschaffung eines fremden Pkw abzuschätzen. Es kam zum Streit zwischen den beiden. Sarah P. schien frustriert, müde, hungrig und durchgefroren. Ihre Wegzehrung bestand vornehmlich aus Vollkorntoast. Sie wollte nach Hause, doch Johnny H. widersprach und verwies auf die Polizei, die beide sofort wegen der Drogengeschichte ins Gefängnis brächte. Er versprach, sich um ein Auto zu kümmern. Schließlich richteten sie sich bei unverändert naßkaltem Wetter am frühen Abend im Hauseingang des Anwesens Nr. 18 auf der Plauenschen Straße ein. Sarah P. nahm die beiden Gepäckstücke, setzte sich drauf und deckte sich mit zwei Decken zu.

Das Pärchen hatte an diesem Abend zufällig Kontakt zu einer Polizeistreife, die auf der Suche nach einem Verdächtigen mit grauer Jacke und Kapuze war. Im Laufe des Abends bzw. der Nacht wurden die beiden von dem Zeugen H., der im Haus Nr. 18 wohnte, angesprochen und einmalig sogar mit fertig verpackten Hamburgern und Energydrinks versorgt. Er bot ihnen an, zum Aufwärmen mit nach oben zu kommen. Letzteres lehnten beide dankend ab.

In den späten Abendstunden kamen beide überein, daß Johnny H. nicht nur einen fremden Pkw beschaffen, sondern dem Fahrzeugführer gewaltsam unter Verwendung des mitgeführten Messers dessen Pkw-Schlüssel und Wertsachen abnehmen sollte. Beide rechneten dabei mit einem tödlichen Ausgang des Vorhabens und nahmen dies jeweils billigend in Kauf. Sarah P. hielt sich ab diesem Zeitpunkt überwiegend schutzsuchend gegen Nässe und Kälte im Hauseingang des genannten Anwesens auf.

Auf der Plauenschen Straße in Gera ließ Johnny H. noch zwei Gelegenheiten verstreichen, an einen Pkw zu kommen. Im ersten Fall handelte es sich um einen Transporter, im zweiten um eine Frau am Steuer. Sarah P. wurde daraufhin nervös und leicht ungehalten. Sie habe ihm, nach seinen Angaben, das Messer aus der Hand genommen und mit den Worten »So mußt du das machen!« mehrmals in die Luft gestochen. »Du bist der Jäger, und das ist die Beute«, stachelte sie ihn an. »Du mußt nur deine Schnelligkeit nutzen, und versuch', nicht darüber nachzudenken.« Sie wußte, daß sie damit erfolgreich war und Johnny H. sich unter Druck gesetzt fühlte, wodurch seine Entschlossenheit gestärkt wurde. Nach diesen eindringlichen Worten fühlte sich Johnny H. einerseits tatwillig, andererseits genervt. Während er spät abends die Straße auf und ab lief, hockte Sarah P. die meiste Zeit im Hauseingang. In seiner ermittlungsrichterlichen Vernehmung zur Tatauslösung am 18. November 2017 gab Johnny H. an: »Als sie schwach am Straßenrand lag, war mir klar, daß wir das jetzt in die Tat umsetzen müssen, weil ich ihr Leben retten wollte.«

Gegen 22 Uhr habe er dann beobachtet, wie Heiko H. seinen Pkw abstellte und die Plauensche Straße entlanglief. Er verfolgte ihn, bis er in eine Gaststätte eintrat. Gegen 01.45 Uhr am 11. November 2017 habe er Heiko H. zurück zu seinem Auto gehen sehen.

Die Tat

In seiner Beschuldigtenvernehmung am 17. November 2018 gab Johnny H. zum Tatgeschehen Folgendes zu Protokoll: Er sah, wie Heiko H. zu seinem Pkw ging, den Kofferraum öffnete und darin hantierte. Der Plan war, ihn mit dem Messer in den Hals zu stechen, damit er nicht um Hilfe rufen kann. Als er den Hals verfehlte, schrie das Opfer um Hilfe. Ihm war dann alles egal, er stach wahllos zu und war sich sicher, mehrmals in die Brust getroffen zu haben. Wie oft, konnte er nicht sagen. Er zählte nicht mit, weil alles extrem schnell ging.

In seiner Beschuldigtenvernehmung am 18. Januar 2018 schilderte Johnny H. die Tat wie folgt: Er sah den Herrn H. – nach seiner Einschätzung gegen drei Uhr – die Plauensche Straße entlanglaufen. In der Annahme, daß dieser vielleicht zu seinem Auto geht, folgte er ihm bis zur Ecke Plauensche/Liebestraße. Er steckte sein Messer in den rechten Ärmel seiner Jacke, bevor er dann ganz normal in seine Richtung lief und ihn beobachtete. Als Heiko H. an seinem geöffneten Kofferraum stand, überquerte Johnny H. die Straße, das Messer bereits in der Hand, und trat unvermittelt von hinten an sein Opfer heran. Heiko H. erschrak, rief sofort um Hilfe und hob seinen Arm zur Verteidigung. Unter Ausnutzung von dessen Arglosigkeit und Wehrlosigkeit stach der Angreifer von hinten auf den Kopf und die Oberkörperpartie des Fahrzeughalters ein. Johnny H. gab an, wiederholt in den Bauchraum gestochen zu haben.

Mit einem Gummimesser führte Johnny H. in der Hauptverhandlung die Szene vor. Auf Nachfrage des Gerichts ergänzte er, daß er

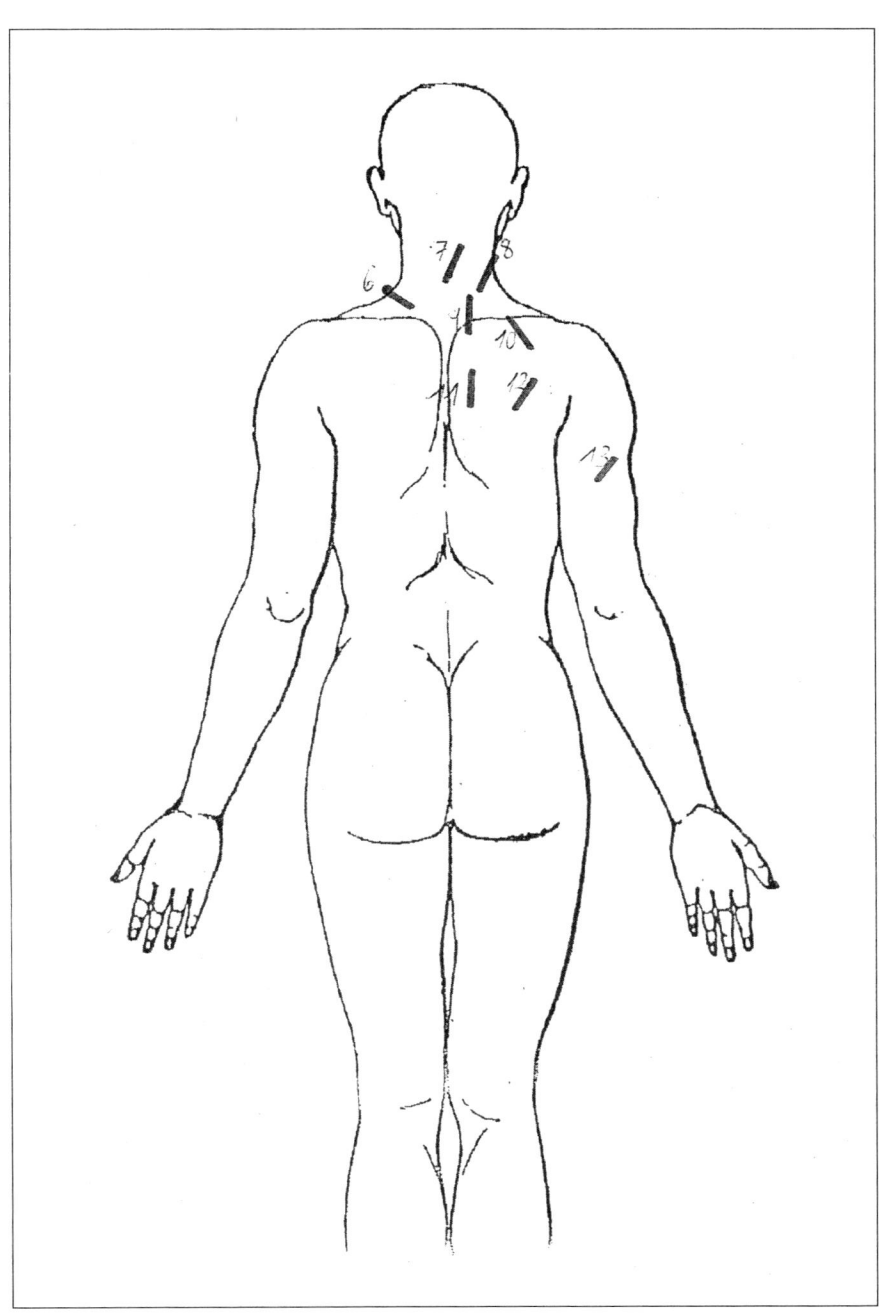

Zeichnung aus der Gerichtsmedizin: Stichverletzungen am Opfer.

bei der Tat Gartenhandschuhe mit Noppen getragen habe. Da Heiko H. den Autoschlüssel in der rechten Hosentasche mit sich führte, habe er ihm die Hose aufgeschnitten. Die Handschuhe zog er erst aus, als er im Auto saß.

Die Richtigkeit des Geständnisses des Johnny H. wurde bestätigt durch den Inhalt des verlesenen DNA-Gutachtens des LKA Sachsen vom 12. April 2018, wonach an den Kleidungsstücken des Johnny H. – schwarzer Kapuzenanorak, Jogginghose und Pullover – Blut des Geschädigten nachgewiesen werden konnte. Außerdem stand seine Darstellung der Tathandlung, insbesondere im Hinblick auf die Anzahl der beigebrachten Stiche, im Einklang mit dem Inhalt des Sektionsprotokolls des Instituts für Rechtsmedizin am Universitätsklinikum Gießen vom 12. Februar 2018, der auch die Grundlage für das festgestellte Verletzungsbild bot.

Sarah P. gab in ihren Vernehmungen vehement zu Protokoll, an der Tötung von Heiko H. nicht beteiligt gewesen zu sein. Johnny H. bestätigte das.

Das Verbringen der Leiche

In seiner ersten Vernehmung in Frankfurt am Main schilderte Johnny H., daß er und Sarah P. geplant hatten, die Leiche direkt vor Ort, hinter einer Mauer auf der Plauenschen Straße, verschwinden zu lassen, also in unmittelbarer Nähe des Pkw. Johnny H. entschied sich jedoch dagegen. Anhand der »Blutlinie« erkenne man, wenn ein Mensch geschleift wurde. Sarah P. antwortete kühl: »Na, dann hoff' darauf, daß er am Kofferraum steht.«

Heiko H. kam unmittelbar hinter seinem Fahrzeug zum Liegen. Der Täter räumte aus dem noch offen stehenden Kofferraum die persönlichen Sachen des Opfers aus, um im Anschluß den leblosen Körper unter großer Kraftanstrengung in den Kofferraum legen zu können. Er fand eine Küchenrolle und wischte das Blut von der Stoßstange ab, bevor er losfuhr. Danach holte er seine Freundin ab, die im Hauseingang offenbar kurz eingenickt und nun über sein Hu-

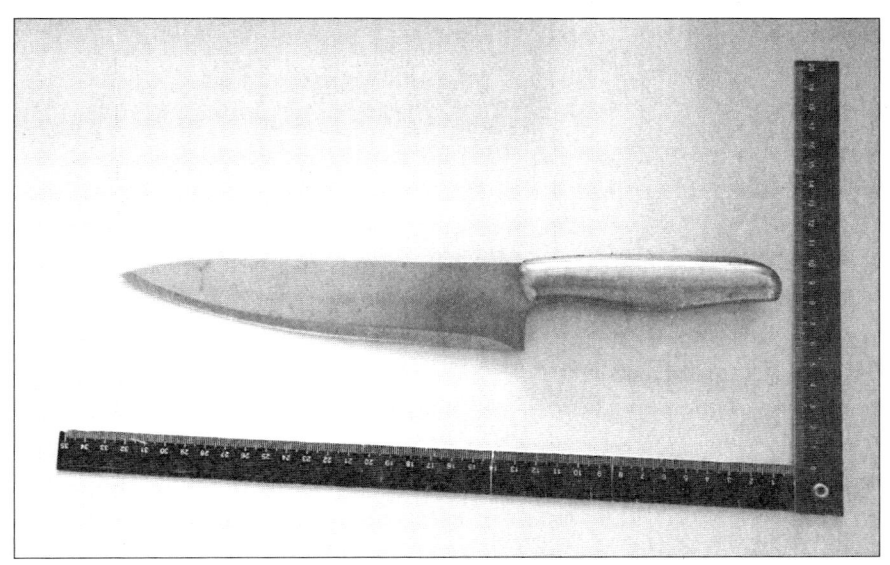

Tatmesser, mit welchem Heiko H.
heimtückisch und hinterhältig ermordet wurde.

pen und den hastigen Zuruf überrascht war: »Blutlache. Da vorn. Im
Kofferraum ist die Leiche.« Er forderte sie auf, die Taschen auf die
Rückbank zu legen, und erklärte kurz, daß der Kofferraum voll und
dort alles voller Blut sei. Sarah P. erschrak, stieg aber ein. Sie legte
ihr Gepäck auf den Rücksitz. Dann fuhren sie eilig los. Erst auf der
Autobahn erzählte er ihr, was passiert war.

Nach Angaben des Johnny H. habe Sarah P. seine Schilderungen
von der Tat und der Leiche im Kofferraum emotionslos hingenom-
men. Sarah P. sagte dagegen aus, sie habe nur gezittert und kaum ein
Wort herausgebracht. Johnny H. habe die ganze Zeit damit geprahlt,
wie er den Kerl umgebracht habe. Es machte den Eindruck, er habe
Vergnügen am Töten empfunden.

Auf der Autobahn in Richtung Frankfurt unterhielten sich beide,
wie es weitergehen soll. Johnny H. entschied sich, die Autobahn in
Bad Hersfeld (Hessen) zu verlassen und einen geeigneten Ablageort,
möglicherweise einen Wald oder einen Fluß, zu suchen. Zunächst
fuhr er ziellos durch die Gegend, doch durch Zufall gelangte er über

211

einen Feldweg zu einem Fluß. Daß es sich dabei um die Fulda handelte, wußte er zu diesem Zeitpunkt nicht.

Der Mörder hob die Leiche aus dem Kofferraum und ließ sie zu Boden fallen. Im Anschluß habe er sie durchsucht. Er fand zwei Schlüsselbunde und das Handy des Opfers, und warf alles in den Fluß. Die Bankkarten und das Bargeld nahm er an sich. Dann warf er die Leiche in den Fluß. Im Anschluß versuchte er mittels Papier von der Küchenrolle und Felgenreiniger, den Kofferraum zu reinigen. Dies gelang ihm nur mit mäßigem Erfolg. Laut seinen Angaben wollte Sarah P. ihm bei der Beseitigung der Leiche als auch bei der Reinigung helfen. Johnny lehnte ab.

Sarah P. sagte aus, daß sie keinen klaren Gedanken mehr fassen konnte, nachdem ihr Johnny H. gestanden hatte, einen Menschen für ein Auto getötet zu haben. Sie hätte am ganzen Körper gezittert und nur noch Furcht verspürt. Am Ufer der Fulda habe er sie aufgefordert, bei der Beseitigung der Leiche zu helfen und diese anzuschauen. Sie konnte und wollte es nicht. Daraufhin habe Johnny H. ihr gedroht und sinngemäß gesagt, sie solle sofort aussteigen, sonst würde er ihr das gleiche antun, damit ihre Familie eine Strafe erhielte. Aus Angst um ihr Leben schaute sie sich den Leichnam an, half jedoch zu keinem Zeitpunkt mit, ihn verschwinden zu lassen oder das Fahrzeug zu säubern.

Nach der Tat

Nachdem sie die Leiche in die Fulda geworfen hatten, fuhren beide wieder auf die Autobahn. Sarah P. durchsuchte die wenigen Habseligkeiten des Opfers. Sie fand zwei Sparda-Bank-Karten und 19 Euro Bargeld. An einer Tankstelle kurz vor Frankfurt am Main tankten die Täter für zehn Euro. Für das verbliebene Geld kauften sie Zigaretten und Kekse. Dann fuhren sie in die Frankfurter Innenstadt. Gegen acht Uhr, als es schon hell war und reger Personenverkehr herrschte, forderte Johnny H. seine Freundin auf, ein paar Wertsachen des Opfers auf der Straße zu verkaufen, darunter einen Laptop und ein

Smartbook. Sie traute sich nicht. Da sie zudem keinen günstigen Parkplatz fanden, fuhren sie in Stadtrandnähe. Auf dem Besucherparkplatz des Industrieparks Höchst in der Leunastraße stellten sie den Pkw ab und verblieben dort fast eine Woche. Mittlerweile war auch der Tank vollständig leer.

Während dieser Zeit kauften die Täter mit einer der Bankkarten des Opfers beim REWE-Markt in Frankfurt für 70 Euro gegen Unterschrift ein. Am 15. November 2018 habe Johnny H. einen gefälschten Überweisungsschein über 2.000 Euro in einer Filiale der Sparda-Bank Hessen in Frankfurt eingeworfen. Das Geld sollte – mit dem Verwendungszweck »ebay« – auf sein Konto bei der Commerzbank überwiesen werden. Nach Eingang des Geldes sollte dieses abgehoben und zur weiteren Flucht in Richtung Schweiz verwendet werden. Sarah P. war sowohl am Einkauf beteiligt als auch beim Einwurf der SEPA-Überweisung anwesend. Sie beabsichtigte in Frankfurt, zur Polizei zu gehen, zumindest behauptete sie das in den Vernehmungen. Johnny H. wich ihr allerdings nie von der Seite. Er soll sie am Arm gepackt und deutlich gemacht haben, daß sie das gleich vergessen könne, weil er sonst in den Knast wandere und sie nicht. Aus Angst, daß er sie auch töte, hörte sie auf ihn.

Johnny H. wiederum betonte in den Vernehmungen, Sarah P. nie unter Druck gesetzt zu haben. Im Gegenteil, sie konnte jederzeit aussteigen, wenn sie gewollt hätte.

Todesursache und Motiv

Heiko H. starb auf nichtnatürliche Art infolge multipler scharfer Gewalt. Aus der Halskopfschlagader kann innerhalb von kurzer Zeit ein relevanter Blutverlust erfolgen. Eine Verletzung der Drosselblutader kann eine Luftembolie des Herzens verursachen. Bei diesen Verletzungen war von einem Todeseintritt in unmittelbarem Zusammenhang mit der Schädigung auszugehen.

Das blutbehaftete Tatwerkzeug wurde im gestohlenen Pkw des Heiko H. gefunden und gesichert. Es handelte sich dabei um ein

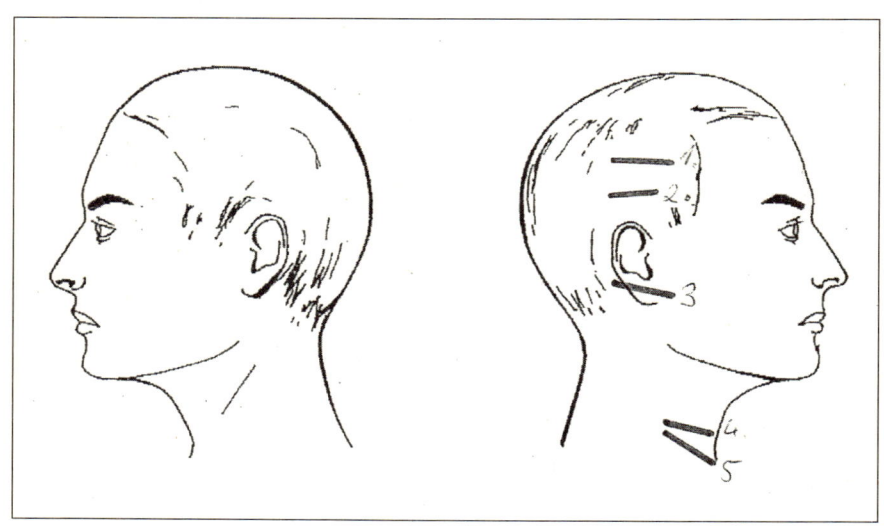

Zeichnung aus der Gerichtsmedizin: Stichverletzungen am Opfer.

handelsübliches Küchenmesser mit einer Klingenlänge von zirka 30 Zentimetern und einem schwarzen Kunststoffgriff. Die Klingenspitze war verbogen.

Laut Aussagen der beiden Täter waren sie sich einig, ein Fahrzeug zu besorgen, um schneller an ihren Zielort in der Schweiz zu gelangen. In seinen Vernehmungen betonte Johnny H., daß er getötet habe, um sich in den Besitz des Pkw bringen. Er war in großer Sorge um seine Freundin, die aufgrund des Wetters hätte sterben können.

Einlassungen und Widersprüche

Johnny H. machte umfangreiche Angaben zum Vortatgeschehen, zur Tat selbst und zum Nachtatverhalten. Widersprüchlich war die Tat selbst. In seiner ersten Vernehmung gab er an, daß er in den Hals stechen wollte, um den Widerstand seines Opfers zu brechen, dies jedoch nicht gelang. Aus diesem Grund stach er mehrfach auf den Oberkörper ein. In seiner zweiten Vernehmung will er das Opfer in den Bauch gestochen haben. Diese Aussage stimmte indes nicht mit den festgestellten Stichverletzungen bei der gerichtlichen Sektion überein. Zudem paßte sein Motiv, seine Freundin vor den widrigen Witterungsverhältnissen schützen zu wollen, nicht zur Aussage des Zeugen W., der erklärte, daß bereits im Vorfeld die Tötung eines Menschen für einen Pkw geplant wurde. Sarah P. gab in ihren Vernehmungen wiederholt an, daß Gewalt gegen eine Person in ihrer Gegenwart nie ein Thema gewesen war. Das stand im Widerspruch zur Aussage des Zeugen W., der während der Tour mit dem Fahrrad in die Pläne der Freunde, ein Auto zu klauen, eingeweiht wurde. Dabei seien auch die Worte »zusammenschlagen« oder »umbringen« gefallen.

Die Aussage, daß sie dachte, Johnny H. würde lediglich einen Pkw aufbrechen und stehlen, deckte sich nicht mit der Aussage von Johnny H., der seiner Freundin erzählt hätte, dies nicht zu können. Der Plan, ein Auto zu beschaffen, wurde tatsächlich erst nach rund zwölf Stunden erfolgreich realisiert, was sich schwerlich mit der Annahme eines bloßen Pkw-Diebstahls in Einklang bringen läßt. Situativ wäre der bloße Besitz eines Pkw mit unkalkulierbarer Tankfüllung auch nicht zielführend gewesen, sondern hätte zusätzlich Bargeld und eine EC-Karte erforderte, was ohne Gewaltanwendung kaum zu bewerkstelligen gewesen wäre. Trotz der offensichtlichen Beschaffungsprobleme lehnte Sarah P. das Hilfsangebot des Zeugen H. am Abend ab und stand weiter unverdrossen zu den gemeinsamen Reiseplänen mit Johnny H. Daß sie nach der Ankunft in Gera völlig fertig gewesen sei und nur noch nach Hause wollte, stand im Widerspruch zu der Tatsache, daß sie im Vorfeld der Tat zweimal die Möglichkeit ungenutzt gelassen hatte, sich der Polizei zu erklären. Mit keiner Silbe vertraute sie sich den Polizisten in Gera, die sie zufällig ansprachen, noch den Beamten in Frankfurt an, als diese sie wegen der Personenfahndung in Verbindung mit der Vermißtenanzeige mit zur Dienststelle nahmen. Selbst ihren Eltern gegenüber schwieg sie auf der Fahrt von Frankfurt nach Zwickau. Statt dessen machte sie gegenüber der Verhörsperson KHK S. eine Falschaussage; Johnny H. sei über einen guten Kollegen in den Besitz des Autos gekommen. Am Ende der Vernehmung reagierte sie auf die Frage, ob sie mit dabei gewesen sei, sichtlich erregt und gefühlskalt. Nein, sie sei nicht mit dabei gewesen, sie habe »den Hund auch nicht umgebracht«.

Unglaubhaft ist darüber hinaus, daß sie völlig ahnungslos in den gestohlenen Pkw einstieg. Obwohl Johnny H. ihr unmißverständlich signalisiert hatte, daß das Auto unmittelbar zuvor gewaltsam beschafft worden war und sich sogar noch reichlich Blut des Opfers im Auto befand, zögerte Sarah P. nicht, sich ins Auto zu setzen und ihre Reisepläne weiterzuverfolgen. Die mangelnde Distanzierung von der drastischen Bluttat ist auch in der zugespitzten seinerzeitigen Situation kaum nachzuvollziehen, wenn nicht bereits zuvor Gewaltanwendung thematisiert und allseits gebilligt worden wäre. Ihre Einlassung, daß Johnny H. sie am Ablageort der Leiche mit dem Leben bedroht habe, paßte nicht zu ihrem Nachtatverhalten und wurde vom Gericht später als Schutzbehauptung im Rahmen der von ihr nachträglich gewählten Verteidigungsstrategie entlarvt. Spätestens an der Tankstelle vor Frankfurt hätte sie den Pkw verlassen und sich Unbeteiligten anvertrauen können. Auch ihr Verhalten über mehrere Tage in Frankfurt – die Einkäufe und die gefälschte Überweisung – ließ an der Glaubhaftigkeit ihrer Aussagen zweifeln.

Daß sie sich nicht mit Johnny H. abgesprochen hätte, für den Fall, daß beide von der Polizei aufgegriffen werden, schien ebenfalls fragwürdig, da es in ihrer ersten Zeugenvernehmung offensichtlich Parallelen zum Aussageverhalten des Johnny H. gab, der zeitgleich in Frankfurt vernommen wurde.

Zur Person des Mörders Johnny H.

Der zum Tatzeitpunkt 20jährige Täter wuchs zunächst bei seiner Mutter in Chemnitz auf und hat noch vier Geschwister. Seine Mutter stand während seiner Kindheit unter Drogen und wechselte häufig ihre Lebenspartner. Johnny H. wird als schüchternes und zurückhaltendes Kind beschrieben. Bereits im Alter von drei Jahren wurde er erstmals von der Mutter getrennt, da diese wegen Diebstahls in

Haft kam. Der Kleine kam bei zwei Pflegefamilien unter und ging danach zu seiner Mutter zurück. Im Jahr 2006 wurde er von seiner Mutter in fast kochendes Badewasser gesteckt, wodurch er sich Verbrühungen 3. Grades an den Füßen zuzog. Wegen Kindesmißhandlung wurde die Mutter zu einer Freiheitsstrafe von zwei Jahren und zehn Monaten verurteilt. Das Jugendamt nahm Johnny H. aus der Familie. Nach seiner stationären Krankenhausbehandlung war er zunächst für einige Monate im Kinderheim in Mittweida untergebracht. Zwischen 2006 und 2015 lebte er im SOS-Kinderdorf in Zwickau. Als Erstkläßler besuchte er eine Sprachheilschule. Anschließend absolvierte er die 2. bis 4. Klasse in allgemeinen Grundschulen und ging von der 5. bis zur 11. Klasse auf das Peter-Breuer-Gymnasium in Zwickau. In der 11. Klasse schied er aus Leistungsgründen aus der Schule aus. Danach besuchte er noch ein Jahr ein berufliches Gymnasium in Werdau sowie die Handwerkerschule in Chemnitz, welche er jedoch abbrach. Vor seiner gegenständlichen Inhaftierung arbeitete Johnny H. als Praktikant in einem Autohaus in Zwickau.

Bereits als Kind, als er im SOS-Kinderdorf lebte, beging er kleinere Ladendiebstähle. In der Schule stahl er Handys. Wegen diverser Regelüberschreitungen (häufiges Rauchen, Alkoholkonsum, oppositionelles Verhalten) wurde er am 10. Juli 2015 aus dem SOS-Kinderdorf entlassen. Er lebte zunächst bis zum 20. Juli 2015 beim Notdienst in Chemnitz, dann in der Wohngruppe der Sächsischen Sozialakademie in Chemnitz und ab Februar 2016 in einer WG. Nach Abbruch der Schule im Mai 2016 zog er nach Zwickau. Er begann eine Lehre bei einem Recycling-Unternehmen. Diese Stelle wurde ihm jedoch fristlos gekündigt. Am 14. November 2016 beantragte er Hartz IV. Seit 1. Februar 2017 lebte er in einer eigenen Wohnung in Zwickau, die durch das Jobcenter finanziert wurde. Am 1. August 2017 begann er ein Motivationsjahr bei einem gemeinnützigen Verein in Zwickau.

Johnny H. besaß keine Fahrerlaubnis. Er war zweimal strafrechtlich vorgeahndet. Letztmalig wurde er im Verfahren am 18. April

2017 (Rechtskraft 12.8.2017) durch das Amtsgericht Zwickau wegen unbefugten Gebrauchs eines Fahrzeugs in Tateinheit mit Fahren ohne Fahrerlaubnis in Tateinheit mit Widerstand gegen Vollstreckungsbeamte u. a. zu einer sechsmonatigen Jugendstrafe verurteilt, deren Vollstreckung für zwei Jahre auf Bewährung ausgesetzt wurde. Zwischenzeitlich wurde die Bewährung widerrufen und er verbüßte die Jugendstrafe in der Jugendstrafanstalt Regis-Breitingen.

Mit Sarah P. war er seit September 2017 liiert. Nach eigenen Angaben litt er unter Hospitalismus und konsumierte seit dem 14. Lebensjahr illegale Betäubungsmittel wie Cannabis. Die Zeugin K. bekundete glaubhaft, Johnny H. habe im Sommer 2017 fast täglich von einem Bekannten Marihuana oder Haschisch gekauft. Damit mißachtete er die Warnwirkung der verhängten Bewährungsstrafe vom 18. April 2017 und kann als Bewährungsversager angesehen werden.

Zur Person von Sarah P.

Die zum Tatzeitpunkt 17jährige Sarah P. wurde ehelich geboren. Sie hat noch zwei jüngere Schwestern. Als sich die Eltern trennten, verblieb Sarah P. bei der Mutter. Im Januar 2017 wurde ihr Halbbruder geboren. Die Schule verließ sie mit dem Hauptschulabschluß, da sie die mittlere Reife nicht erlangte. Ihre schulischen Leistungen wären stets durchschnittlich gewesen. Theoretische Aufgaben bereiteten ihr häufig Probleme, praktische Tätigkeiten fielen ihr leichter. Nach dem Schulabschluß bis zu ihrer Inhaftierung absolvierte sie eine Pflegeausbildung. Sarah P. hatte mit 14 Jahren ihren ersten festen Freund, Karim. Als sie sich von ihm trennen wollte, habe er sie und ihre Familie bedroht, so daß die Verbindung beinahe ein Jahr andauerte. Anschließend ging sie für etwa drei Monate mit einem Jungen, der stark depressiv war und sie schlug. Im September 2017 kam sie mit Johnny H. zusammen. Sie übernachtete mehrfach bei ihm. Ihre Mutter und Johnny H. verstanden sich gut. Sarah P. ist Raucherin. Sie probierte illegale Drogen (Cannabis) maximal viermal. Sarah P. war bislang strafrechtlich nicht vorgeahndet.

Zur Schuld der Täter

Der Angeschuldigte war zum Tatzeitpunkt 20 Jahre und einen Monat alt und damit Heranwachsender im Sinne des § 1 Abs. 2 JGG. Ausweislich des forensisch-psychiatrischen Gutachtens, welches der psychiatrische Sachverständige Dr. Kroll erstellte, wies der Angeschuldigte keine Hinweise auf manifeste Persönlichkeitsstörungen auf kategorialer Ebene, wohl aber signifikante Akzentuierungen der Persönlichkeit in mehreren Bereichen auf. Der Angeschuldigte H. erfüllt keines der Eingangskriterien für das Vorliegen einer Schuldunfähigkeit wie Schwachsinn, krankhafte seelische Störung, tiefgreifende Bewußtseinsstörung oder schwere andere seelische Abartigkeit. Sicher handelt es sich bei ihm um eine Persönlichkeitsakzentuierung mit selbstunsicheren, narzißtischen und dissozialen Anteilen. Hinweise auf ein Wahnerleben oder eine Ich-Störung fanden sich nicht. Angesichts der gezeigten Schulleistungen könne auch ein Schwachsinn ausgeschlossen werden. Beachtsam ist, daß der Angeschuldigte als Kind schwergradig traumatisiert wurde.

Hinweise auf eine Intoxikation des Angeschuldigten zum Tatzeitpunkt ergaben sich nicht. Im Hinblick auf die Art und den Umfang des berichteten Drogenkonsums (sogenannter »schädlicher Gebrauch«) und der fehlenden Entzugserscheinungen nach Beginn der U-Haft bestünden auch keine Anhaltspunkte für die Annahme von forensisch relevanten Folgewirkungen durch einen längeren und nachhaltigen Substanzmißbrauch.

Eine schwere und anhaltende Störung der Persönlichkeit, die den Angeschuldigten in mehreren Lebensbereichen stark beeinträchtig, liegt nicht vor. Seine Einsichts- und Steuerungsfähigkeit war nicht im erheblichen Umfang beeinträchtigt. Hinsichtlich der Gesamtwürdigung seiner Persönlichkeit war der Angeschuldigte nach Ansicht des Gutachters zum Tatzeitpunkt von seiner Entwicklung her mit einem 16-/17jährigen vergleichbar; er stand einem Jugendlichen näher als einem Erwachsenen.

Die Vertreterin der Jugendgerichtshilfe führte aus, daß anhand des Lebenslaufes erhebliche Defizite in seiner sittlichen Reife erkennbar seien. Eine soziale Unreife sei ihm in den letzten Jahren von verschiedenen Seiten unterstellt worden, die er mit Intelligenz, Höflichkeit, Charme und teilweise mit einer gewissen Überheblichkeit kompensieren konnte. Seit der Herauslösung aus der Heimerziehung Anfang 2015 war Johnny H. nicht in der Lage, die gewonnenen Freiräume zu nutzen, sondern offenbarte gravierende Mängel bei der Alltagsbewältigung, die nach kurzer Zeit zum sozialen Abstieg führten. Seine Anstrengungsbereitschaft, Frustrationstoleranz und die

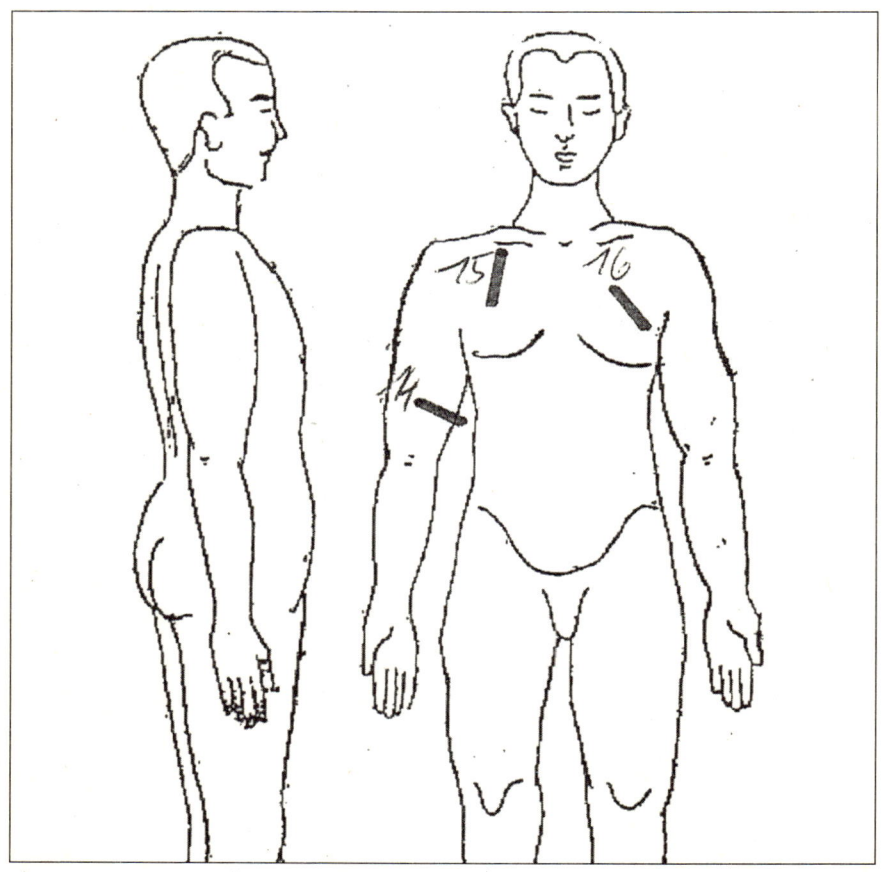

Zeichnung aus der Gerichtsmedizin: Stichverletzungen am Opfer.

Fähigkeit, längerfristig zu planen und diese Planung umzusetzen, seien stark eingeschränkt.

Hinsichtlich seiner geistigen und sittlichen Reife wirkte er komplex psychosozial entwicklungsverzögert (retardiert). Für diese Feststellung spricht u. a. der naive Plan, sich von Zwickau mit Fahrrädern in die Schweiz zu begeben und dort mit Hilfe von Schweizer Banken groß in das Drogengeschäft einzusteigen. Aus psychiatrischer Sicht kann ausgeschlossen werden, daß die narzißtischen und dissozialen Persönlichkeitsanteile bei dem Tatgeschehen maßgeblich auf das Hemmungsvermögen Einfluß genommen hätten. Dies werde belegt durch die Tatvorbereitung, die Fähigkeit zu warten bei einem langgezogenen Tatgeschehen, durch einen komplexen Handlungsablauf in Etappen sowie durch das Hervorgehen des Delikts aus dissozialer Verhaltensbereitschaft. Dieser empirischen Einschätzung schloß sich das Gericht an, da das Tatgeschehen nicht von einer konflikthaften Zuspitzung mit einem abrupten und impulshaften Tatablauf geprägt war. Daß das Hemmungsvermögen im Wesentlichen noch intakt war, wird belegt durch das mehrfache Abstandnehmen von einer Tatverwirklichung im Vorfeld.

Beim Angeschuldigten liegen weder die Voraussetzungen der Schuldunfähigkeit nach § 20 StGB noch der erheblich verminderten Schuldunfähigkeit nach § 21 StGB vor. In Übereinstimmung mit den Einschätzungen des psychiatrischen Sachverständigen und der Vertreterin der Jugendgerichtshilfe war gemäß § 105 Abs. 1 Nr. 1 JGG Jugendrecht anzuwenden.

Die Angeschuldigte P. war zum Tatzeitpunkt 17 Jahre und vier Monate alt und damit Jugendliche gemäß § 1 Abs. 2 JGG. Auf den psychiatrischen Sachverständigen Dr. Kroll habe sie insgesamt sehr sensibel, verletzlich und deutlich entwicklungsverzögert gewirkt. Ihrer Lebenssituation, insbesondere der Beziehungsgestaltung nach zu urteilen, könnten dependente Persönlichkeitsmerkmale abgeleitet werden. Valide Anhaltspunkte für eine emotional instabile Persönlichkeitsstörung lägen jedoch nicht vor. Sie zeigte kein selbstverletzendes Verhalten.

Die vom Gericht verlesenen Zitate aus den Briefen der Sarah P. an Johnny H. unterstrichen die gutachterliche Ansicht. Bereits unmittelbar nach der Inhaftierung hatte Johnny H. begonnen, Briefe an seine Freundin zu schreiben. In diesen offenbarte er ihr, wie sehr er sie liebe, daß er ihr Wärme geben könne und eine Familie mit ihr haben möchte. Innerhalb der ersten Inhaftierungswoche habe er ihr zwei, bis zum Tag der Hauptverhandlung insgesamt 27 Briefe geschrieben. Da die Briefe kontinuierlich kamen und die Familie der Sarah P. zwischenzeitlich Abstand auserbeten hatte, schenkte Sarah P. den Liebesbeteuerungen ihres Freundes erneut Glauben. Sie schrieb erstmalig zu Weihnachten einen Brief an Johnny H. zurück. Neben den vom Gericht vorgehaltenen Zitaten habe sie im Brief vom 24. Dezember 2017 ausgeführt:

»[...] Habe Deine Briefe bekommen [...]. Mir geht es nicht so gut, meine Psyche ist am Boden. [...] Ich bin auch bei einer Psychologin und hoffe, sie kriegt sie wieder stabil. Meine Familie kann dich nicht mehr leiden, ich verstehe sie auch in der Hinsicht. [...] Ich liebe jeden Fehler an dir, obwohl du für mich keine Fehler hast. Ich bin echt überrascht, daß so ein hübscher, intelligenter und liebevoller Mensch mich liebt. [...]« Im Brief vom 2. Januar 2018 schrieb sie u. a.: »Ich habe so Angst, dich zu verlieren. Angst, verlassen zu werden von Menschen, die ich liebe [...].« Am 20. Januar 2018 schrieb sie weiter: »Ich möchte, daß du weißt, daß ich dich liebe, aber auf der anderen Seite weiß ich nicht, warum du sowas sagst über mich [...] verletzt mich schon ein bisschen. [...] Aber ich liebe dich auch.«

Laut forensisch-psychiatrischem Gutachten befand sich die Angeschuldigte P. zum Zeitpunkt der Tat in einer ausgeprägten psychischen Streßsituation mit massivem Schlafentzug, verminderter Nahrungszufuhr, verminderter Zufuhr von Getränken, Kälte und mangelhafter Hygiene. Sie war zwar in einem psychischen Ausnahmezustand, ohne jedoch an einer psychischen Störung im Sinne der Eingangskriterien für den § 20 StGB zu leiden. Hinweise auf eine erheblich verminderte Schuldfähigkeit im Sinne des § 21 StGB fanden sich ebenfalls nicht. Laut Gutachten war die Angeschuldigte aufgrund ihrer geistigen und sittlichen Entwicklung gut in der Lage, das Unrecht der zunächst beabsichtigten und dann auch realisierten Tat zu erkennen und nach dieser Einsicht zu handeln.

Rechtliche Wertung

Beide Angeschuldigten hatten sich bereits Stunden vor der Tat darüber unterhalten und geeinigt, sich unbedingt ein Auto zu beschaffen und nötigenfalls dazu auch das mitgeführte Messer einzusetzen und den Fahrer zu töten. Johnny H. führte von Anfang an in seinem Rucksack das Küchenmesser mit feststehender Klinge in erheblicher Länge mit, das für einen alltäglichen Einsatz eher ungeeignet war. Vor Gericht konnte ausgeschlossen werden, daß erst Sarah P. den Messereinsatz ins Bewußtsein des Johnny H. gebracht hatte.

Entsprechend des gemeinsamen Planes ging der Angeschuldigte H. dann vor, als er unvermittelt wortlos von hinten an Heiko H. herantrat und sofort mehrfach massiv auf ihn einstach, um sich des Pkw zu bemächtigen. Seine Tötungsabsicht ergibt sich zwingend aus der Zahl der Stiche und den angegriffenen Körperregionen. Insoweit erfüllt der Angeschuldigte H. die Mordmerkmale der Habgier und der Heimtücke. Hinzu kommt, daß er durch die Tötung eines Menschen eine andere Straftat, nämlich einen Raub am Pkw des Opfers, erst ermöglichte.

Die Angeschuldigte P. hat von Anfang an den gemeinsamen Tatplan gebilligt und sogar wesentlich gefördert, indem sie auf der Plauenschen Straße in Gera dem Angeschuldigten durch mehrmaliges Stechen in die Luft zeigte, wie er es machen soll. Auch nach der Tat distanzierte sie sich nicht von dem Plan, vielmehr partizipierte sie am Taterfolg. Die Angeschuldigte P. muß sich – selbst wenn sie bei der eigentlichen Tatausführung nicht aktiv war, in gut 100 Metern Entfernung saß und keinen Einfluß auf die Auswahl des Fahrzeugs bzw. Opfers nahm – die Beihilfe zum Mord zurechnen lassen. Sie hatte aufgrund ihrer Entwicklung und ihres bisherigen Werdegangs die erforderliche Reife, das Unrecht dieser Tat einzusehen.

Das Urteil

Johnny H. hat sich schuldig gemacht des Mordes unter Verwirklichung der alternativen Heimtücke, Habgier und zur Ermöglichung einer Straftat gemäß §§ 211 Abs. 2 StGB in Tateinheit mit besonders schwerem Raub mit Todesfolge gemäß §§ 251 Abs. 1, 249, 250 Abs. 2 Nr. 1 StGB.

Ausgehend von der Erfüllung gleich dreier Mordmerkmale (äußerer Unrechtsgehalt) war auch das Maß der persönlichen Schuld als schwerwiegend zu bewerten. Es handelte sich um ein geplantes Vorgehen gegen ein unbekanntes Opfer auf offener Straße, das auf drastische Weise umgebracht wurde, um eine nur kurzfristig wirksame Lösung für ein bereits zuvor absehbares, schwieriges Problem (Zukunftsgestaltung) zu erreichen, wobei nach der Tat kaltblütig die Leiche entsorgt und mit erheblicher krimineller Energie versucht wurde, sich auf Kosten des Opfers zu bereichern. Zur empirischen Einschätzung des Erziehungsbedarfs führte der psychiatrische Sachverständige aus, es bestehe die Gefahr, daß die vorliegende Persönlichkeitsakzentuierung mit narzißtischen Anteilen sich zukünftig in eine Persönlichkeitsstörung verfestigen könne. Die vorliegenden Persönlichkeitsdefizite waren von hartnäckiger Natur, wobei zweifelhaft erscheine, ob Johnny H. tatsächlich Krankheitseinsicht zeige. Jedenfalls sei die erzieherische Einflußnahme auf Johnny H. von komplexerer Natur mit einem Zeitbedarf von mehreren Jahren. Unter maßgeblicher Beachtung der Persönlichkeitsstruktur des Johnny H. sowie der beiden in 2016 und 2017 begangenen drastischen Taten mit progressiver Tendenz sah auch das Gericht einen langjährigen Erziehungsbedarf. Unter Einbeziehung der zum Urteilszeitpunkt noch nicht vollständig vollstreckten Verurteilung vom 18. April 2017 erachtete das Gericht eine Einheitsjugendstrafe von neun Jahren und sechs Monaten zur erzieherischen Einflußnahme unter freiheitsbeschränkenden Bedingungen und zur Herbeiführung eines angemessenen Schuldausgleiches für erforderlich. Gemäß § 17 Abs. 2 JGG war sowohl wegen Bejahung von schädlichen Neigungen als auch wegen der Schwere der Schuld Jugendstrafe zu verhängen. Zu seinen Gunsten sprach sein Geständnis und die Aufklärungshilfe zur Beteiligung der Sarah P. Nach der Gesamtwürdigung der verbleibenden gravierenden Strafschärfungsgründe und aller vorhandenen Strafmilderungsgründe verblieb es auch unter Beachtung des nur elfmonatigen Abstandes zur Schwelle der Anwendbarkeit von Erwachsenenstrafrecht bei dem Strafrahmen des § 18 Abs. 1 Satz 2 JGG. Die Voraussetzungen für eine höhere Jugendstrafe gemäß § 105 Abs. 3 Satz 2 JGG lagen nach Überzeugung des Gerichts nicht vor.

Sarah P. hat sich der psychischen Beihilfe zur Haupttat des Johnny H. gemäß § 27 StGB schuldig gemacht. Ihr Tatbeitrag hatte eine die Haupttat fördernde Wirkung, Kausalität war nicht erforderlich. Die Annahme einer Mittäterschaft gemäß § 25 Abs. 2 StGB war nicht gerechtfertigt. Zunächst kann allein die vorliegende vorherige Kenntnis der Sarah P. von der Tat und ihr Wille, diese als gemeinsame anzusehen, eine Mittäterschaft nicht begründen. Zwar kann auch ein die Tatbestandsverwirklichung fördernder Beitrag ausreichend sein, der sich auf eine Vorbereitungs- oder Unterstützungshandlung beschränkt, stets muß sich diese Mitwirkung aber nach der Willensrichtung des sich Beteiligenden als Teil der Tätigkeit aller darstellen. Bei wertender Gesamtbetrachtung der vorliegenden Umstände ist dies jedoch nicht der Fall. Objektiv hatte die Angeklagte keine Tatherrschaft. Sie hatte aufgrund der räumlichen Entfernung zum Tatort keinen Einfluß auf die konkrete Tatgestaltung und ebenfalls keinen Einfluß auf die Auswahl des Opfers. Zwar wollte sie auch vom Taterfolg profitieren, doch hat ihr jedenfalls nicht gewichtiger Tatbeitrag in der Vorbereitungsphase keine solche Bedeutung für die spätere Tatbestandsverwirklichung, daß von einem Willen zur Tatherrschaft ausgegangen werden kann. Die Durchführung und der Ausgang der konkreten Tat hingen nicht maßgeblich vom Willen der Sarah P. ab.

In Übereinstimmung mit der Einschätzung des psychiatrischen Sachverständigen und der Vertreterin der Jugendgerichtshilfe war sie im Hinblick auf ihre Biographie und die Schwere der Tat für ihr Handeln verantwortlich im Sinne von § 3 JGG. Gemäß § 17 Abs. 2 JGG war wegen der Schwere der Schuld Jugendstrafe zu verhängen. Schädliche Neigungen waren hinsichtlich mangelnder Voreintragungen im Bundeszentralregister nicht zu bejahen, obschon die in der ersten Vernehmung geäußerte deutliche Gefühllosigkeit gegenüber dem Opfer (»Hund«) auf Persönlichkeitsdefizite hindeutet. Maßgeblicher Maßstab zur Bewertung der Schuld ist die charakterliche Haltung und das Persönlichkeitsbild, wie sie in der Beihilfehandlung zum Ausdruck gekommen ist. Der äußere Unrechtsgehalt der Tat (Beihilfe in der Vorbereitungsphase zu einem Mord unter Verwirklichung mehrerer Mordmerkmale) hat lediglich nachrangige Bedeutung. Mit der Bestärkung des Tatwillens des Haupttäters nach zwei vorangegangenen Fehlschlägen zu fortgesetzter Nachtzeit offenbarte Sarah P. einen eklatanten Empathiemangel gegenüber dem Schicksal des zukünftigen Opfers. Obwohl ihre selbstverschuldete prekäre Lage ohne weiteres durch Kontaktaufnahme mit ihren Eltern und/oder der Polizei zu beenden gewesen wäre, akzeptierte und förderte sie die Tötung eines ihr unbekannten Menschen, um eine kurzfristige Lösung ihrer Probleme zu erreichen und ihre völlig unrealistischen Zukunftspläne weiter verfolgen zu können. Das Abstandnehmen von den gemeinsamen Plänen wurde ihr zwar durch ihre emotionale Bindung zum Haupttäter erschwert, doch läßt sich dadurch das gravierende Maß des gezeigten Empathiedefizits nicht nachvollziehen. Zur Herbeiführung eines angemessenen Schuldausgleiches und zur erzieherischen Einflußnahme auf Sarah P. erachtete das Gericht daher eine Jugendstrafe von zwei Jahren für erforderlich. Im Hinblick auf mangelnde Voreintragungen und die bereits erfolgte Beeindruckung im Zuge der gut siebenmonatigen Untersuchungshaft konnte die Vollstreckung der Jugendstrafe gemäß § 21 Abs. 2 JGG zur Bewährung ausgesetzt werden.

EIN AUGENZEUGENBERICHT

Stephan Werner und Michael Kirchschlager

BRUTALER MESSERANGRIFF

(Gera, 2020)

Am 9. Februar 2020 kam es in Gera in der Leipziger Straße zu einem brutalen Messerangriff auf drei junge Menschen.[44] Die Täter, der polizei- und justizbekannte Syrer Mohammad D. (15 Jahre), der Iraner Ramin N. (19 Jahre) und der Afghane Ali Sina M. (21 Jahre) griffen nach einer von ihnen ausgeführten Provokation alkoholisiert und ohne Vorwarnung Felix T. (28 Jahre), Robert L. (34 Jahre) sowie eine junge Frau, Cora R. (25 Jahre), an. Die drei jungen Menschen wollten den Gewalttätern aus dem Weg gehen, doch es gelang ihnen nicht. Mit Schlägen und Tritten begannen die Angreifer, ihre Opfer zu traktieren. Mohammad D. aus Syrien ging mit unglaublicher Brutalität mit einem von ihm mitgeführten Cuttermesser, dessen Klinge drei Zentimeter weit herausstand, auf die jungen Männer los. Besonders brutal führte er Stiche und Schnittschläge gegen Gesichter und Hals seiner Opfer aus. Dabei hielt er das Cuttermesser mittig in seiner Faust. Das Gericht hegte keine Zweifel, daß Mohammad D. der Messerstecher war, denn am blauen Griff des Cuttermessers fanden sich seine DNA-Spuren.

Die beiden jungen Männer, die schwerst verletzt wurden, mußten noch in der Tatnacht operativ behandelt werden. Robert L. erlitt eine tiefe Schnittwunde von der linken Schläfe bis hinter das linke Ohr. Felix T. erlitt eine 13 Zentimeter lange und zwei Zentimeter tiefe

---

44 Die Fakten stammen aus diversen FOCUS-Online Berichten, der OTZ sowie den Ausführungen von Stephan Werner, Gera. Literatur: Göran Schattauer: Der Held von Gera: 36-jähriger Mann stoppt Messer-Angreifer und rettet Opfern Leben (FOCUS-Online v. 11. Juli 2020) u. Ulrike Kern: Mutiger Lebensretter wird als Zeuge gehört (OTZ v. 11. Juli 2020).

Schnittwunde in der linken Gesichtshälfte; er ist für sein gesamtes Leben gezeichnet. Diese Narben, so erklärte das Opfer vor Gericht, bleiben ein Leben lang, auch die psychischen. Seine Freundin Cora R. hat mittlerweile Angst, auf die Straße zu gehen, besonders nachts. Sie wird von Alpträumen und Verlustängsten geplagt. Vor Gericht sagte sie zu der Tat aus: »Die Täter gingen immer wieder neu auf uns los. Die kamen mir vor wie im Blutrausch.« Mohammad D. sei »wie ein blutrünstiges Tier« auf ihren Freund zugerannt, die Gesichter der Täter seien »haßerfüllt« gewesen.

Die einheimische Presse berichtete anfänglich nur zögerlich und bagatellisierend von dem Fall. Lediglich das Nachrichtenmagazin FOCUS-Online mit dem Reporter Göran Schattauer (Gera) lieferte umfangreiche Informationen und führte ein Gespräch mit den Vätern der beiden Opfer.

Im Prozeß sagte Ali Sina M. aus Afghanistan aus, die drei Männer hätten in den Stunden vor der Tat viel Alkohol getrunken und seien nachts zu einer Tankstelle gelaufen, um noch mehr Wodka zu kaufen. Tatsächlich liegt die nächste Tankstelle zirka 2,3 Kilometer entfernt. »Wir waren sehr besoffen«, so der Gewalttäter Ali Sina M. In der Innenstadt, so der Täter weiter, »sei es plötzlich zu dieser Auseinandersetzung gekommen«. Er will noch versucht haben zu schlichten und den Haupttäter Mohammad D. von seiner Tat abzuhalten. Ali Sina M. gibt vor: »Ich hatte keine Ahnung, daß er ein Messer dabei hat.«

Im Prozeß legte auch der Iraner Ramin N. ein Geständnis ab. Er gab zu, das spätere Opfer Felix T. beim Vorbeilaufen absichtlich angerempelt zu haben. Ramin N. grölte: »Ich ficke deine Mutter« und schlug auf Felix T. ein. Diese Szene soll der Auslöser für den unmittelbar darauf folgenden Messerangriff gewesen sein.

Stephan Werner (36) berichtet in einem Augenzeugenbericht über die Tat sowie sein selbstloses Einschreiten Folgendes:

»Es war Samstag, der 9. Februar 2020 gegen Mitternacht, als ich auf Randale vor meiner Haustür aufmerksam wurde. Ich kam gerade von Arbeit und wollte noch eine Zigarette rauchen. Um den Rauch

Stephan Werner am Tatort des brutalen Messerangriffs
in der Leipziger Straße in Gera, Foto: Michael Kirchschlager.

abziehen zu lassen, öffnete ich ein Fenster. Beim Blick aus dem Fenster sah ich drei Personen, die mit extremer Gewalt vor dem Elektrogeschäft ›TV Bernhard‹ agierten, sich gegen Schaufenster warfen, gegen Autos traten und laut schrien und pöbelten. Ihr Verhalten war beängstigend aggressiv. Ich war gerade dabei, die Polizei zu rufen, als die Personen weiterzogen. Kurz darauf vernahm ich einen markerschütternden Hilfeschrei einer weiblichen Person: ›Hilfe, Hilfe, der hat ein Messer!‹

Beim erneuten Blick aus dem Fenster sah ich, wie mehrere Personen in eine körperliche Auseinandersetzung verstrickt waren, während die junge Frau immer noch um Hilfe schrie.

Ich rief meiner Freundin noch zu, sie möge bitte die Polizei rufen, während ich spontan ins Treppenhaus rannte. Vorher nahm ich einen Softballschläger an mich, um nicht völlig schutzlos am Tatort einzutreffen. Diesen Softballschläger habe ich mittlerweile immer im Haus, denn ich wurde bereits zweimal in meiner eigenen Wohnung überfallen. In diesem Moment dachte ich: ›Machst du das Richtige?‹ Denn mir war klar, daß man in solch einer Situation selbst schnell zum Opfer werden kann. Der Hilfeschrei der jungen Frau ließ in mir keinen Zweifel aufkommen, daß es hier um Tod oder Leben ging. Ich mußte dort runter, ich mußte helfen!

Vor der Haustür angekommen, erblickte ich, daß nun mit demselben Gewaltpotential wie eben aus dem Fenster beobachtet gegen drei Menschen vorgegangen wurde, und stürmte laut schreiend auf die Gewalttäter zu. Ich schrie: ›Was soll das hier? Hört auf damit! Laßt die Leute in Ruhe!‹ Um den Tätern zu zeigen, daß ich zu allem bereit war, reckte ich meine Faust mit dem Softballschläger in die Höhe.

Dadurch ließen die Angreifer kurz von ihren Opfern ab und starrten mich an. Diesen Moment nutzten die Opfer, um sich aufzuraffen, und kamen mit schweren Schnittwunden im Gesicht auf mich zu. Unter Schock stehend, suchten sie hinter meinem Rücken Schutz. Ich denke, es wäre noch schlimmer gekommen, wenn ich nicht gehandelt hätte. Die Täter haben von ihren Opfern nicht abgelassen. Die hätten wahrscheinlich erst aufgehört, wenn ihre Opfer tot gewesen wären.

Ich lotste die drei Geschädigten in meinen Hauseingang und verschloß die Tür, da sich die drei Gewalttäter sehr aggressiv und pöbelnd auf uns zu bewegten. Im Hof des Hauses wurde mir erst bewußt, wie schlimm die Verletzungen der Opfer wirklich waren. Ich rannte in meine Wohnung und holte Verbandszeug. Wieder unten angekommen, sah ich schon die ersten Blaulichter und konnte den eingetroffenen Polizisten die Täter zeigen, da sie sich nur ein paar Meter weiter bewegt hatten.«

Stephan Werner sowie die Opfer selbst sind sich einig, daß die drei Gewalttäter den Tod ihrer Opfer in Kauf genommen haben. Wäre Stephan Werner, der mittlerweile als »Held von Gera« bezeichnet wird, nicht mutig eingeschritten, wären die Opfer heute nicht mehr am Leben.

Das Urteil wurde im Juli 2020 nach dreitägiger Verhandlung durch das Landgericht Gera unter dem Vorsitzenden Richter Berndt Neidhardt (2. Strafkammer) verkündet: Es verurteilte den Haupttäter Mohammad D. wegen versuchten Totschlags zu fünf Jahren Haft (Jugendstrafe). Mohammad D. wurde 2014 bei einem Bombenangriff in Syrien am Unterleib verletzt und kam daraufhin mit seiner Mutter nach Deutschland. Theoretisch hätte der junge Mann ab diesem Zeitpunkt in psychiatrische Behandlung gehört. Der fortan psychisch auffällige Jugendliche beging im Folgenden Straftaten und wurde bereits im Frühjahr 2019 vom Amtsgericht Gera zu zwei Jahren und acht Monaten Haft verurteilt – Mohammad D. galt zu diesem Zeitpunkt bereits als gefährlicher Intensivtäter mit zirka 130 Straftaten. Die Entscheidung des Amtsgerichts wurde jedoch nicht rechtskräftig, da der Angeklagte Rechtsmittel einlegte und nach einem vorgelegten syrischen Ausweis am 1. Januar 2005 geboren sein soll. Ein Gutachten ergab hingegen, daß Mohammad D. mindestens 20 Jahre alt war. Im Tatzeitraum seiner Straftaten war Mohammad D. demnach unter 14 Jahre alt und somit strafunmündig. Nach einjähriger Untersuchungshaft wurde er im Oktober 2019 freigelassen. Nicht nachzuvollziehen ist, daß das Amtsgericht Gera das Alter des vermeintlich 14jährigen Mohammad D. nicht erkannt haben will.

Die Anklage warf dem Tätertrio »pure Gewalt« vor. Die beiden Mittäter Ramin N. (19 Jahre) und Ali Sina M. (21 Jahre) wurden wegen gefährlicher Körperverletzung verurteilt. Ihre Haftstrafen von einem Jahr und drei Monaten bzw. einem Jahr setzte das Gericht zur Bewährung aus. Die Täter gingen daraufhin in Berufung, so daß die Opfer noch immer kein Schmerzensgeld erhielten.

Mit seiner Entscheidung blieb das Gericht unter den Forderungen der Staatsanwaltschaft, die ein solches Gewaltgeschehen noch nie erlebt und für den Haupttäter eine Jugendstrafe von sieben Jahren beantragt hatte. Die Anklagevertreterin Doreen Bergemann sprach in ihrem Plädoyer von einem »puren Gewaltgeschehen«, welches ihr während der gesamten dienstlichen Laufbahn »noch nicht begegnet« sei. Das Urteil gegen den notorischen Kriminellen Mohammad

D., so die Juristin, müsse auch dazu dienen, die »Sicherheit der Allgemeinheit« wiederherzustellen.

Die Urteile wurden von vielen Menschen als ungerecht empfunden. Aufgrund zahlreicher Eingaben, Leserbriefe und Kommentare Geraer Bürger wurde dem »Helden von Gera« erst nach langer Zeit Anerkennung gezollt. Doch wer Stephan Werner persönlich kennt, weiß, daß es dem bescheidenen jungen Mann nie um Anerkennung ging. Er hat gern und entschlossen Menschen in Not geholfen, und er würde es wieder tun. Am 21. September 2020 wurde er in Gera im Haus der Kultur vom Weißen Ring e. V. ausgezeichnet. Am 30. Oktober 2020 soll er vom MDR für seinen selbstlosen, lebensrettenden Einsatz gewürdigt werden. Auch der XY-Preis von Aktenzeichen XY wäre angemessen gewesen.

EIN GASTBEITRAG AUS SACHSEN-ANHALT

Lothar Schirmer

AMOKLAUF IN MAGDEBURG

(1982)

Wie lange ich gemeinsam mit meinem Kollegen Oberleutnant der K Michael Truthmann schon im Gestrüpp zwischen ausgetrockneten Pfützen an der Ehle-Brücke nahe der Ortschaft Heyrothsberge hinter einem Erdwall in Stellung lag, hätte ich nicht sagen können. Waren es erst Minuten? War es schon eine Stunde? Jeder von uns hielt eine entsicherte Pistole Makarow, Kaliber 9 mm, mit Magazin über 800 Gramm schwer, in der Hand. Unser Fahrzeug hatten wir etwas abseits abgestellt, so daß es nicht das Schußfeld einengte. Inzwischen wurde der Verkehr in Richtung Magdeburg schon vor Heyrothsberge über die hintere Ehle-Brücke durch den Herrenkrug umgeleitet. Da nun keine Fahrzeuge mehr über die Berliner Chaussee fuhren, strahlte das Gelände eine geradezu gespenstische Stille aus. Diese Stille barg deshalb etwas Unheimliches in sich, da noch wenige Tage zuvor die Ehle Hochwasser führte, das auch die Niederungen des Nebenflusses der Elbe überspülte. Das Wasser war inzwischen zurückgegangen und hatte unterhöhlte Eisschollen hinterlassen. Stück für Stück brachen Teile davon ab, so daß die Stille durch knackendes, brechendes Eis gestört wurde. In diesen Momenten schnellte unser Adrenalinspiegel nach oben.

Daß ein milder Wintertag zu Ende ging, hatte heute gewiß sein Gutes. Das Liegen auf dem kalten Untergrund empfanden wir als wesentlich angenehmer als bei klirrendem Frost, mit dem im Februar ernsthaft gerechnet werden mußte. Die Sichtverhältnisse waren trotz der Dunkelheit einigermaßen akzeptabel. Unsere Augen hatten sich inzwischen an das diffuse Licht gewöhnt. Ganz vereinzelt bohrten sich weit entfernt die Strahlenbündel von Autoscheinwerfern in die undefinierbare Landschaft. Ihr sekundenlang aufflackerndes Licht reichte nicht, um das Sichtfeld vor uns auch nur schwach zu beleuchten. Wir lagen in Stellung und warteten, was da kommen würde.

Unsere Ausgangsposition war denkbar schlecht. Offensichtlich lagen wir einem Menschen gegenüber, der keine Skrupel kannte, sein Ziel unter Anwendung einer Maschinenpistole und Handgranaten zu erreichen. Jederzeit konnte der Gesuchte auf uns stoßen. Bei jedem knackenden Geräusch in der Dunkelheit fragten wir uns: Brechen die Eisschollen oder bewegt sich der Gesuchte auf uns zu? Dabei hatte der Dienst für uns an diesem Tag völlig normal begonnen.

Der 12. Februar 1982 war ein ungewöhnlich milder Wintertag. Das Thermometer zeigte acht bis zehn Grad Celsius; ab und zu lugte die Sonne hinter den Wolken hervor. Ich war Schichtleiter der Diensthabenden Gruppe (DHG) der Magdeburger Kriminalpolizei. Mit meiner vierköpfigen Familie wohnte ich in der Salvador-Allende-Straße 21 in einem Neubaugebiet am Stadtrand von Magdeburg dicht neben dem Neustädter See. Am Morgen dieses Freitags, meiner Nachtschicht-Woche, kam ich gegen sieben Uhr nach Hause und legte mich ins Bett. Ich schlief sofort ein. Zwei Stunden schlief ich wie ein Murmeltier, dann döste ich – wie gewöhnlich in den letzten Jahren – nur noch vor mich hin. Gegen Mittag stand ich mit einem flauen Gefühl im Magen auf, um den Rest des Tages bis zum Schichtbeginn zu verbringen. Meine Kinder Frank und Stefan, sieben und neun Jahre alt, kamen am frühen Nachmittag aus dem Hort und erledigten ihre Hausaufgaben. Gegen 16 Uhr kam meine Frau Ingrid, die im Krankenhaus der Medizinischen Akademie Magdeburg als Dialyseschwester arbeitete, nach Hause. Meine Gedanken waren schon wieder beim Dienst.

Die Diensthabende Gruppe der Kriminalpolizei war Bestandteil des Volkspolizei-Kreisamtes (VPKA) Magdeburg. Sie befand sich im Stadtzentrum in der Halleschen Straße, in der Nähe des Hasselbachplatzes. Seit Beendigung der Offiziersschule 1974 war ich hier als

Walther PPK – Dienstpistole der Kriminalpolizei bis Ende der 70er Jahre.
Die Pistole mit dem Kaliber 6,75 Millimeter war bei den Kriminalisten beliebt,
weil sie sich unter der Zivilbekleidung bequem tragen ließ.
Fotosammlung Lothar Schirmer.

Schichtleiter der Diensthabenden Gruppe tätig – eine Arbeit, die mir Spaß machte, auch wenn sie oft an die physischen und psychischen Grenzen ging. Als besonders hart empfand ich die Nachtschichtwoche.

Wir pflegten ein familiäres Ritual: Nachdem meine Frau nach Hause gekommen war und noch bevor ich die Fahrt zum Dienst antrat, widmeten wir die kurze gemeinsame Zeit ganz unseren Kindern. Danach aß ich noch einen Happen, um mich bald darauf auf meinen Dienst vorzubereiten. Gegen 17.30 Uhr betrat ich wie immer das Schlafzimmer. Im Schrank befand sich in einer verschlossenen, am Boden festgeschraubten Stahlblechkassette meine Dienstwaffe: eine Makarow. Bei dieser Waffe handelte es sich um die Standardpistole der Sowjetarmee, die auch in der DDR bei der Deutschen Volkspolizei, der Nationalen Volksarmee und anderen bewaffneten Organen zur Ausrüstung gehörte.

Bis zum Ende der 70er Jahre trugen Kriminalisten in der DDR noch die wesentlich kleinere und leichtere Walther PPK. Das PPK stand hier für »Polizei Pistole Kriminal«. Wobei im alltäglichen Sprachgebrauch auch der Begriff »Polizei Pistole Kurz« verwendet wurde. Ursprünglicher Hersteller der eleganten und bei Kriminalisten beliebten Pistole war die Firma Carl Walther GmbH Sportwaffen. Schon in den 30er Jahren wurden Kriminalisten mit dieser Waffe ausgerüstet. Das in der DDR übliche Modell war ein tschechischer Lizenzbau der ursprünglichen Walther PPK.

Als es zum Tausch mit der Makarow kam, führte das unter den Mitarbeitern der Kriminalpolizei zur Verärgerung. Die kleine PPK ließ sich unauffälliger unter der zivilen Bekleidung tragen und war bei langen Dienstzeiten nicht so belastend wie die wesentlich schwerere Makarow. Entscheidend für das Einführen der russischen Pistole war, daß ihre 9-mm-Geschosse eine wesentlich größere Durchschlagskraft besaßen als die 6,75-mm-Geschosse der PPK. Nach den ersten Schießübungen stellte sich heraus, daß die meisten Kriminalisten mit der neuen Waffe bessere Ergebnisse erzielten.

Wir Kriminalisten waren in der DDR ständige Waffenträger. Das bedeutete, daß die Pistole nach Dienstende nicht verschlossen in der Dienststelle aufbewahrt, sondern nach Hause mitgenommen wurde. Daheim war eine sichere Aufbewahrung befohlen. Hierzu mußte, wenn nicht gerade ein Panzerschrank zur Verfügung stand, eine Stahlblechkassette verwendet werden, bestenfalls verankert im Schrank oder im Mauerwerk. Die Kassette verhinderte zwar, daß Kinder oder Besucher an die Waffe gelangten, aber für einen Einbrecher, ausgerüstet mit einem einfachen Brecheisen, bildete diese Sicherungsmethode kein großes Hindernis.

Für Kriminalisten als Nichtuniformträger bestand die Möglichkeit, die Waffe in einem Unterschnallholster unter dem Arm oder in einer am Gürtel befestigten Pistolentasche zu tragen. Je nach Kleidung, für die man sich entschied, wurde die eine oder die andere Variante gewählt. Ich entschloß mich, die Waffe an diesem Tag in einem Unterschnallholster zu tragen.

Makarow. Dienstpistole der Kriminalpolizei ab Anfang der 80er Jahre.
Die Pistole mit dem Kaliber 9 Millimeter wurde wegen ihrer größeren
Durchschlagskraft eingeführt. Hier ein artgleiches Modell der Sowjetarmee.
Fotosammlung Lothar Schirmer.

Vor der Tür des zehngeschossigen Neubaus stand unser tauben-blauer Skoda S 100, der mich zur Dienststelle bringen würde. Vor einigen Jahren hatte ich unseren Trabant verkauft, um auf den gebrauchten Skoda umzusteigen. Meine Kollegen hatten mich damals mit dem Ausruf begrüßt: »Oh, der Schirmer fährt jetzt eine BMRS!« Hierbei handelte es sich um die Abkürzung »Böhmisch-Mährische Rostschüssel«. Zu dieser Zeit stand der Skoda mit Recht in Verdacht, ziemlich schnell durchzurosten.

Das Dienstzimmer der DHG befand sich im Haus 4 des VPKA, einem gelben Backsteinbau mit einem Publikumseingang von der Halleschen Straße her, der nach 18 Uhr geschlossen wurde. Für die Mitarbeiter im Kreisamt bestand die Gelegenheit, ihre Fahrzeuge gegenüber dem Objekt auf einem Schotterplatz des Bahnhofsgeländes mit Einfahrt von der Bahnhofstraße abzustellen. Das Parken von Privatfahrzeugen auf dem Innenhof des VPKA war verboten.

Das Dienstzimmer der DHG lag im ersten Stock. Dort warteten schon die Kollegen der Tagschicht darauf, abgelöst zu werden. Wenn es irgendwie möglich war, erledigte jede Schicht ihre Aufgaben so, daß für die darauffolgende Schicht keine alte Arbeit mehr übrig blieb. Aber hin und wieder kam kurz vor Feierabend eine Meldung über einen Einbruch oder eine andere Straftat. Sofern es zumutbar war, wurde in solchen Fällen mit der Bearbeitung gewartet und der Vorgang der nachfolgenden Schicht übergeben. Für meine Schicht lag nichts Besonderes an, abgesehen vom Verdacht eines Einbruchs in der Gaststätte »Jägerhütte« im Stadtpark. Eine ganz normale Sache, wie sie besonders an Freitagen oder Samstagen häufiger vorkam.

Ich übernahm die Dienstgeschäfte und verabschiedete die Kollegen der Tagschicht. Inzwischen waren auch meine Mitarbeiter eingetroffen, mein Stellvertreter Oberleutnant der K Michael Truthmann und die Mitarbeiter Leutnant der K Siegfried Hasselmann und Oberleutnant der K Thomas Williges. Wenn es die Zeit erlaubte, zelebrierten wir den Dienstbeginn mit einer Tasse Kaffee und besprachen, was an Arbeit zu erledigen war. Der diensthabende Kaffeekocher in meiner Gruppe war Siegfried Hasselmann. Die Art und Weise, wie »Siggi« den Rondo Melange zubereitete – er kostete stattliche acht Mark –, wird denen, die Augenzeugen wurden, ewig in Erinnerung bleiben. Wahrscheinlich ist das der Grund, weshalb ich damals von Kaffee auf Tee umgestiegen bin. Hasselmann steckte die Filtertüte in die Kaffeemaschine und gab sechs bis sieben Kaffeelöffel hinein. Dann erfolgte die Zugabe von Wasser, und der Kaffee lief ganz normal durch. So weit so gut. Erst viel später haben wir bemerkt, daß Siggi für die zweite Kaffeerunde den Kaffeesatz nicht entfernte, sondern auf diesen drei oder vier neue Kaffeelöffel kippte und den Durchlauf betätigte. Man kann sich vorstellen, wie oft in einer Nacht nachgefüllt wurde, bis dann am Morgen ein übervoller Behälter mit Kaffeesatz seiner Entleerung harrte.

Wie es zunächst aussah, würde diese Nachtschicht von Freitag, den 12. Februar, zu Sonnabend, den 13. Februar 1982, ganz normal verlaufen. Später kam alles anders.

Von den vier Kriminalisten einer Schicht blieb in der Regel einer als Ansprechpartner am Telefon in der Dienststelle. Auf diese Weise erhielten Bürger, wenn sie direkt bei der DHG anriefen, sofort Kon-

Diensthabende Gruppe der K des VPKA Magdeburg 1983: Leutnant der K Siegfried Hasselmann, Oberleutnant der K Thomas Williges, Oberleutnant der K Lothar Schirmer und Oberleutnant der K Michael Truthmann vor ihrem Einsatzfahrzeug B 1000 (v. l. n. r.). Fotosammlung Lothar Schirmer.

takt zur Kriminalpolizei. Zudem war es von Vorteil, den Kriminalisten als Ansprechpartner für den ODH (Operativer Diensthabender) des VPKA an der Hand zu haben. Dieser saß in einem anderen Gebäude, dirigierte über Funk die Streifenwagen und stellte ggf. Kontakt zur Kripo her.

In meinem Team arbeiteten gestandene Kriminalisten, so daß ich mich oft dafür entschied, nicht in der Dienststelle die Stellung zu halten, sondern selbst in unterschiedlicher Besetzung die Tatorte aufzusuchen. An diesem Abend fuhr ich gemeinsam mit Oberleutnant Williges in den Stadtpark zu dem gemeldeten Einbruch in der »Jägerhütte«. Oberleutnant Truthmann und Leutnant Hasselmann verblieben in der Dienststelle. Als Einsatzfahrzeug stand der DHG ein grauer Barkas B 1000, ausgelegt als Polizei-Kleinbus und ausgerüstet mit Signalhorn sowie zwei Blaulichtern, zur Verfügung. Dieses Gefährt bestimmte in hohem Maße das Straßenbild der DDR mit und trug als Transportvariante die gängige Bezeichnung DDR-VW-Bus. Von diesem als »Schnelltransporter« entwickelten und in zahlreichen Varianten angebotenen Zwei-Takt-Fahrzeug wurden nahezu 176.000 Stück gebaut. Allerdings betrug die Spitzengeschwindigkeit des »Schnelltransporters« gerade einmal 100 km/h. Unser Einsatzfahrzeug der Kriminalpolizei war mit zwei Kabinen ausgestattet, in denen sich jeweils eine kleine Tischplatte und einige wenige Sitzgelegenheiten befanden. Das ermöglichte es, noch vor Ort auf einer kleinen Reiseschreibmaschine »Erika«, die zur Ausrüstung gehörte, Anzeigen aufzunehmen und Zeugenvernehmungen zu protokollieren. Jede DHG besaß eine spezielle kriminaltechnische Ausrüstung. Dazu gehörten ein Kriminaltechnischer Koffer, auch KT-Koffer genannt, der Materialien und Instrumente zur Spurensicherung enthielt, und ein zweiter Koffer, dessen Inhalt aus der Fotoausrüstung bestand.

Versehen mit diesen Koffern, stieg ich mit meinem Kollegen Williges in den B 1000. Ich setzte mich hinters Lenkrad, weil Thomas Williges eine sehr starke Brille trug. Er besaß zwar die erforderliche VP-Berechtigung zum Fahren von Polizeifahrzeugen, ein gutes Gefühl hatte er dabei jedoch nie. Und wenn er doch einmal fuhr, beschlich seine Beifahrer ein noch mulmigeres Gefühl als ihn.

Die Gaststätte »Jägerhütte« im Stadtpark in Magdeburg galt als beliebtes Ausflugsziel, war aber auch ein beliebtes Objekt von Einbrechern. Fotosammlung Lothar Schirmer.

Die »Jägerhütte«, eine beliebte Gaststätte, die nach 2000 abbrannte und 2018 völlig verschwand, befand sich im Magdeburger Stadtpark, einer ausgedehnten Parkanlage mit großzügig angelegten Wegen. Der Stadtpark wiederum liegt auf einer Insel zwischen dem Elbstrom und der alten Elbe und ist über zwei Zugänge erreichbar. Die »Jägerhütte« besaß damals das Image eines Wallfahrtsortes und war ein sicherer Tip für niveauvolle Partys und gute Speisen. Meine Kollegen und ich hatten dort schon oft mit unseren Familien gefeiert. Die Abgelegenheit des Grundstücks kam einer Einladung für Kriminelle gleich.

In der Nacht zuvor waren der oder die Täter über den Küchenbereich in die »Jägerhütte« eingedrungen und hatten das Objekt später auf demselben Weg wieder verlassen, ohne weiteren Schaden anzurichten. Unsere Tatortarbeit wurde jedoch durch einen Funkspruch unterbrochen. Beim ODH des VPKA war der Anruf eines Kipperfahrers der Stahlgießerei Magdeburg eingegangen. Er meldete, daß im Bereich der Mülldeponie ein Feuergefecht zwischen Soldaten der Sowjetarmee stattfände.

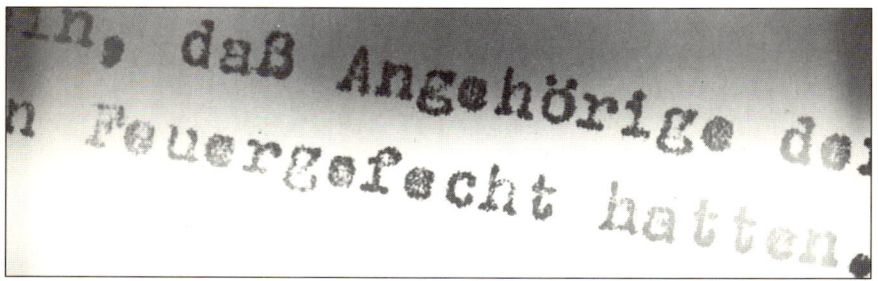

Auszug aus dem Protokoll über die Ereignisse am 12. Februar 1982.
Fotosammlung Lothar Schirmer.

Wir erhielten den Auftrag, den Sachverhalt zu überprüfen. Parallel dazu schickte der ODH einen Streifenwagen an den vermeintlichen Ereignisort. Normalerweise schrillen bei einer Meldung über ein Feuergefecht bei jedem Polizisten die Alarmglocken. Da im vorliegenden Fall eine Mülldeponie als Ort angegeben worden war, maßen wir der Angelegenheit keine übermäßige Bedeutung zu.

Die Mülldeponie befand sich an der Berliner Chaussee, unweit des Krakauer Angers. Der Krakauer Anger bildete ein Anschlußgelände an ein sowjetisches Militärobjekt. In diesem Bereich befanden sich Schießplätze für Pistolen und Maschinenpistolen (MPi). Nicht selten veranstalteten hier Soldaten und Offiziere der sowjetischen Einheit Schießübungen. Deshalb gehörten Schüsse aus Richtung Krakauer Anger zwar nicht zur Tagesordnung, kamen aber immer wieder vor, ohne daß eine ernsthafte Situation bestand. Die Magdeburger hatten sich daran gewöhnt, und eigentlich nahm niemand daran Anstoß.

Trotzdem fuhren wir mit Blaulicht, Signalhorn und beachtlicher Geschwindigkeit in Richtung Krakauer Anger. Im Protokoll über den Einsatz stand später vermerkt: 18.33 Uhr Eingang der Meldung. Bereits um 18.40 Uhr waren wir am Ort des Geschehens.

Ein ODH (Operativer Diensthabender) im Lagezentrum des VPKA Magdeburg
in den 8oer Jahren. Fotosammlung Lothar Schirmer.

Die Dunkelheit breitete sich zunehmend aus. Als der B 1000 der Kriminalpolizei die Berliner Chaussee hinunterjagte, winkten auf der rechten, dem Krakauer Anger gegenüberliegenden Straßenseite von der dortigen Tankstelle mehrere Personen dem Fahrzeug zu. Ich hielt an. Die Leute berichteten aufgeregt, daß da drüben geschossen werde, und wiesen auf die Einfahrt zur Mülldeponie an der Straße Zur Lake/Ecke Berliner Chaussee. Als wir diese Stelle erreichten, trafen wir auf einen GAZ, einen Geländewagen der sowjetischen Streitkräfte. Neben dem Fahrzeug standen fünf Uniformierte und drei Zivilisten. Bei den Zivilisten handelte es sich um zwei Kipperfahrer der Stahlgießerei Magdeburg-Rothensee und einen Kehrmaschinenfahrer der Magdeburger Stadtwirtschaft.

Die Deutschen schilderten uns, daß sie sich gegen 18.25 Uhr an der Tankstelle an der Berliner Chaussee befanden, als sie mehrere Feuerstöße aus Maschinenpistolen vernahmen. Als bald danach Ruhe eintrat, seien sie mit ihren Fahrzeugen in Richtung Deponie gerollt. Beim Abbiegen hätten sie auf der linken Seite zwei leblose sowjetische Militärangehörige liegen sehen. Einer von ihnen habe eine

243

Kopfverletzung erlitten. Auf dem Boden habe sich eine Blutlache gebildet. Von einem sowjetischen Militär seien die Fahrer dann lautstark des Platzes verwiesen worden, wobei er seiner Anweisung mit der Kalaschnikow Nachdruck verliehen habe. Daraufhin wendeten die Fahrer ihre Fahrzeuge und fuhren zur Tankstelle zurück. Wenig später hätten sie von dort beobachtet, wie ein GAZ aus Richtung Krakauer Anger in Richtung der verletzten Soldaten fuhr. Die beiden leblosen Körper und ein offensichtlich verletzter Soldat oder Offizier seien zügig ins Fahrzeug gezogen worden. Danach verschwand der GAZ wieder in Richtung sowjetisches Militärgelände.

Als wir die Stelle, an der die Soldaten gelegen hatten, in Augenschein nahmen, konnte ich nur noch eine große Blutlache und Schleifspuren feststellen. Zu diesem Zeitpunkt erschien ein Arbeiter der Mülldeponie, der angab, gegen 18 Uhr in der Unterkunftsbarakke der Deponie eine Geschoßfolge aus Richtung der sowjetischen Ka-

Sowjetischer Soldat während der Verfolgungsjagd (nachgestellte Szene).
Fotosammlung Lothar Schirmer.

serne vernommen zu haben. Etwa 30 Minuten später habe er von der Baracke aus vier sowjetische Militärangehörige mit MPi und Stahlhelm beobachtet, die sich in Schützenkette vom Krakauer Anger in Richtung Berliner Chaussee bewegten. Als sie den Deponieeingang erreichten, wurden die vier aus einer MPi beschossen. Die Schüsse kamen von rechts, wo ehemalige Schwellen und Reste von Straßenbahnschienen gelagert waren und ein Lkw W 50 stand.

Hinter dieser idealen Deckung hockte ein sowjetischer Soldat, der offensichtlich aus dem nahen Militärobjekt desertiert war, und hatte das Feuer auf seine Verfolger eröffnet, von denen zwei sofort tödlich getroffen und ein dritter dem Anschein nach schwer verwundet wurde. Zuvor hatte die Verfolgergruppe augenscheinlich noch einige Feuerstöße in Richtung Deckung abgeben können. Ob dort jemand getroffen wurde, ließ sich nicht feststellen. Danach trat für längere Zeit Ruhe ein.

Ich gab über Funk eine erste Information an den ODH des VPKA Magdeburg und beorderte Oberleutnant Michael Truthmann zum Tatort. Bereits nach der Erstinformation über die Schießerei am Krakauer Anger ahnte mein Freund und Kollege Michael, daß dieser Einsatz ein Einsatz werden würde, wie er nicht alle Tage vorkam. Entgegen der sonst üblichen Praxis holte er aus seinem Spind den Kampfanzug, wie ihn die NVA trug, von seinen Trägern »ein Strich – kein Strich« genannt, zog seine Stiefel an, schnallte die Pistole um und wartete auf den Einsatzbefehl, der nun kam.

Noch bevor ich mit Williges den Tatort erreicht hatte, traf der Funkstreifenwagen MILAM 244 mit dem Streifenführer, VP-Obermeister Otto Kindiger, und seinem Kollegen am Steuer, VP-Meister Otto Gauert, dort ein. Auf Höhe der Tankstelle veranlaßten zwei mit MPi ausgerüstete, wild gestikulierende sowjetische Offiziere den Lada zum Anhalten. Nachdem die Streifenpolizisten und die sowjetischen Militärangehörigen den ersten Kontakt hergestellt hatten, traf ein Taxifahrer ein, der in Richtung Stadtzentrum Magdeburg, also durch die Berliner Chaussee fuhr. Als aufmerksamem Verkehrsteilnehmer war ihm nicht entgangen, daß Volkspolizei und sowjetisches Militär in irgendeiner Sache unterwegs waren. An der Tankstelle berichtete er, daß er einen Soldaten oder Offizier der Sowjetarmee ohne Kopfbedeckung, aber mit einer Kalaschnikow bewaffnet, auf der linken Seite der Berliner Chaussee stadtauswärts in Richtung Heyrothsberge habe laufen sehen. Otto Kindiger versuchte, diese Feststellung seinen sowjetischen Gesprächspartnern zu vermitteln.

Trotz mehrerer Jahre Russischunterricht in der DDR klappte es mit der Verständigung nicht besonders. Auch sowjetische Offiziere, die sich längere Zeit in Deutschland aufhielten, beherrschten die deutsche Sprache selten ohne Schwierigkeiten. Unerwartet mußte es Kindiger gelungen sein, die richtigen Worte aus seinem Gedächtnis hervorzukramen: »Bandita na lewa«, was so viel heißen sollte wie: »Der Verbrecher ist auf der linken Seite.«

Mit diesen Worten gab Obermeister Kindiger bezüglich der von dem Taxifahrer ausgemachten Person lediglich eine Annahme wieder. Zu diesem Zeitpunkt wußte niemand an der Tankstelle, was genau geschehen war. Als gesicherter Sachverhalt galt, daß an der Mülldeponie zwei sowjetische Soldaten offensichtlich erschossen wurden und der Täter auf der Flucht war. Die Tragik, die sich hinter dieser nüchternen Feststellung verbarg, sollten wir erst viel später erfahren.

Die beiden sowjetischen Offiziere sprangen auf die Rückbank des Lada, kurbelten die linke Scheibe herunter, steckten den Lauf einer MPi durch die Fensteröffnung und schon fuhren Gauert und Kindiger in rasendem Tempo mit dem Funkstreifenwagen ohne Blaulicht und Sondersignal die Berliner Chaussee hinunter in der Hoffnung, den Flüchtigen auf der linken Fahrbahnseite zu entdecken.

Etwa an der Einmündung Friedensweiler bemerkte Kindiger einen Schatten am rechten Fahrbahnrand, der beim Herannahen seines Fahrzeugs plötzlich im Gebüsch verschwand. Er machte seine sowjetischen Insassen auf seine Beobachtung aufmerksam; der Gesuchte bewege sich auf der rechten Seite. Ob es sich tatsächlich um diesen handelte, ließ sich in der Dunkelheit nicht eindeutig feststellen.

Lageskizze – Mülldeponie am Gelände der Garnison im Herrenkrug.
Hier kam es zum Schußwechsel zwischen dem Flüchtigen und den Verfolgern
der Sowjetarmee. Fotosammlung Lothar Schirmer.

Ruckartig wechselten die beiden Offiziere ihre Stellung, holten die Maschinenpistolen von der linken auf die rechte Seite, wollten die Scheibe herunterkurbeln und die Tür öffnen.

Die rechte hintere Tür eines Funkstreifenwagens von innen zu öffnen ist nicht möglich. Mehr oder weniger findet hier das einfache Prinzip der Kindersicherung Anwendung. Schließlich soll beim Transport eines Täters verhindert werden, daß dieser durch die rechte Tür das Weite sucht. Deshalb ist diese Tür für den hinten rechts sitzenden Insassen immer verschlossen und die Kurbel des Fensters blockiert. Für die sowjetischen Offiziere bedeutete das zwar ein Hindernis, keinesfalls aber einen Grund, tatenlos zu bleiben. Sie schossen kurzerhand durch das geschlossene Fenster des Lada in Richtung des vermeintlich Flüchtigen. Gauert bremste, Kindiger sprang aus dem Fahrzeug und riß die hintere Tür auf, damit die beiden Schützen das Auto verlassen konnten. Unmittelbar danach ließen

VP-Obermeister Otto Kindiger (Bildmitte) mit zwei Genossen der VP zu einem
früheren Zeitpunkt, vor einem Funkstreifenwagen vom Typ Wolga.
Fotosammlung Lothar Schirmer.

sich alle in den linken Straßengraben fallen. VP-Meister Gauert gab
Gas und raste mit quietschenden Reifen einige Meter zurück, um
den Funkstreifenwagen aus der Schußlinie zu bringen. Was sich
dann ereignete, hatte sich in der Magdeburger Kriminalgeschichte
noch nie zugetragen. Auf der linken Seite der Berliner Chaussee lagen ein deutscher Polizist und zwei sowjetische Offiziere in Deckung.
Auf der rechten Seite – das war inzwischen klar – hatte sich ein
flüchtiger Angehöriger der Sowjetarmee verschanzt. Von beiden Seiten ging ein Feuergefecht aus. Es wurde über die Straße geschossen.
Zu diesem Zeitpunkt rollte auf ihr noch der Verkehr. Als ein Bus vor-
beifuhr, hörte das Feuergefecht für einen Moment auf. Spannungs-
geladen starrten Polizisten und Soldaten auf die gegenüberliegende
Straßenseite. Ihre Augen durchbohrten schier die Dunkelheit. Plötzlich detonierte auf dem Fußweg in unmittelbarer Nähe der Dreiergruppe eine Handgranate. Erde flog auf und die scharfen Splitter der

Granate bohrten sich in die Rinde der Straßenbäume und fegten über die Köpfe des Polizisten sowie seiner Begleiter hinweg in die dahinter befindliche Buschgruppe. Glücklicherweise richteten sie keinen Schaden an. Niemand wurde verletzt. Danach ebbte der Lärm ab und es trat für längere Zeit Ruhe ein.

Ohne zu ahnen, daß wir fast in die Schußbahnen eines Feuergefechts geraten wären, traf ich mit Oberleutnant Truthmann kurze Zeit nach dem Schußwechsel an der Einmündung Berliner Chaussee/Friedensweiler ein. Dort kamen Otto Kindiger und einer der sowjetischen Offiziere aus ihrer Deckung. Sie schilderten das Feuergefecht und erklärten, daß weitere sowjetische Soldaten zur Verstärkung unterwegs seien.

Ich entschied mich, per Funk die Sperrung der Berliner Chaussee für den Straßenverkehr zu veranlassen. Gleichzeitig forderte ich weitere Funkstreifenwagen zur Verstärkung in das Gebiet an. Gemeinsam mit Michael Truthmann fuhr ich dann zur Sicherung der Ehle-Brücke stadtauswärts. Wir vermuteten, daß der Gesuchte die Brücke überqueren wollte, um vor Heyrothsberge eine neue Fluchtrichtung einzuschlagen.

Kurz vor der Brücke über den Nebenfluß der Elbe befand sich ein sowjetischer Militärposten. In der Regel war er immer besetzt, sowohl am Tage als auch nachts. Bei dem Posten handelte es sich um eine Kontrollstelle, die aus einer einfachen Bretterbude bestand. Meist hielten sich darin zwei bis drei unbewaffnete Sowjetsoldaten auf. Vor dem Posten hatte man ein Verkehrsschild aufgestellt, auf dem die russischen Buchstaben СТОИ prangten, was HALT bedeutete und das nur für sowjetische Militärfahrzeuge, die hier kontrolliert wurden, galt.

An diesem Abend bildeten nur zwei Soldaten die Besatzung des Postens. Wir erklärten ihnen die gegenwärtig brenzlige Situation in unserem Schulrussisch so gut es ging und fragten sie, ob sie ein Gewehr hätten. Sie verneinten. Wir rieten ihnen, sich umgehend eine Deckung zu suchen und sich ruhig zu verhalten. Dem kamen sie sofort nach.

Wir zwei hatten uns inzwischen in unserer Deckung an das knakkende Geräusch der Eisschollen gewöhnt und damit abgefunden. Dennoch waren unsere Sinne angespannt. Wie es aussah, waren wir in dieser Situation auf uns allein gestellt. Irgendwann näherte sich ein Funkstreifenwagen aus Richtung Heyrothsberge. Vielleicht kam er auch aus Burg. Das dortige VPKA hatte man über die Situation in und um Magdeburg informiert.

Wir verließen die Deckung, nicht ohne auf unsere Sicherheit zu achten, und genossen es, das Blut wieder in die vom Liegen erstarrten Glieder zu treiben. Wir beauftragten die Funkstreife, die Sicherung der Ehle-Brücke zu übernehmen. Mit unserem B 1000 und MILAN 702 fuhren wir wieder zum Kontrollpunkt mit dem Schild СТОИ, wo die unbewaffneten Soldaten noch immer in Deckung lagen. Als wir bei ihnen eintrafen, näherte sich aus dem Gebüsch heraus die sowjetische Verstärkung. Sie bestand neben einem Offizier aus einer Gruppe von sieben oder acht Soldaten, überwiegend unbewaffnet. Nur der Offizier und ein Gruppenführer hatten jeweils eine MPi bei sich.

Wir nahmen die Verständigung mit dem Offizier auf und erfuhren, daß er mit seinen Leuten aus Richtung Militärobjekt kam. Michael, dessen Russisch eine Spur besser war als meines, gab ihm zu verstehen, daß er mit ihnen den Bereich um den Kontrollpunkt überwachen möchte. Anschließend fuhren wir zur Einmündung Friedensweiler zurück. Hier nahmen wir wieder Kontakt mit den sowjetischen Offizieren auf, die durch das Fenster des Lada auf den Flüchtenden geschossen hatten. Inzwischen waren noch weitere Soldaten, meist unbewaffnet, dort eingetroffen.

Während des Gesprächs erschien ein sowjetischer Kleinbus der Marke Progress. In der DDR wurde dieses Gefährt scherzhaft »fahrendes Vierkantbrot« genannt, weil es von seiner Konstruktion her an Einfallslosigkeit kaum zu überbieten war, die maximale Häßlichkeit eines Kraftfahrzeugs verkörperte und wie eine Vierkant-Kiste aussah. Es vermittelte außerdem den Eindruck, daß es immer bergab fuhr, weil die hintere Federung offensichtlich stärker als die vordere war. Die Vorderfront hing immer nach unten. Das Fahrzeug gehörte durchaus zum Straßenbild in der DDR, zumindest überall dort, wo sowjetische Truppeneinheiten stationiert waren.

Aus dem Kleinbus stiegen ein sowjetischer Oberleutnant mit MPi sowie ein mit einer Lederjacke bekleideter Zivilist, der schon von weitem nach dem Geheimdienst KGB roch. Truthmann, dem es immer wieder gelang, sein Russisch frei von jeglicher Grammatik so an den Mann zu bringen, daß sein Gegenüber verstand, was er meinte, erklärte den beiden, daß ein Funkstreifenwagen der Volkspolizei gemeinsam mit Sowjetsoldaten in Richtung Heyrothsberge die Brücke über die Ehle überwache, und fragte, ob noch weitere Kräfte seiner Einheit zur Verstärkung unterwegs seien.

In diesem Moment ging ein Funkspruch ein, dem folgendes Ereignis vorausging: Der desertierte Soldat sei angeblich im Klubhaus Friedensweiler aufgetaucht und dort von einem Gast oder einer anderen Person gesehen worden.

Der ehemalige Jugendklub Friedensweiler im Jahr 1995.
Das Gebäude wurde wenige Jahre danach abgerissen. Der Pfeil zeigt den
Eingang, über den man, vorbei an der Garderobe, in den Saal gelangte.
Fotosammlung Lothar Schirmer.

Offensichtlich war er verwundet. Er habe am Oberschenkel geblutet und sei in der Garderobe verschwunden. Auf jeden Fall benötige er baldige Hilfe. Es sah so aus, als habe ihm der Gast einen Sanitätskasten gegeben, damit er sich behelfsmäßig verbinden konnte. Dieser Mann verließ daraufhin die Garderobe und informierte über den Notruf 110 die Volkspolizei. Diese Information kam jetzt per Funk zu MILAN 702. Ich hatte die Meldung entgegengenommen und informierte sofort Einsatzkräfte vor Ort darüber, daß sich der Gesuchte offenbar im Klubhaus Friedensweiler versteckt halte. Sollte sich das bestätigen, erschien höchste Vorsicht geboten. In dem Klubhaus fand zu diesem Zeitpunkt eine Disko-Veranstaltung statt. Schätzungsweise nahmen 80 Personen daran teil und tanzten zu lauter Musik.

Saal des ehemaligen Jugendklubs zu einem späteren Zeitpunkt.
Fotosammlung Lothar Schirmer.

Ich beschloß, gemeinsam mit dem sowjetischen Offizier und dem Mitarbeiter des KGB in Richtung Klubhaus zu laufen. Oberleutnant Truthmann beauftragte ich zur Heyrothsberger Brücke zu fahren. »Schnapp dir alle, die eine Waffe haben und komm mit denen zum

Klubhaus Friedensweiler«, gab ich ihm mit auf den Weg. Und das tat er.

Von den dreien, die losmarschierten, kannte nur ich die Örtlichkeiten in Friedensweiler. Allerdings nur flüchtig. Lediglich zu einigen Einsätzen war ich schon hier gewesen. Dieser Ortsteil Magdeburgs gehört zum Stadtteil Berliner Chaussee, der durch die gleichnamige Straße begrenzt wird. Der Weg von der Berliner Chaussee nach Friedensweiler verlief etwas abschüssig. Geographisch liegt die Siedlung im östlich der Elbe gelegenen Stadtgebiet der jetzigen Landeshauptstadt Sachsen-Anhalts. Im Osten und Norden grenzt es an den Stadtteil Herrenkrug. Heute leben in Friedensweiler rund 350 Einwohner; 1982 dürften es etwas mehr gewesen sein. Als unverkennbar galt der ländliche Charakter von Friedensweiler, das überwiegend mit Ein- und Zwei-Familienhäusern mit Flachdächern bebaut war, die damals häufig vermietet wurden. Diese bungalowähnlichen Gebäude lagen eingebettet in eine Grün-Landschaft mit vielen Bäumen und Büschen.

1928 begann man hier mit dem Bau eines Flughafens für Luftpostsendungen. Zwei Jahre später entstand die eigentliche Siedlung Friedensweiler als Ergänzung zum Flugplatz, der inzwischen auch militärisch genutzt wurde. Nach dem Ende des Zweiten Weltkrieges verlor der Flugplatz seine Bedeutung. Auf dem ehemaligen Rollfeld entstand in den Folgejahren eine Schweinemastanlage. Das ehemalige Flughafen-Casino wurde zum Klubhaus umgebaut, in dem sich nun Jung und Alt amüsierten. Nach 1989 wurde das Klubhaus abgerissen.

Ich glaube meine beiden sowjetischen Begleiter waren sich, genau wie ich, der gefährlichen Situation, die zunehmend groteskere Formen annahm, bewußt. Auf den desertierten Soldaten, der schon auf andere Personen geschossen und mehrere von ihnen getötet hatte, ließen sich normale Maßstäbe nicht anwenden. Genau genommen war seine Handlungsweise mit der eines Mörders vergleichbar. Er hatte nichts mehr zu verlieren. Ein, zwei Tote mehr würden seine ohnehin aussichtslose Situation nicht verschlimmern.

Der sowjetische Offizier, der KGB-Mann und ich wandten auf unserem Weg zum Klubhaus Friedensweiler das an, was man bei der Grundausbildung in jeder Armee der Welt und in paramilitärischen Einheiten lernt: die seit Napoleon bewährte Methode der Vorwärtsbewegung unter Gefechtsbedingungen. Alle Beteiligten suchten sich eine Deckung und bewegten sich aus dieser in Einzelsprüngen vorwärts. Während im vorliegenden Fall der erste sprang, sicherten ihn die beiden anderen. Nachdem der erste in Deckung gegangen war, sprang der zweite, während er vom ersten und dritten gesichert wurde, und warf sich nach einigen Metern wieder in Deckung. Nachdem der zweite in Deckung gegangen war, sprang der dritte, währenddessen er von seinen beiden »Vorspringern« gesichert wurde.

Sprung auf Sprung bewegte sich unsere Dreiergruppe vorwärts, bis wir die 200, vielleicht auch 300 Meter bis zum Klubhaus Friedensweiler überwunden hatten. Für einen trainierten Menschen handelte es sich um keine sonderlich lange Strecke.

Trotz der Dunkelheit besaß ich eine ungefähre Vorstellung vom Standort des Klubhauses. Als die von mir geführte Dreiergruppe fast die Rückseite des Gebäudes erreicht hatte, näherte sich aus Richtung Berliner Chaussee ein Fahrzeug mit vollem Scheinwerferlicht, das uns drei aus dem Dunkel riß. Ich erkannte einen Funkstreifenwagen der VP und rannte ihm wild gestikulierend entgegen, um ihn zum Anhalten und Löschen des Lichts zu veranlassen.

»Mensch, macht das Licht aus! Es wird geschossen. Verschwindet hier und haut euch in Deckung!« Meine gebrüllten Anweisungen wurden augenblicklich befolgt. Der Streifenwagen fuhr etwas seitlich, so daß er nicht mehr in der Straßenmitte stand. Daß in ihm der damalige stellvertretende Leiter des VPKA saß, habe ich erst später erfahren. Ein späteres Nachspiel ob der schnöden Behandlung eines Vorgesetzten blieb aus.

Kurz darauf erreichte unsere Dreiergruppe das Klubhaus. Es handelte sich um ein zweigeteiltes Gebäude, bestehend aus einem eingeschossigen Flachbereich, der einer Baracke ähnelte, und einem daneben errichteten, direkt angeschlossenen zweigeschossigen Anbau.

Das Klubhaus besaß nur eine Eingangstür an der Rückseite des Gebäudes. Im barackenähnlichen Flachbereich befanden sich ein leerer Vorraum und die Garderobe sowie Büro- und Aufenthaltsräume. Von diesem Gebäudeteil gelangte man direkt in den zweigeschossigen Anbau. In dessen unterem Bereich lag der Saal, der bei Tanzveranstaltungen mit 80 bis 100 Personen belegt werden konnte. Hinter dem Klubhaus war das bewohnte Gebiet von Friedensweiler zu Ende. Hier breitete sich verwildertes Gelände mit großen Büschen und kleinen Tümpeln aus. In einiger Entfernung folgte eine Waldregion, die auch von den sowjetischen Truppen genutzt wurde.

Ich hatte mit meinen beiden Begleitern bis auf wenige Meter die Rückseite des Klubhauses erreicht, als ich einen Schatten wahrnahm. Seine Bewegungsrichtung ließ sich nicht eindeutig bestimmen, da ich ihn nur wenige Sekunden sah. Die Frage, ob es sich dabei um den flüchtigen Soldaten oder eine andere Person handelte, blieb offen. Ich setzte die beiden sowjetischen Offiziere, denen der Schatten entgangen war, über meine Beobachtung in Kenntnis. Jetzt war doppelte Vorsicht geboten. Ab sofort bewegte sich unsere Dreiergruppe wieder in der bewährten Einzelsprung-Taktik vorwärts.

Währenddessen fuhr Oberleutnant Truthmann mit dem B 1000 in Richtung Heyrothsberge zu dem Kontrollpunkt, an dem die unbewaffneten sowjetischen Soldaten ihren Dienst versahen. Inzwischen war bewaffnete Verstärkung, bestehend aus einem Offizier und Soldaten in Gruppenstärke, eingetroffen. Truthmann machte ihnen deutlich, daß sie in Friedensweiler dringend benötigt würden. »Dawai, dawai! Paidiom! On nachoditsja tam.« »Schnell, schnell! Kommt! Er befindet sich dort.« Und zeigte in Richtung der Siedlung.

Alle, die eine Waffe bei sich hatten, etwa sieben bis acht Soldaten und der Offizier, zwängten sich in das Einsatzfahrzeug der Kriminalisten. Angesichts der beiden engen Kabinen gestaltete sich das etwas problematisch. Hoffnungslos überladen raste der Wagen zur Berliner Chaussee/Einmündung Friedensweiler. Die aufgeregten Soldaten kommunizierten während der Fahrt in einer unerträglichen Lautstärke, bis dem Offizier der Kragen platzte und er diese Art der Unterhaltung durch einen barschen Zwischenruf unterband. Sofort trat absolute Stille ein.

An der Einmündung Friedensweiler formierten sich die Soldaten zu einer Reihe. Oberleutnant Truthmann ging voran. Die Reihe erreichte die Rückseite des Klubhauses und schwärmte dort auf Truthmanns Zeichen zu einer Schützenkette aus, als die Dreiergruppe mit mir bereits das Gebäude umrundet hatte.

Zu der Zeit, als ich beim Annähern an das Klubhaus den Schatten wahrnahm, vermutete ich, daß der Flüchtige die Garderobe wieder verlassen hatte und beabsichtigte, sich im Waldstück zu verstecken. Deshalb konzentrierte sich die Dreiergruppe auf das nächstgelegene Wäldchen. Im gleichen Moment kam ein Deutscher aus dem Klubhaus, der uns zurief: »He, sucht ihr den Russen? Der ist hier drin. Der sitzt in der Garderobe!"

Daraufhin machten wir kehrt und betraten durch die zweiflügelige Eingangstür das Gebäude. Wir durchquerten den Flur, der links an einer verschlossenen Tür endete. Die rechte Tür dagegen stand offen. Ich befürchtete, daß es im Klubhaus zu einem Blutbad kommen könnte, wie es von anderen Einsätzen in der DDR bekannt war – zumal die Russen nicht gerade feinfühlig vorgingen, wenn sie eines Deserteurs aus ihren Reihen habhaft werden wollten.

Um zu verhindern, daß der flüchtige Soldat, der sich offensichtlich in der Garderobe verschanzt hatte und mit MPi und Handgranaten bewaffnet war, im Klubhaus um sich schoß, sobald er einen uniformierten sowjetischen Offizier sehen würde, ging ich als Zivilist vor. Das Aussehen des ebenfalls Zivil tragenden und mit einer Pistole bewaffneten KGB-Mannes ließ im übrigen keinen Zweifel daran, daß er den sowjetischen Streitkräften angehörte.

Als wir einen Blick aus dem Flur in den Vorraum der Garderobe warfen, bemerkten ich einen Deutschen in der offenen Garderobentür, der sich mit einem anderen Deutschen unterhielt. Der eine schloß die Garderobentür, denn beide wollten zurück in den Tanzsaal gehen. Als er zu mir und den beiden Russen blickte, flüsterte er: »Er ist da drin.«

Als wäre damit ein Stichwort gefallen, hielt ich den Moment für gekommen, die Garderobe zu betreten und unerkannt, als vermeintlicher deutscher Diskobesucher, direkt an den geflüchteten Soldaten heranzutreten. Vielleicht hätte ich ihm überraschend die Pistole an den Kopf halten und so zum Aufgeben bewegen können. Ich hatte keine Chance. Der sowjetische Offizier drängte mich an die Wand. Danach machte er einen Schritt auf die geschlossene Garderobentür zu und jagte aus seiner Kalaschnikow einen Feuerstoß von links unten nach rechts oben durch die Tür.

Der Oberleutnant der Sowjetarmee schießt durch die geschlossene Garderobentür, hinter der sich der vermutlich schwerbewaffnete flüchtige Sowjetsoldat befindet (nachgestellte Szene).
Fotosammlung Lothar Schirmer.

Mir dröhnten die Ohren. Der Offizier ließ mir keine Zeit zum Überlegen, indem er die Garderobentür auftrat und etwas in den Raum hineinbrüllte. Seinen Worten folgte ein weiterer Feuerstoß aus seiner MPi. Fast im gleichen Augenblick sprang der Offizier des KGB an mir vorbei und schoß mit seiner Pistole in die Garderobe, bevor er in

Richtung Saal verschwand. Der uniformierte Offizier warf sich an die Wand, und im gleichen Moment explodierte in der Garderobe eine Handgranate.

Im Klubhaus herrschte ein fürchterliches Getöse. Mir klingelten die Ohren, und für einige Sekunden glaubte ich, das Gehör verloren zu haben. Aus der Garderobe wälzte sich eine Qualmwolke. Im gesamten Klubhaus breitete sich der Gestank von Pulverdampf aus.

Wie sich später herausstellte, hatte der KGB-Offizier mit einem Schuß aus seiner Pistole einen Heizkörper getroffen, woraufhin der ausströmende heiße Dampf dem eingetretenen Chaos eine groteske Note verlieh. Die Schießerei hatte die Teilnehmer der Disko aufgescheucht. Sie rissen die Tür auf und wollten ins Freie. Als sie im Vorraum zur Garderobe den sowjetischen Offizier in seiner kriegerischen Pose erblickten, schlugen sie die Tür wieder zu, rannten kreischend zurück und verschanzten sich im Saal.

Der sowjetische Militärangehörige, der hinter der Tür saß, zündete eine Handgranate, nachdem der Verfolger durch die Tür geschossen hatte. Fotosammlung Lothar Schirmer.

Oberleutnant Truthmann hatte sich in Schützenkette dem Klubhaus Friedensweiler genähert und war auf acht bis neun Meter an der Rückseite des Gebäudes angelangt. Als im Inneren die Schießerei begann, gingen er und die Soldaten der Schützenkette sofort in Stellung. Er erinnert sich noch heute, 38 Jahre nach diesem Geschehen, daran, wie in den Sekunden der Stille zwischen den Feuerstößen aus der MPi durch die Garderobentür und der in der Garderobe gezündeten Handgranate die neben ihm liegenden sowjetischen Soldaten ihre Kalaschnikows entsicherten und sich gefechtsbereit machten.

In die Rückfront der Garderobe hatte man eine Fensterfront aus vielen kleinen Butzenscheiben eingearbeitet. Die Explosion der Handgranate riß diesen Fensterschmuck aus seiner Befestigung. Die Splitter landeten bei Oberleutnant Truthmann und den neben ihm liegenden Soldaten.

Der Verletzte wurde an den Beinen aus der Garderobe heraus in den Vorraum gezogen (nachgestellte Szene). Fotosammlung Lothar Schirmer.

259

Sekunden nach der Explosion der Handgranate sprang der sowjetische Offizier mit der MPi in die Garderobe. Hinter der Tür gewahrte er den Deserteur, der in einer Blutlache lag. Blitzschnell erfaßte er ihn an den Beinen und zerrte ihn in den Vorraum.

Nun folgte etwas, das vor meinen Augen wie ein schlechter Film ablief. Der sowjetische Offizier nahm die Kalaschnikow von der Schulter und richtete sie auf den Verwundeten. Ich befürchtete, daß er auf ihn schießen wollte, und stürzte mich auf den Offizier, um ihm die MPi aus den Händen zu reißen. Doch der Russe war viel stärker als ich und zog mich hin und her, bis ich zur Seite flog. Dann schmiß der Russe die MPi in die Ecke und rannte emotionsgeladen aus dem Raum.

Jetzt kniete sich der KGB-Mann neben den stark am Bein blutenden Verletzten und richtete seine Pistole auf ihn, offensichtlich um auszuschließen, daß dieser noch eine unkontrollierte Handlung begehen könne oder um einfach kurzen Prozeß zu machen mit einem

Oberleutnant der K Truthmann führte die Hand mit der Pistole, die der KGB-Offizier auf den Kopf des Verwundeten gesetzt hatte, weg und brachte ihn dazu, die Waffe zu sichern (nachgestellte Szene). Fotosammlung Lothar Schirmer.

Mann, der so viele seiner Kameraden erschossen hatte. In dieser Situation betrat Oberleutnant Truthmann den Raum, drückte die Waffe des Offiziers zur Seite und machte ihm mit einem »Besonasnostsch!« (Sicherheit!) klar, daß er seine Waffe sichern solle.

Worüber sich Micha, aber auch ich mich im Nachhinein wunderte, war, wie widerspruchslos die sowjetischen Offiziere und Soldaten unseren Aufforderungen im Verlauf der gesamten Aktion folgten. Das war durchaus nicht üblich. Bei militärischen Aktionen oder Angelegenheiten, die ihre Landsleute betrafen, degradierten sie deutsche Behörden gern zu Unterstützungskräften oder ließen sie gänzlich außen vor.

Truthmann behielt eine Szene aus guten Gründen lebhaft vor Augen. Der Russe ließ das Magazin der Makarow ein Stück aus dem Griff rutschen, zog den Schlitten der Waffe nach hinten, um die im Lauf befindliche Patrone zu entfernen, legte den Sicherungshebel herum und schob das Magazin wieder in den Griff. Truthmann nickte ihm zu und kniete sich jetzt neben den Verletzten, um die stark blutende Wunde in seinem linken Oberschenkel abzudrücken. Genauso schnell wie er sich neben dem Verletzten niedergelassen hatte, fuhr er wieder hoch. Ein stechender Schmerz durchbohrte seine linke Kniescheibe. Die Ursache dafür war schnell gefunden. Beim Sichern der Makarow des KGB-Mannes hatte der Schlitten der Pistole die Patrone unkontrolliert ausgeworfen. Sie war in der Blutlache neben dem Verletzten verschwunden, und genau auf diese Stelle hatte sich Truthmann gekniet.

Inzwischen betraten erste Kräfte der Schutzpolizei und mit ihnen der stellvertretende VPKA-Leiter Robert Gundermann den Ort des Geschehens. Gundermann ließ sich kurz die Situation schildern. Unmittelbar danach fuhr bereits ein Krankentransportfahrzeug der Schnellen Medizinischen Hilfe (SMH) vor. Als die Schießerei und die bedrohliche Situation für das Klubhaus Friedensweiler und die Disko-Besucher bekannt wurde und eine weitere Eskalation nicht ausgeschlossen werden konnte, hatte das Lagezentrum des VPKA Magdeburg sofort reagiert und die SMH alarmiert. Im Ergebnis trafen immer mehr Krankenwagen am Klubhaus ein. Außerdem war die Bereitschaftspolizei alarmiert worden, deren Kräfte inzwischen vor Ort eintrafen.

Ein mit der SMH eingetroffener Notarzt nahm den Verwundeten in Augenschein. Er bestätigte eine Schußverletzung am Bein und Splitterverletzungen an der Körperrückseite und den Beinen. Wie später rekonstruiert wurde, mußte der Gesuchte auf einem Hocker vor den Garderobeständern gesessen haben. Als durch die Tür geschossen wurde, hat er die Handgranate entweder entsichert, um sie in den Vorraum zu werfen, oder sie nur als Drohgebärde in der Hand gehalten. Auf jeden Fall detonierte sie hinter ihm, was daran ersichtlich war, daß von dem vierbeinigen Hocker drei Beine abgerissen wurden und einige Buchenholz- sowie Metallsplitter im Bereich der Waden und in den Stiefeln des Soldaten steckten. Durch die Explosion entstand ein Loch von 20 Zentimetern Durchmesser und 15 Zentimetern Tiefe.

Außerdem wurden 32 Bekleidungsstücke durch Splitter beschädigt. Das Tagebuch der Kriminalpolizei verzeichnete einen materiellen Schaden in Höhe von 7.545 Mark der DDR. Nicht bekannt ist, ob diese Schadenssumme den Gebäudeschaden enthielt.

Der Notarzt entschied, den Verletzten unverzüglich in ein Krankenhaus einzuliefern. Das versuchten die sowjetischen Offiziere zu verhindern. Man hörte, wie sie untereinander lautstark diskutierten. Aus ihrer Sicht war das zu verstehen, schließlich besaßen solche Vorkommnisse eine erhebliche Öffentlichkeitswirkung. Der sowjetischen Seite war sehr daran gelegen, daß deutsche Behörden nicht mehr als unbedingt nötig involviert wurden. Zwischenfälle wollte man unter der Decke halten und intern regeln. Sie sollten kein schlechtes Licht auf die Sowjetarmee werfen.

Die sowjetischen Offiziere aus der Magdeburger Einheit einschließlich dem KGB-Mann hatten den Auftrag, den flüchtigen Soldaten zu stellen und zu gewährleisten, daß nichts nach außen drang. Es ist ihnen nicht gelungen. Die Volkspolizei war zeitnah vor Ort und die Bevölkerung wurde Zeuge des tragischen Geschehens. Hinzu kam, daß wir als Polizisten nicht in vorauseilendem Gehorsam vor den Sowjets stillstanden, die davon ausgegangen waren, den Verwundeten sofort übergeben zu bekommen. Alle von DDR-Seite beteiligten Angehörigen der bewaffneten Organe vertraten einhellig die Meinung: »Nein. Er hat auf unserem Territorium außerhalb des sowjetischen Militärobjektes Straftaten begangen. Deshalb sind wir diejenigen, die die Ereignisse mit untersuchen.« Die russische Seite sah das ganz anders. Im Klartext hieß das für uns: »Paßt auf, sonst ist er weg.« Erfahrungsgemäß nahmen die Russen alle Beweismittel mit und veränderten Tatorte so, daß am nächsten Tag keine Möglichkeit mehr bestand, etwas nachzuvollziehen. (Die MPi des Täters und weitere Handgranaten wurden nicht in der Garderobe gefunden.)

Mir fiel auf, daß sich immer mehr Leute am Tatort einfanden, die ich vorher noch nie gesehen hatte. Offensichtlich ging die Information recht schnell über die BDVP an die Kreis- und Bezirksdienststelle

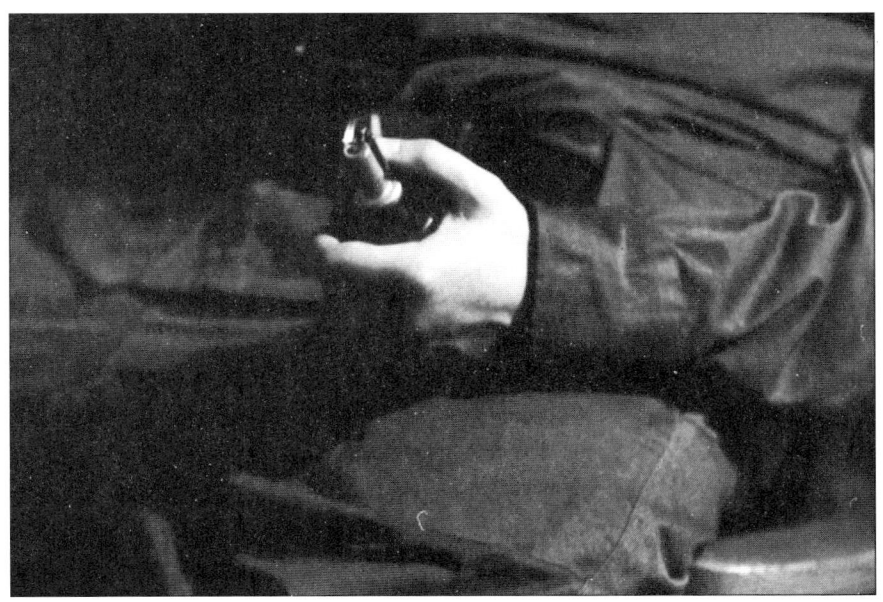

Zum Zeitpunkt des Zugriffs saß der Flüchtige, am Bein verletzt, auf einem Stuhl und hielt eine Handgranate in seiner Hand (nachgestellte Szene).
Fotosammlung Lothar Schirmer.

des Ministeriums für Staatssicherheit. Und genau aus diesen Dienststellen trafen Mitarbeiter ein. Unübersehbar gesellten sich einige Herren in langen schwarzen Lodenmänteln, die eine Kalaschnikow geschultert trugen, zu dem bereits vorhandenen Personenkreis.

Als wir Kriminalisten wieder in die Bezirksstadt zurückfuhren, sahen wir, daß an der Einmündung Friedensweiler ein Schützenpanzerwagen der Bereitschaftspolizei Stellung bezogen hatte. Es entsprach nicht den Tatsachen – wie Zeitungen Jahre später verbreiteten –, daß Panzer aus der sowjetischen Einheit auffuhren und bestimmte Bereiche an der Berliner Chaussee sicherten. Allerdings kamen Autofahrer, die von der Volkspolizei über die Herrenkrugstraße und kleine Ehle-Brücke[45] umgeleitet wurden, wieder zurück und fragten die Polizisten, ob sie sie »verscheißern« wollen. Diese Straße war voll mit sowjetischen Militärfahrzeugen, die keinen aus Magdeburg hinaus oder herein ließen. Die Sperrung wurde aufgehoben, als die Meldung von der Festnahme des Deserteurs in Umlauf gebracht wurde.

Entgegen der Forderung der sowjetischen Seite wies der stellvertretende VPKA-Leiter Robert Gundermann an, daß Volkspolizisten den Transport des Verletzten mit der SMH durchführten und die Bewachung des Patienten übernahmen. Nur ein sowjetischer Offizier durfte mitfahren. Michael Truthmann und der sowjetische Oberleutnant, der am gesamten Einsatz zur Ergreifung des Deserteurs beteiligt war, begleiteten den Krankentransport – eine Wagenkolonne, die mit Blaulicht und einem Funkstreifenwagen an der Spitze zur Notaufnahme der Medizinischen Akademie Magdeburg rollte. Der sowjetische Oberleutnant mußte, bevor er in den Krankenwagen einstieg, seine MPi abgeben. In der Folgezeit verhielt er sich ruhig und vernünftig. Seine Aufgabe war jetzt erledigt.

Ein glücklicher Umstand kam den Volkspolizisten noch zugute. Der diensthabende Arzt in der Notaufnahme war ein Bulgare, der die russische Sprache ausgezeichnet beherrschte. Er konnte sich sowohl

---

45 Die kleine Ehle-Brücke wurde auch »Schweinebrücke« genannt, weil sich dort in der Nähe eine Schweinemastanlage der Sowjetarmee befand.

mit dem sowjetischen Oberleutnant als auch mit dem eingelieferten Patienten problemlos verständigen.

Der Verwundete war inzwischen wieder ansprechbar und verlangte nach Wasser. Diese Bitte beschied der Arzt abschlägig und vertröstete ihn im Hinblick auf das ausstehende Untersuchungsergebnis. Man diagnostizierte einen Durchschuß am linken Oberschenkel und die bereits im Klubhaus Friedensweiler festgestellten Splittereinwirkungen am Körper, die von der Explosion der Handgranate herrührten. Von anderen Verletzungen wie Einschüssen im Brust- und Bauchbereich, die lebhaften Gegenstand von Gerüchten in der Bevölkerung bildeten, war bei der medizinischen Untersuchung nichts zu erkennen. Eine akute Lebensgefahr bestand nicht.

Für Erheiterung sorgte nebenher ein Mißverständnis, in das Oberleutnant Truthmann verstrickt wurde. Als man seinen blutverschmierten Kampfanzug sah, versuchte das medizinische Personal, den Kriminalisten in den Behandlungssaal zu komplimentieren. Es kostete einige Überzeugungsarbeit, ihnen glaubhaft zu machen, daß es sich um keinerlei Verletzung, sondern um das Blut des Angeschossenen handelte beim Versuch, dessen Wunde abzudrücken.

Truthmann und der sowjetische Oberleutnant hatten sich kurz darauf in einen Raum im Kellerbereich der Notaufnahme zurückgezogen, um eine Zigarette zu rauchen, als sechs oder sieben sowjetische Militärangehörige eintraten. Einige von ihnen trugen Uniform, der Rest Zivil. Unter ihnen befand sich der bekannte Offizier des KGB. Die Gruppe führte ein stattlicher Mann in der Uniform eines Oberst mit Äskulapstäben auf den Schulterstücken an. Es handelte sich um den Chef des medizinischen Dienstes der sowjetischen Streitkräfte in Magdeburg. Der Oberst ging auf die beiden Raucher zu, schaute gleichzeitig jedoch etwas fragend in die Runde. Sein Blick blieb auf Oberleutnant Truthmann haften, der zwar einen blutbefleckten Kampfanzug ohne Schulterstücke, wohl aber ein graugrünes Koppel mit Pistolentasche trug und damit in den Augen des hohen Offiziers etwas Militärisches zu tun haben mußte.

265

Truthmann stellte sich dem Oberst auf russisch vor, zückte dazu seinen Dienstausweis und erklärte, daß er Angehöriger der Kriminalpolizei sei. Daraufhin erwiderte der Oberst, daß er gekommen sei, den Patienten abzuholen. Es kam zum Disput zwischen den beiden, der teils auf russisch, teils auf deutsch geführt wurde. In seinem Verlauf machte Truthmann unmißverständlich deutlich, daß er Befehl habe, den Täter im deutschen Krankenhaus zu behalten und bewachen zu lassen. Man ließ lediglich zu, daß sich der Oberst über den gesundheitlichen Zustand des Patienten informierte. Er trat an dessen Lager, hob die weiße Bettdecke an, warf einen Blick auf die Röntgenaufnahmen und konsultierte den bulgarischen Arzt. Letztlich waren sich beide darin einig, daß keine Lebensgefahr bestand. Damit gab der Oberst auf. Sein Schlußwort lautete: »Wenn ihn die deutsche Polizei nicht herausgeben will, muß er eben hier bleiben. Morgen werden wir weiter entscheiden.« Dann verließ er mit seinem Troß das Krankenhaus.

Etwa eine Viertelstunde später traf eine Funkstreife im Krankenhaus ein, die Oberleutnant Truthmann ablöste, während der sowjetische Offizier vor Ort blieb. Truthmann fuhr zurück zum Tatort Klubhaus Friedensweiler, um den Tatbefund aufzunehmen. Seine Aufgabe bestand darin aufzuschreiben, was die Kriminalisten am Tatort gefunden hatten und welche Beschädigungen zu verzeichnen waren. Der Oberleutnant zählte die Einschüsse an der Tür zur Garderobe, in der Decke der Garderobe sowie die Abplatzungen, die von den Granatsplittern stammten. Hinsichtlich der Anzahl der zersplitterten kleinen Fensterscheiben in diesem Raum verzweifelte er beinahe. Nach 65 zerstörten Butzenscheiben hörte er auf zu zählen.

Da der flüchtige Soldat im Klubhaus nur die eine Handgranate bei sich hatte, die er später zündete, mußten sich die MPi und die anderen Handgranaten, die er im sowjetischen Militärobjekt an sich gebracht hatte, noch irgendwo befinden. Aber wo? Kräfte der Schutzpolizei sowie der Feuerwehr suchten das Gelände noch in der Nacht großflächig ab. Parallel dazu suchten sowjetische Truppen auf dem vermeintlichen Fluchtweg des Soldaten nach Waffen und Munition.

Ihnen lag viel daran, alles, was mit dem Vorkommnis in Verbindung stand, sofort sicherzustellen. Die Volkspolizei hatte allerdings die besseren Karten. Otto Kindiger wußte, an welchem Ort die Schießerei stattgefunden hatte. Vermutlich lagen dort, wo sich der Deserteur verschanzt hatte, die Hülsen der verschossenen Munition und vielleicht auch die MPi. Er führte den Suchtrupp der Volkpolizei in diese Region.

Sowjetisches Sturmgewehr AK 74. Mit einer artgleichen Waffe
hatte der Flüchtige mehrere Soldaten seiner Einheit verwundet und erschossen.
Fotosammlung Lothar Schirmer.

Schließlich wurden auf der Ostseite der Berliner Chaussee in der Nähe der Einmündung Friedensweiler die MPi, eine Magazintasche mit zwei vollen Magazinen, zwei weitere volle Magazine, zwei Handgranaten und ein Koppel aufgefunden.

Für die kriminaltechnische Untersuchung dieser Gegenstände als auch für die fotografische Sicherung am Fundort ließ man Oberleutnant Kubsch kommen, der zu Hause im Bereitschaftsdienst saß. Daß die Waffen von der Volkspolizei gefunden wurden, blieb den Sowjets natürlich nicht verborgen. Deshalb entschied Kubsch, sie so schnell wie möglich im Einsatzfahrzeug der Kripo zu deponieren, die Türen abzuschließen und mit ihnen umgehend zur Dienststelle zu fahren.

Warum die Sowjets ein so großes Interesse zeigten, die Waffen in ihre Hand zu bekommen, zeigte sich später. Bei der MPi handelte es

267

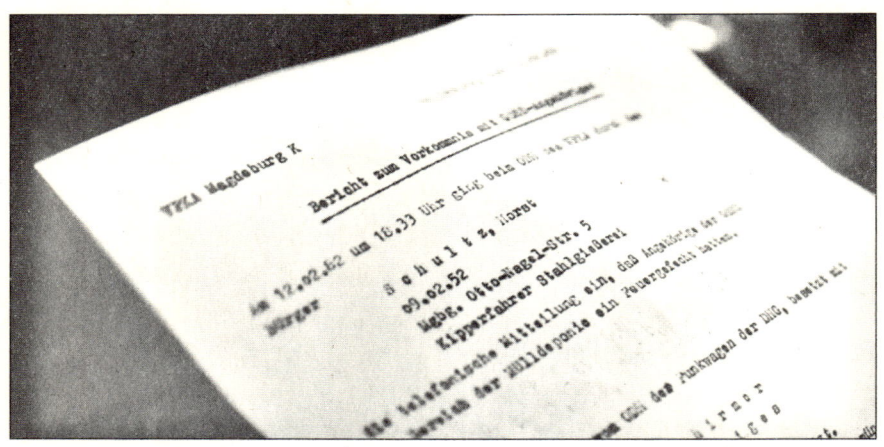

Erste Seite des Protokolls über den Einsatz in Friedensweiler. Ein Durchschlag
des Protokolls wurde damals von Oberleutnant der K Truthmann
heimlich behalten und liegt deshalb noch als Zeitdokument vor.
Fotosammlung Lothar Schirmer.

sich um keine übliche Kalaschnikow, sondern um deren Weiterent-
wicklung AK 74, die ab 1974 schrittweise bei den sowjetischen Streitkräften eingeführt wurde. Die leichteren Geschosse dieser Waffe entwickelten eine höhere Mündungsgeschwindigkeit als ihre
Vorgängerin. Zum Einsatz gelangten Hochgeschwindigkeitsgeschos-
se des kleineren Kalibers 5,45 mm. In den Patronenhülsen aber befand sich die gleiche Pulvermenge wie in denen der Kalaschnikow
vom Kaliber 7,62 mm. Und das machte die AK 74 so gefährlich. Man
stritt darüber, ob eine solche Waffe überhaupt zulässig war, da die
hohe Mündungsgeschwindigkeit bewirkte, daß auf den menschli-
chen Körper auftreffende Geschosse große Wunden hinterließen.

Als die kriminalistische Arbeit vor Ort so gut wie erledigt und der
Tatort gesichert war, schrieb Oberleutnant Truthmann den Tatort-
befund. In dem Moment erschien der Leiter der Magdeburger Kriminalpolizei, Major Brand, und informierte sich selbst über die Ergebnisse des Einsatzes der Volkspolizisten. Nachdem es für die
Kriminalisten im Klubhaus Friedensweiler nichts mehr zu tun gab,
die Führungskräfte des VPKA, des MfS und die leitenden Offiziere

der sowjetischen Einheit den Ort verlassen hatten, gab mir Brand den Befehl, zur Dienststelle zu fahren und einen umfassenden Bericht über das Geschehen der letzten Stunden zu verfassen. Dieses Schriftstück, sechs Seiten lang, habe ich in Kopie bis heute aufbewahrt. Alle anderen Unterlagen existieren nicht mehr. Sie wurden über die Zentrale Arbeitsgruppe Ausländer (ZAG), die in der BDVP arbeitete, am 3. März 1982 an die sowjetische Militärstaatsanwaltschaft übergeben. In der Regel wurde immer so verfahren. Später war es den Behörden der DDR nicht mehr möglich, auf die Unterlagen zuzugreifen. Zu verdanken habe ich den Umstand, daß dieses Schriftstück noch existiert, meinem Kollegen Michael. Er hat damals klammheimlich eine Kopie, wahrscheinlich die letzte der fünf Durchschläge, die unsere Schreibmaschine zuließ, behalten und sie mir Jahre nach der Wende gegeben.

An diesem Abend erlebte ich etwas, das in meinem ganzen vorherigen Berufsleben noch nie vorgekommen war. Es war ein Abend voller Anspannung gewesen. Ich hatte dramatische Ereignisse erlebt, die sich direkt neben mir abgespielt und bei denen ich mitgewirkt hatte. Noch fehlte mir die Vorstellung, ob und wie sich das Erlebte auf meine Psyche und meinen Körper auswirken würde. Zunächst erschien mir alles normal. Die Anspannung hielt noch etwas an und zum Philosophieren hatte ich keine Zeit. Der Bericht wartete. Erst, als ich mich hinter das Lenkrad des B 1000 setzte und im Begriff war, den Zündschlüssel umzudrehen, verweigerte mein Körper den Dienst. Plötzlich fingen meine Hände an zu zittern und die Wirbelsäule schien ihre Stabilität zu verlieren. Ich glaube, daß mir in diesem Moment beim Stehen die Beine versagt hätten. Ohne etwas dagegen tun zu können, sackte ich in den Sitz – ein Gefühl, das ich bisher nicht kannte. All die Anspannung fiel mit einem Schlag von mir ab. Erst jetzt wurde mir bewußt, daß ich mich fast die ganze Zeit in einer lebensgefährlichen Situation befunden hatte. Ich blieb einige Minuten sitzen, bis ich mich einigermaßen erholt hatte, und fuhr dann in die Dienststelle, wo ich den zusammenfassenden Bericht schrieb.

Einige Tage später ergab sich die Gelegenheit zu einem Gespräch mit dem Dolmetscher der sowjetischen Kommandantur in Magdeburg, Fähnrich Wladimir Manykin. Manykin war Ansprechpartner des VPKA, wenn sowjetische Militärangehörige Straftaten auf dem Territorium der DDR begangen hatten. Nach und nach bildete sich ein enger Kontakt zwischen uns und ein freundschaftliches Verhältnis zwischen unseren Familien.

Gemeinsames Schießen auf einem sowjetischen Schießplatzgelände. Vorn Oberleutnant der K Schirmer mit Pistole, dahinter der Dolmetscher Wladimir Manykin mit halb verdecktem Gesicht. Fotosammlung Lothar Schirmer.

Vor seiner Armeezeit war Manykin als Deutschlehrer tätig gewesen. Er beherrschte die deutsche Sprache hervorragend und erzählte mir und meinen Kollegen am Abend des 12. Februar 1982 die Geschichte des Fähnrichs Krupsky.

Vor knapp drei Jahren hatte man ihn in der Heimat zum Wehrdienst eingezogen. Er fand sich bei der Gruppe der Sowjetischen

Streitkräfte in Deutschland (GSSD) wieder und wurde in Magdeburg stationiert. Es war ein offenes Geheimnis, über das in der DDR natürlich niemand sprach, daß Soldaten und Fähnrich der Sowjetarmee einen anderen Wehrdienst ableisteten als er bei der NVA der DDR üblich. Sie durften die Kasernen nicht einzeln, sondern nur in der Formation bzw. in Gruppen verlassen, zum Beispiel wenn eine Veranstaltung oder eine Ausstellung besucht wurde oder ein betriebliches Freundschaftstreffen mit einer sowjetischen Truppeneinheit stattfand. Es war durchaus üblich, daß im Schlafsaal einer Einheit bis zu 80 Soldaten schliefen. Neben ihren Pritschen befand sich ein kleiner Nachtschrank für ihre persönlichen Sachen. Unter dem Bett wurde der sogenannte »Dawai-Beutel«, ein Rucksack mit militärischem Inhalt, angebunden und eine Zeltbahn um ihn herumgelegt. In den drei Jahren der Wehrdienstzeit in Deutschland gab es einmal, wenn es hoch kam, zweimal, Urlaub. Bei einem Disziplinarverstoß wurde der Urlaub in der Regel gestrichen.

Krupsky war schon lange Zeit nicht mehr zu Hause gewesen. In seiner Einheit kursierten zwei unterschiedliche Ansichten. Die einen meinten zu wissen, daß Krupsky von seiner Verlobten einen Brief erhalten habe, in dem sie ihm verkündete, nichts mehr mit ihm zu tun haben zu wollen; sie habe einen Neuen. Die anderen sprachen davon, daß Krupsky von seiner Verlobten (oder schon Frau) erfahren habe, daß sie ein Mädchen geboren hat. Das sei ihm komisch vorgekommen, da in seiner Familie immer nur Jungen zur Welt kamen. Daraufhin soll er seiner Liebsten geschrieben haben, daß das Kind nicht von ihm sein könne, sondern von einem anderen Mann stammen müsse. Mit dieser unverfrorenen Antwort hatte die Empfängerin nicht gerechnet und erwiderte schriftlich, daß sie nichts mehr mit ihm zu tun haben wolle. Ob so oder so, letztlich gingen dem Krupsky die Nerven durch.

Krupsky war einer der Verantwortlichen in der Waffenkammer – für ihn eine gute Voraussetzung, an Waffen heranzukommen. Am Spätnachmittag des 12. Februar 1982 setzte er seinen Plan, sich von Magdeburg bis zu seinem Heimatort in der Sowjetunion durchzuschlagen, in die Tat um. Er ging davon aus, den weiten Weg irgendwie bewältigen zu können.

In der Waffenkammer fand Krupsky alles, was er für sein wahnwitziges Vorhaben brauchte. Er nahm eine Maschinenpistole Kalaschnikow AK 74 an sich und munitionierte auf. Er füllte mehrere Magazine mit den erforderlichen Patronen und steckte sich zusätzlich sechs oder sieben Handgranaten ein. Als er den Hof des Kasernengeländes überquerte, marschierte gerade ein Zug Soldaten zum Abendbrot. In diesen Zug soll er wahllos hineingeschossen haben. Danach feuerte er aus der MPi in das Wachhäuschen und warf eine Handgranate hinterher.

Der Fähnrich Krupsky war zum Amokläufer geworden. Im Ergebnis wurden bereits auf dem Gelände der sowjetischen Militäreinheit mehrere Soldaten getötet und einige schwer verletzt. Dann flüchtete Krupsky über das freie Gelände des Krakauer Angers und erreichte schließlich die Mülldeponie. Als er dort bemerkte, daß er verfolgt wurde, verschanzte er sich hinter den gestapelten Straßenbahnschwellen und schoß auf seine Verfolger. Dabei verletzte er zwei weitere Soldaten tödlich.

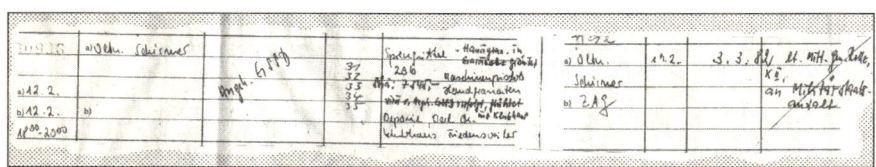

Eintrag im Tagebuch des Operativen Diensthabenden
mit Abgabevermerk an die sowjetische Militärstaatsanwaltschaft.
Fotosammlung Lothar Schirmer.

Im Fall des Fähnrichs Krupsky handelte es sich um eine äußerst tragische Angelegenheit. Er war ein junger Mensch, der eine ganz normale Entwicklung genommen hätte, wäre er nicht mit den widrigen Umständen in der Armee seines Landes konfrontiert worden. Er – und viele andere Soldaten bei der GSSD – hielt dem Druck nicht stand. Krupsky versuchte, sich seinen Weg nach Hause entgegen al-

ler Vernunft und auf Kosten des Lebens seiner Kameraden freizu-
schießen – ein sinnloses Unterfangen und von vornherein zum
Scheitern verurteilt.

Nach und nach wurde das erschreckende Ausmaß des Amoklaufs
bekannt. Er forderte sechs Tote und ebensoviel Schwerverletzte. Auf
der Basis der Unterlagen, die die Zentrale Arbeitsgruppe Ausländer
der BDVP Magdeburg und die zuständigen Organen der GSSD an die
sowjetische Militärstaatsanwaltschaft übergaben, trat drei Monate
nach dem blutigen Amoklauf des Fähnrichs ein Militärgericht in der
Sowjetunion – möglicherweise aber auch in der DDR, was eher zu
vermuten ist – zusammen, das Krupsky zum Tod durch Erschießen
verurteilte. Das Urteil wurde wahrscheinlich, wie nach den sowjetischen Gesetzen damals üblich, unmittelbar nach seiner Verkündung
vollstreckt.

Für uns Kriminalisten des VPKA Magdeburg endete die tragische
Angelegenheit wenige Tage nach ihrem Einsatz zur Ergreifung des
Deserteurs. Gemeinsam mit Oberleutnant Michael Truthmann, VP-
Obermeister Otto Kindiger und VP-Meister Otto Gauert wurde ich
zum Chef der BDVP Magdeburg befohlen. Es handelte sich um eine
kurze, aber durchaus erfreuliche Angelegenheit. Wir vier VP-Ange-
hörigen standen angetreten in einem großen Büro vor einer dem
Büro angemessenen dunklen Schrankwand. In Begleitung eines leitenden Offiziers seiner Behörde betrat der Chef der BDVP, General-
major Schneider, den Raum. Er machte nicht viel Worte und sagte:
»Genossen. Sie haben einen großen Einsatz gehabt. Und das, was
passiert ist und Sie dabei gemacht haben, war nicht alltäglich. Für
Ihre große Einsatzbereitschaft und dafür, daß Sie eine sehr gefährliche Situation durchlebt und alles richtig gemacht haben, belobige
ich Sie und zeichne Sie aus.« Dann drückte der General jedem ein
Kuvert in die Hand, in dem sich 400 Mark befanden. Zum damaligen
Zeitpunkt war das eine Menge Geld und Grund zur Freude.

Meinen Einsatz am Abend des 12. Februar 1982 beurteile ich damals wie heute als echte Feuertaufe. Dennoch möchte ich für 400,
500 oder 1.000 Euro eine solche Situation nicht noch einmal erle-

ben. Allerdings bereue ich nicht, sie erlebt zu haben, da sie eine wichtige Erfahrung für meine Arbeit bei der Kriminalpolizei darstellte. Zum einen erfuhr ich, wie man solche Erlebnisse emotional verarbeitet; zum anderen bestätigte sich, daß bestimmte Handlungen in Streßsituationen automatisch abliefen, daß man praktisch funktionierte und in der Lage war, die Gefahrensituation einzuschätzen und zu bewältigen.

Im Jahr 2001 sprach der Journalist der »Volksstimme« Bernd Kaufholz mit Zeitzeugen, recherchierte in den wenigen vorhandenen Unterlagen und veröffentlichte als Erster einen ausführlichen Bericht über die Ereignisse in den Abendstunden des 12. Februar 1982. Fotosammlung Lothar Schirmer.

Was in der Nacht zum Sonnabend, dem 13. Februar 1982, im Osten Magdeburgs geschehen war, ließ sich nicht völlig unter den Teppich kehren. Die Tageszeitung »Volksstimme«, das Organ der SED-Bezirksleitung Magdeburg, reagierte mit einer Kurzmeldung von etwa acht Zeilen. Bei einem Vorkommnis in der Garderobe des Klubhauses Friedensweiler sei die Garderobe von 32 Personen beschädigt worden. Den Betroffenen wurde der Schaden ersetzt ...

MICHAEL KIRCHSCHLAGER / LOTHAR BECHLER

DAS THÜRINGISCHE
OBSCURUM

Erschreckliche, scheuderliche & greuliche
Geschichten sowie allerlei andere
Merkwürdigkeiten aus alten Chroniken

HEINRICH HETZBOLD VERLAG  WEISSENSEE IN THÜRINGEN

WOLFGANG KRÜGER

SERIENMÖRDER
DES DRITTEN REICHES

1933–1945

KIRCHSCHLAGER

FRANK ESCHE • WOLFGANG KRÜGER

THÜRINGER
MÖRDERINNEN

FRAUENSCHICKSALE ZWISCHEN
LIEBE UND SCHAFOTT

KIRCHSCHLAGER

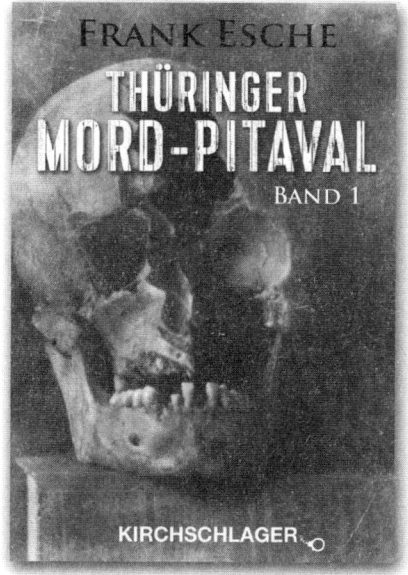

FRANK ESCHE

THÜRINGER
MORD-PITAVAL

BAND 1

KIRCHSCHLAGER

FRANK ESCHE

THÜRINGER
MORD-PITAVAL

BAND 2

KIRCHSCHLAGER

Udo Brill

DAS SKELETT
AM STRASSENRAND

Mord- und Kriminalfälle
aus Eisenach und dem Wartburgkreis

KIRCHSCHLAGER

Kerstin Kämmerer

»Ich töte,
was ich liebe«

Eine Thüringer Kriminalistin erzählt

KIRCHSCHLAGER

Sieglinde Schwarzer

WER NICHT HÖREN WILL,
MUSS FÜHLEN

Jenaer Reporterin Ruth Hirschel
berichtet aus Thüringer Gerichtssälen

Über 100 ausgewählte Fälle
von 1998 bis 2019

KIRCHSCHLAGER

HISTORISCHE
SERIENMÖRDER

Menschliche Ungeheuer vom späten Mittelalter
bis zum Ende des 19. Jahrhunderts

KIRCHSCHLAGER

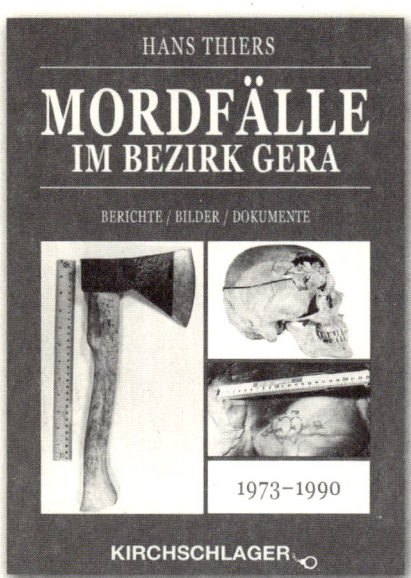

HANS THIERS

MORDFÄLLE
IM BEZIRK GERA

BERICHTE / BILDER / DOKUMENTE

1973–1990

KIRCHSCHLAGER

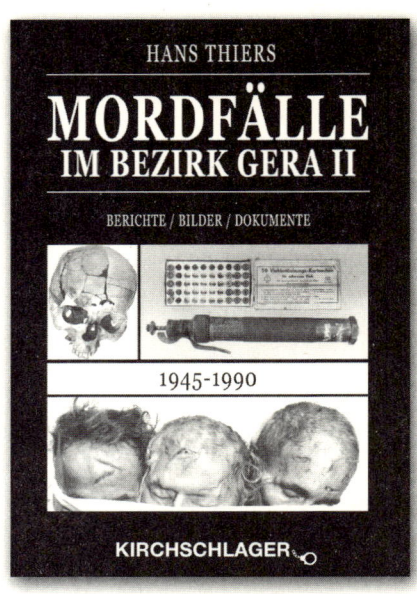

HANS THIERS

MORDFÄLLE
IM BEZIRK GERA II

BERICHTE / BILDER / DOKUMENTE

1945–1990

KIRCHSCHLAGER

HANS THIERS

MORDFÄLLE
IM BEZIRK GERA III

BERICHTE / BILDER / DOKUMENTE

1960–1990

KIRCHSCHLAGER

HANS THIERS

SERIENMÖRDER
DER DDR

BERICHTE / BILDER / DOKUMENTE

1949–1990

KIRCHSCHLAGER

DIE TRICKS DER GAUNER UND GANOVEN

Ein sinnvoller und humoristischer Ratgeber
von Kriminalrat a. D. Lothar Schirmer

KIRCHSCHLAGER

TEUFLISCHES WERKZEUG

Thüringer Burgen im Krieg

KIRCHSCHLAGER

ABGEZOCKT VON GAUNERN UND GANOVEN

PIN??

Ein sinnvoller und
humoristischer Ratgeber
von Kriminalrat a. D.
Lothar Schirmer

KIRCHSCHLAGER

Steffen Löwe

CHRONIK VON GERA

LEXIKON ZUR STADTGESCHICHTE

KIRCHSCHLAGER

IMPRESSUM

1. Auflage Arnstadt 2020
© für diese Ausgabe 2020 beim Verlag Kirchschlager,
Arnstadt
Satz und Layout: Ute Schmidt, Geraberg
Covergestaltung: Ute Schmidt, Geraberg,
Michael Kirchschlager, Arnstadt
Lektorat/Redaktion: Janine Kaitzl, Jena;
Michael Kirchschlager, Arnstadt
Druck und Bindung: PBtisk s. r. o., Příbram

Alle Rechte vorbehalten

ISBN 978-3-934277-88-5